宁波大学马克思主义学院出版资助项目（2020）

宁波文化研究工程·历史名人研究

通往民众的真理

冯定通俗哲学思想研究

刘举 ◎ 著

ZHEJIANG UNIVERSITY PRESS
浙江大学出版社

图书在版编目(CIP)数据

通往民众的真理:冯定通俗哲学思想研究/刘举著
. —杭州:浙江大学出版社,2022.5
ISBN 978-7-308-22577-9

Ⅰ.①通… Ⅱ.①刘… Ⅲ.①冯定—哲学思想—研究
Ⅳ.①B262

中国版本图书馆 CIP 数据核字(2022)第 074294 号

通往民众的真理——冯定通俗哲学思想研究

刘　举　著

策划编辑	吴伟伟
责任编辑	陈　翩
责任校对	丁沛岚
封面设计	雷建军
出版发行	浙江大学出版社
	(杭州市天目山路 148 号　邮政编码 310007)
	(网址:http://www.zjupress.com)
排　　版	浙江时代出版服务有限公司
印　　刷	杭州钱江彩色印务有限公司
开　　本	710mm×1000mm　1/16
印　　张	13
字　　数	205 千
版 印 次	2022 年 5 月第 1 版　2022 年 5 月第 1 次印刷
书　　号	ISBN 978-7-308-22577-9
定　　价	58.00 元

序　言

习近平总书记在哲学社会科学工作座谈会上的讲话中指出："实际工作中，在有的领域中马克思主义被边缘化、空泛化、标签化，在一些学科中'失语'、教材中'失踪'、论坛上'失声'。这种状况必须引起我们高度重视。"①长期以来，很多学者热衷于研究西方哲学思潮并给以宣传。究其原因，一方面，我国的马克思主义理论研究和宣传教育还存在形式主义、教条主义、简单化等倾向，理论创新能力有待提升；另一方面，马克思主义理论特别是马克思主义哲学学院化倾向突出，理论研究太过抽象，还深受西方马克思主义理论的影响，难以实现本土化创新。因此，"马克思主义中国化取得了重大成果，但还远未结束。我国哲学社会科学的一项重要任务就是继续推进马克思主义中国化、时代化、大众化，继续发展21世纪马克思主义、当代中国马克思主义"②。在新时代，我们在推进马克思主义中国化、时代化、大众化研究的同时，也要从学术史角度认真总结马克思主义中国化的历史经验，探究和汲取老一辈马克思主义理论家的智慧。

冯定（1902年9月—1983年10月），宁波慈城（今归宁波市江北区管辖）

---

① 习近平.在哲学社会科学工作座谈会上的讲话[N].人民日报,2016-05-17.
② 习近平.在哲学社会科学工作座谈会上的讲话[N].人民日报,2016-05-17.

人。曾任北京大学副校长,中国共产党历史上著名的马克思主义哲学家、理论教育家,在马克思主义哲学、伦理学方面有深入研究,与艾思奇、胡绳一道被认为是党内推进马克思主义中国化、时代化、大众化的重要人物。北京大学哲学系教授李少军认为,李大钊、冯定、黄枬森是北大近百年马克思主义理论教育史上的三座里程碑。

当前,推进马克思主义大众化、通俗化发展研究绕不开冯定哲学思想研究。冯定把毕生的精力都投入马克思主义大众化、通俗化的研究、宣传和教育工作当中,其做出的贡献是不容忽视、不可磨灭的。他撰写的《平凡的真理》《共产主义人生观》《青年应当怎样修养》《人生漫谈》等论著在当时社会引起了巨大反响。但目前关于冯定的研究成果主要集中在青年教育方面,学界对于其在马克思主义大众化、通俗化方面所做的工作的关注较少,更没有进行专门的论述或系统性的研究。正如北大哲学系黄枬森先生多次讲到的那样:"冯定对马克思主义哲学贡献巨大,但我们对他研究和宣传不够。"李少军在查阅相关资料后也认为:"冯定无论是作为学者,还是作为战士,后人对他的认识都是不足的。"①

哲学是人的哲学,哲学教育是人的教育,因此哲学表达亦不能脱离人间烟火。冯定立足于马克思主义哲学宣传教育,逐步形成了其通俗哲学思想。在一定意义上,通俗哲学又可称为平民哲学。一方面,平民哲学是普通群众在日常生活中总结出来的哲理;另一方面,平民哲学也可以是哲学家立足平民立场和平民视角而构建出来的大众化、通俗化哲学。从对象上看,冯定向广大群众特别是青年宣传和普及马克思主义哲学理论,为群众提供了思想武器和人生价值导引。因此,冯定的通俗哲学既不同于学院哲学、精英哲学,也不同于官方哲学。冯定把群众看成人类社会历史活动的主体,也看成马克思主义哲学思想理论创新的重要来源,强调了群众的主体性和创造性。因而,他把对群众进行理论宣传并达到启蒙效果看成自己的使命,而不是自上而下地以权威者姿态对群众进行意识形态灌输。在此意义上,冯定虽是

---

① 李少军.永远的丰碑:怀念黄枬森老师[M]//郭建宁.北大马克思主义研究(第3辑).北京:社会科学文献出版社,2013.

引路者,但他总是平视民众,而不是俯视民众。他强调哲学的实用性和通俗化,其哲学思想在一定意义上剥离了理论抽象性,以应用普及为重要特色。他认为,马克思主义哲学要说人话,说中国话,说民众的话。冯定的通俗哲学,从语言风格到逻辑内容,无不体现出其推进马克思主义大众化的努力。当然,冯定是对哲学进通俗化阐释而不是将之庸俗化,他不是一味地迁就群众,而是坚持真理。因此,冯定的通俗哲学不仅蕴含常识内容和生活气息,还有跨学科特色和专业严谨性。究其原因,这不仅是由马克思主义哲学的人类性、群众性、真理性所决定的,更在于冯定的哲学思想融合了自己的人生经历及中国革命建设实践。因而,冯定的通俗哲学思想是有根的、接地气的哲学,对我们继续推进马克思主义中国化、时代化、大众化具有重要启发。

需要指出的是,马克思主义哲学大众化、通俗化只是马克思主义中国化的一个重要组成部分,还不能等同于中国化。但对社会主义国家和意识形态工作而言,大众化、通俗化工作就是阵地,就是思想舆论的生命线。然而,在学界,马克思主义哲学大众化、通俗化面临着被边缘化的困境,被误认为仅仅是意识形态的研究,没有学理性创新。实际上,大众化、通俗化研究或许更具挑战性,其创新不仅是在表达方式、传播方式上,也在内容体系、思想观点上,因此是一种双重创新。特别是在构建中国马克思主义大众化的话语体系方面,中国的马克思主义学者不仅要对民众讲马克思主义,还要对国外学界同行讲马克思主义。不是照着讲,而是接着讲,既向民众,也向世界讲好中国故事和中国道理的内在哲理与时代精髓。

目　录

一、走出慈城的红色理论家

1902 年,冯定出生在宁波慈城一个小手工业者家庭。原名冯世昌,曾用笔名贝叶等,是我国著名的马克思主义哲学家、马克思主义理论教育家,为马克思主义哲学的普及和传播做出了积极贡献。

千年慈城具有深厚的文化与商业底蕴,慈城所在的宁波,自古文化兴盛、才子辈出且有注重书香传世的传统,历来有"文教之邦"的美誉。据史料记载,自宋朝以来,宁波籍考取进士的多达 2478 人①。直到近代,宁波依然有不少书香望族,如宁波鄞州的史家、余姚的虞家、慈城的冯家。彼时的宁波除了商业繁荣外,还积极学习西方教育制度,建立了不少新式学堂,教育发展程度远超其他地区。1844 年,由沈贻芗任校长的中国第一所女校甬江女子中学,在宁波建立。1845 年,宁波建立了浙江第一所小学。1898 年,宁波建立了一所新式中等学校(即后来的浙江省立第四中学,今浙江省宁波中学)。这片沃土既孕育了达官富商如陈布雷、严信厚等,也孕育了一大批近代人文及科技领域泰斗如钱罕、冯君木、谈家桢等。

生活在慈城的冯氏家族到冯定这一代已经有上千年的历史。历史上为躲避战乱,冯氏家族南迁至此,之后便在慈城生根发芽。冯氏在慈城的兴旺始于冯兴宗,冯兴宗师承慈湖先生杨简,后创立象山学院发扬其心学理论。随着时光流转,冯氏家族渐渐发展成为慈城的大家族,到清乾隆年间有了"冯半城"的说法。壮大后的冯氏家族,既有生活条件较为清贫的读书人,也有较为富庶的商人。冯定一脉较为出名的先祖是冯定的十一世祖冯叔吉,其在明朝时任湖广布政使。冯叔吉的子孙辈中较为出名的是多次拒绝为官的次牧公。冯氏慈城这一曾经的千年望族自次牧公之后,在冯定一脉便开始式微,到冯定祖父辈一代已然凋零,冯定的爷爷冯金福和父亲冯慎余都做过厨子和漆匠,经常为生计所苦。冯叔吉的两个弟弟一脉则发展繁茂,其子

---

① 龚延明,祖慧.鄞县进士录[M].杭州:浙江古籍出版社,2010.

第一章　平凡的一生,求索的一生

冯定曾说,"人生就是进击"。这既是他对自己漫漫人生长路的经验总结,也是他对人生应有之义的内在理解与求索。他虽然多年从事革命实践并担任领导职务,但始终保留着淳朴的书生意气;虽一生跌宕起伏甚至一度处于风口漩涡之中,但始终坚持把自己当成正直坦荡的共产主义战士和严谨求实的马克思主义学者。他也总能结合中华民族命运和青年人生困惑开展研究、宣传和教育工作,注重哲学的现实应用。可以说,推动马克思主义大众化、通俗化构成了冯定一生的学术使命和学术追求,从中也体现了其强烈的学术担当意识。冯定是"经师"与"人师"兼具的典范。在冯定诞辰一百年之际,北大党委书记闵维方曾这样评价:"冯定同志是江泽民同志所殷切期望的既为'经师',更为'人师'的生动范例,值得我们认真学习,作为人民教师和理论工作者,我们应当努力培养自己端正的教风、严谨的学风和高尚的师德,自觉地像冯定同志那样,做广大青年学生和读者敬重的'经师'与'人师'。"①

---

① 闵维方.既为经师 更为人师:学习冯定同志高尚的精神品格[J].求是,2002(24).

大多做官；到近代，这一脉相较于冯定的家庭较为富庶，冯定的族叔冯君木便出自冯叔吉的三弟这一脉。

冯定早年家境贫寒，其父冯慎余既做厨子又做漆匠，勉强养活一大家子。五岁半时，冯定开始在慈城冯氏家族开办的小学免费读书。小学毕业后，父母已无力支撑他继续读书。在几近失学的时候，族叔冯木君先生欣然鼓励和资助冯定去浙江省立第四师范学校继续完成学业。冯君木是浙江省立第四师范学校的国文老师，在他的影响下，冯定接受和吸收了一些传统文化思想。冯定很敬仰这位族叔，立志饱读诗书，像族叔一样成为一个有学问的人。在浙江省立第四师范学校上学期间，冯定眼界大开，结识了一些学者，思想水平也有了很大提升。特别是冯君木的儿子冯都良，邀请名人创办"越凤社""文史讲习班"，其家国情怀和民族气节深刻地影响着冯定。求学期间，冯定非常喜爱"哲学概论"课，国文成绩优异，这为他以后从事编辑工作和哲学研究奠定了基础。毕业后，他先考入宁波证券花纱交易所，交易所破产后又随族叔冯君木到上海修能学社教书。从修能学社辞职后，1924年冬随徐荷君北上，供职于北平财政部交易所。1925年"五卅惨案"发生不久，因无法忍受国民政府的腐败与卑劣，毅然辞职回到上海。

1925年冬，经冯君木介绍，冯定考入上海商务印书馆成为一名编辑并兼任国文教员。此时商务印书馆已经有陈云领导的中国共产党支部。在此期间，冯定思想比较积极，进步很快，接触了党的很多进步书刊，多次参加爱国运动，深受党的影响，进而坚定了对马克思主义的信仰，并于1926年志愿加入中国共产党。1927年之前，当时的中国共产党对中国革命的规律还没有深刻的把握，还没有形成符合中国实际情况的完整理论和策略，还不能抵制共产国际的某些脱离中国实际的错误指导。所以，1927年，以蒋介石为代表的大资产阶级叛变革命，勾结帝国主义残酷杀害共产党人和革命人士，共产党为了保存革命力量，有计划地将一些同志送往苏联学习。冯定于1927年10月接受组织安排前往莫斯科中山大学学习。1930年，因自觉同党内王明等人的机会主义、宗派主义、教条主义错误作斗争而遭受排挤和打压，受到党内警告处分，被送回国内。

1935年，红军长征途中召开的遵义会议确立了毛泽东的军事指挥权，毛

20 世纪 30 年代冯定在上海

泽东也实际上主导了中共中央的决策，因而挽救了中国革命。遵义会议结束之后，中共中央先后派冯雪峰、刘晓到上海恢复党组织，冯定自此便长期在党内和军队中从事宣传教育工作。全面抗战初期，冯定被分配到新四军军部从事宣传教育和干部培训工作。在抗战时期，冯定一边打仗，一边大力宣传、普及马克思主义哲学，他也因此被称为"马背上的马克思主义理论家"。1938 年 10 月下旬，冯定由党组织委派，进入新四军军部驻地——皖南泾县云岭，任新四军宣传部宣传科长，兼任军部机关报《抗敌报》主编。1939 年底，冯定到新四军江南指挥部，在陈毅、粟裕两位首长领导下工作，任江南澄武锡区军政委员会副书记。时任新四军副军长的项英在向陈毅介绍冯定时，称其为"不可多得的教育人才"。1940 年 11 月，中国人民抗日军事政治大学第五分校成立，陈毅任校长和政委，新四军参谋长赖传珠兼任第一副校长，冯定任第二副校长兼政治部主任，负责日常工作。1941 年冬，冯定去职离校，被派至第 4 师、第 2 师驻地了解政治工作情况。1942 年冬，冯定被派到淮北区委担任宣传部部长。1943 年 1 月到 1945 年 9 月，冯定兼任《拂晓报》社社长。1947 年 3 月，冯定抵达军部，改任中共中央华东局宣传部副部长，去胶东区检查和指导文教工作，但不久又犯胃病，是年 6 月被送至大连治疗。1949 年秋，华东军政委员会成立，冯定兼任华东军政委员会文教委员会副主任。

20 世纪 50 年代初期，冯定任中共中央马列学院一分院副院长，主持全院工作。工作期间，冯定理论成果颇丰，撰写了《中国共产党怎样领导中国革命》《工人阶级的历史任务》《共产主义人生观》及《平凡的真理》（再版修订）等四部著作，极大地推进了哲学的通俗化和现实应用，基本确立了他的哲学研究领域。他发表的《论中国工人阶级对民族资产阶级既联合又斗争的基本特点》《关于我国当前阶级矛盾的性质和斗争的形式问题》《关于中国工人阶级和资产阶级的矛盾性质和斗争形式论争的关键》等三篇文章，对中国社会主义革命进行了深入研究。1957 年 3 月，冯定调到北京大学工作，暂住北大临湖轩，年底全家搬往燕东园，住在 31 号；1958 年 11 月搬到燕南园。之后近 20 年的大部分时光，冯定都是在燕南园 55 号度过的。他在北京大学任哲学系教授和系主任，并担任学校的领导工作，曾任北京大学党委常委、副书记，北京大学副校长等职务，并历任第二、三、四届全国政协委员及第五届全国政协常委，他曾被选为中国科学院哲学社会科学学部委员、《哲学研究》编委、全国伦理学会名誉会长、全国马克思主义哲学史研究会顾问、全国辩证唯物主义研究会顾问、北京市哲学学会会长等。起初，冯定是被毛泽东同志点名调入北大哲学系工作的，要求他不担任任何行政职务，只当教授（1957 年 4 月被评为一级教授）。这次点名去北大当教授并不是去做学术研究这么简单，而是让其与冯友兰先生等旧知识分子"唱对台戏"（所谓的"掺沙子"），在北大校园内宣传唯物主义，做反右动员。这在一定程度上改变了北大哲学系没有马克思主义理论工作者的局面，有利于中共中央在北大加强对旧知识分子的改造并在哲学领域占领思想宣传阵地。冯定住北大燕南园 55 号，与冯友兰先生所住的燕南园 57 号呈对角，又仿佛象征着两位特殊人物的思想对峙局面。具有戏剧性的是，到了 1964 年，由于冯定坚持实事求是的原则，"不愿做检讨的英雄"，被扣上"假马克思主义""反革命修正主义分子"的帽子，同冯友兰一道被打倒、批斗。于是，当年"唱对台戏"的对手，在"文革"期间成为站在同一战壕里相互扶持的受难者。

二、边行路边读书

冯定成名较早，在 20 世纪 30 年代就在进步青年中产生了一定影响。在上海，冯定在积极从事党的秘密工作的同时，也投身于抗日救国的文化活动。他曾用"贝叶"的笔名在上海的一些进步刊物（如《读书生活》《文化食粮》《自修大学》《国民周刊》《译报周刊》等）上用通俗的语言向广大青年宣传、普及马克思主义哲学,还发表了大量有关如何提升青年修养的论文、专著和译文,如《青年应当怎样修养》《哲学的运用》《谈新人生观》《新哲学是科学的哲学》《论自然哲学和历史哲学》《现阶段的青年问题》等。1937 年,他写的《青年应当怎样修养》一书被收入"青年自学丛书",在上海一版再版,并成为当时最畅销的读物之一。《青年应当怎样修养》也是我国早期的马克思主义伦理学专著。

中华人民共和国成立后,冯定主要从事马克思主义哲学的教学和研究工作。他在哲学研究中注重哲学的实际应用,注重研究中国革命的逻辑,遵循毛泽东所提倡的把马克思主义和中国革命实际相结合的学风即马克思主义中国化概念的科学内涵,从中国的实际出发,用中华民族固有的思维和表达方式,历史地、辩证地阐述和分析现实生活问题。20 世纪 50 年代初,在上海的"三反"、"五反"运动中,冯定以读书笔记的形式写成一篇论文《学习毛泽东思想来掌握资产阶级的性格并和资产阶级的思想进行斗争——读〈毛泽东选集〉的一个体会》,对民族资产阶级的经济地位、政治态度及其在中国革命发展各个阶段的历史演变作了准确、详尽的剖析,断然否定了那种认为资产阶级只能对国民经济的发展起消极作用的错误观点,指出在新的历史条件下,资产阶级仍然存在两面性,只要它拥护共同纲领,拥护工人阶级的领导,奉公守法,那么,其对全国工业化的方针仍将起到助力作用,对国家仍能有所贡献。此文受到中共中央和毛泽东同志的肯定,中共中央发文件要求全党中高级干部学习这篇文章。毛泽东亲自修改该文,指示当时中共中央的理论刊物《学习》杂志转载,刊登在《学习》1952 年第 4 期;1952 年 4 月10 日,《人民日报》也转载了此文,人民出版社 1952 年 4 月出版单行本,发行全国。1956 年,冯定又写了《关于我国当前阶级矛盾的性质和斗争形式》一文,在《大公报》发表,引起学术界的讨论。

1947 年,冯定在大连养病,其间在《大连日报》上连续发表一系列哲学短文,这就是《平凡的真理》一书的雏形。当时,他在每篇的题目旁边都注有"《平凡的真理》之一""《平凡的真理》之二"……1948 年,这些哲学短文通过整理合集由光华书店在大连出版。1949 年 5 月,由三联书店(此时,光华书店已并入三联书店)在上海再版。后来,《平凡的真理》一书的版权转给中国青年出版社。1955年10月，经冯定作了比较大的增订后，由中国青年出版社在北京出版，这就是我们今天看到的由中国青年出版社出版的第一个版本。这本书的特点和优点都非常明显，它是中国共产党马克思主义理论宣传史上又一部通俗哲学的代表作，也是一部有思想理论创新特色的学术力作。《平凡的真理》既带有通俗化、群众化的特色，又不同于普通的通俗化宣传小册子，而是一部体系完备、阐述精辟的学术著作。冯定以真理问题为主线，把全书分为前后既互相独立又互相连贯的四篇：第一篇，真理和智慧；第二篇，真理和谬误；第三篇，真理和规律；第四篇，真理和行为。这就构成了一个完整的统一体，层次分明、步步深入，具有鲜明的特点，完全不同于传统教科书中唯物论、辩证法、认识论和历史唯物主义几大板块并列的体系结构。列宁提出马克思主义哲学体系是辩证法、认识论和逻辑三者的统一，冯定对马克思主义哲学体系展开了创造性探索，为马克思主义哲学体系建设做出了贡献。《平凡的真理》比一般的通俗读物深刻，又把思想教育寓于哲学理论宣传之中，这就远胜一般的学术著作。《平凡的真理》一书是冯定几十年来从事理论宣传工作的结晶，从1955年出版以来共印行了11次，总共销售了50万册，在干部和青年中产生过广泛的影响。邢贲思同志在冯定百年诞辰之际，在《人民日报》发表文章，题目就是《让哲学走进大众——重读〈平凡的真理〉》。文中评价道："《平凡的真理》成书于20世纪40年代末，50年代曾几次再版。它虽是一部通俗化的哲学著作，但很富独创性，突出特点是贴近实际、贴近生活，没有丝毫学究气，内容有的放矢、不讲空话，文字则生动活泼、浅显易懂。"邢贲思指出其鲜明特点是："打破对哲学的神秘感，把哲学和广大人民群众的生活联系起来""按照对马克思主义哲学的理解，把辩证唯物主义和历史唯物主义结合起来""打破把世界观和人生观分割开来的传统，把世界观和人生观结合起来"。① 此外，中国青年出版社于1956年11月出版了冯定的另一本专门为青年写的哲学小册子《共产主义人生观》。这本书在较短的篇幅里，根据辩证唯物主义和历史唯物主义的观点，从自然界和社会发展的客观规律讲起，向广大青年浅显而透彻地说明了应该怎样

---

① 邢贲思.让哲学走进大众：重读《平凡的真理》[N].人民日报,2002-08-13.

做人的道理。这本书出版不到 2 年就重印 7 次,总数达到 86 万册,它与《平凡的真理》一样赢得了众多读者的喜爱。1982 年又出版了《人生漫谈》,该书早在 1964 年写就,因为受到错误批判而在当时未能正式出版。冯定的这些作品既是马克思主义哲学的重要成果,又是马克思主义伦理学的重要著作。

在总结中国革命经验方面,冯定写了《中国共产党怎样领导中国革命》《工人阶级的历史任务》两部著作,由上海人民出版社出版。在他生命的最后几年,还写下了《树立无产阶级世界观,走历史必由之路》《哲学工作者的历史使命》《人活着究竟为什么》《学习少奇同志关于党的建设的理论》《让共产主义道德深入人心是理论工作者的神圣职责》《汲取人类思想文化中一切有价值的东西》《怎样学哲学》《精神文明在社会主义建设中具有特殊的重要地位和作用》等论文。

总体上看,冯定哲学思想的发展大体上经历了四个阶段,即初始、发展、总结和再发挥阶段。[①]

第一个阶段是 20 世纪 20 年代至 1937 年。冯定早年家境贫寒,师范学校毕业后,先是在宁波的一个交易所当会计,后又考进上海商务印书馆任编辑。在这里,他初次接触马克思主义书籍,如布哈林写的《共产主义 ABC》。当时,陈云是商务印书馆党支部的成员,由此,冯定在这里入了党,初步树立了对马克思主义的信仰。1927 年,中共中央派冯定到苏联莫斯科中山大学学习,他对哲学开始产生兴趣。直接的原因是:当时王明在苏联以宗派主义把持党内生活,搞家长制统治,并且以"唯我独革"的姿态搞了所谓"二十八个半布尔什维克"的名堂,以势压人。当时冯定也在被整之列,并受到了党内警告处分。这件事引起了冯定的悲愤和思考,从此,他下决心钻研哲学,希望从中悟出一些解释现实生活中的种种问题的道理。还有一个重要的原因:1931 年"九一八"事变之后,民族灾难日益深重,国家危亡迫在眉睫,而当时的国民党反动派正倾全力对苏区进行血腥"围剿"。全国人民,特别是青年,迫切需要有可以信赖的理论来指明国家和民族的前途,用以武装自己的

---

① 此处的阶段划分参考了陶志琼《冯定青年教育思想研究》第二部分第二章的相关内容。参见陶志琼. 冯定青年教育思想研究[M]. 杭州:浙江大学出版社,2019.

头脑。冯定回国后到了上海，在当时的进步刊物上发表了他的第一批理论文章，初露锋芒就获得了"著作家"的称号。当时的上海在国民党统治区里，是中国共产党进行革命文化宣传的一个重要据点，进步刊物如雨后春笋般涌现。在李公朴任主编、艾思奇和柳湜任编辑的《读书生活》，夏征农任编辑的《文化食粮》，以及平心任编辑的《自修大学》等刊物上，都有冯定写的哲学论文。代表作有《论自然哲学与历史哲学》《新人群的道德观》《形式逻辑的扬弃》《哲学的应用》《谈新人生观》《英雄和英雄主义》等。他还写了指导青年道德修养的专著《青年应当怎样修养》。该书同当时年轻的哲学家胡绳的《新哲学的人生观》、艾思奇的《思想方法论》、何干之的《中国社会性质问题论战》、胡风的《文学与生活》等著作一起被收入"青年自学丛书"。

在这个阶段，冯定不是把马克思主义哲学当作单纯的书斋哲学或书本哲学，而是力求宣传马克思主义哲学，发挥哲学救国救民的思想启蒙作用，至此，其应用哲学特色及平民哲学趋向开始凸显。在他看来，人们之所以需要哲学，对哲学有兴趣，完全在于哲学能给人启迪，能授以改变现实的思维方法，而不是多么深奥的理论知识。这个观念贯穿在他以后全部的哲学研究及宣传活动的各个阶段。

第二个阶段是1937—1952年。在这个时期，冯定全力以赴投身于革命斗争，并通过实际斗争，在政治思想和哲学思想上进一步成熟。他先在新四军部队，后在华东野战军部队，专门从事宣传教育工作，担任过《抗敌报》主编、宣传科长、宣传部长、抗大五分校副校长等职。上海解放后，他没有条件系统地去写作，于是，他用讲课、作报告、写社论和写评论等方式阐述党的方针政策。但这并不是说冯定中止了对哲学的研究和宣传；恰恰相反，他把辩证唯物主义和历史唯物主义的原理渗透在对当时的政治、经济、军事、文化、教育等问题的分析中，实现了他在第一个时期的夙愿：用哲学规律来分析现实。比如，他写的长篇论文《美国与世界大战》，运用辩证唯物主义中的"现象"和"本质"这一范畴，鞭辟入里地剖析了中美关系。冯定还用马克思主义认识论和辩证法写出了结合党内整风运动的《论反省》，用马克思主义的阶级斗争观点和阶级分析方法揭露美蒋和谈阴谋的专论《认清形势、积极行动》，以及总结新四军在全面抗战期间的宣传教育工作的文章《抗战期间的文化宣教工作》和《教育改革声中防止"矫枉过正"与"因噎废食"和抗战期间的文化宣传工作》。在后两篇文章里,他运用辩证唯物主义的全面观点分析问题,反对在思想方法上出现的各种片面性和绝对化。

第三个阶段是1953—1964年(冯定被错误地点名批判之前)。在此期间,冯定总结了自己多年来学习和宣传哲学的成果,在理论上加以系统总结和发挥,大量著作相继问世,大块文章频频出现,成绩斐然,这是他的哲学研究收获颇丰的时期。其中的重要文章有:《关于我国当前阶级矛盾的性质和斗争的形式问题》《十月革命的伟大思想在中国的胜利》《学术问题与政治问题》《谈马克思列宁主义普遍真理和民族特点相结合的原则》《唯物论辩证法的伟大胜利》《马克思主义世界观的伟大胜利》《学习雷锋,树立共产主义世界观》等。这些文章对于人们正确运用马克思主义哲学观点分析我国社会主义革命和建设中的一系列理论问题与现实问题,大有裨益。

同时,冯定还修订出版了他的哲学代表作《平凡的真理》,在我国理论界和知识界产生了良好的反响,被评价为宣传马克思主义哲学的好书。这本书突破了以往哲学教科书的编写模式,以认识与实践的关系为主线,对辩证唯物主义和历史唯物主义的原理作了理论联系实际的连贯的阐述。全书分四个部分,第一部分介绍了作为认识主体的人怎样通过自己的头脑认识外部世界,侧重剖析了认识发生的生理基础和社会基础。第二部分简明扼要地评价了两种对立的认识论即辩证唯物主义认识论和唯心主义形而上学认识论。第三部分以唯物论与辩证法相统一为基点,阐述了唯物辩证法的基本规律和范畴。第四部分,认识又回到实践,论证了马克思主义宇宙观在各个实践领域里的具体展开。四个部分构成一个完整的统一体,论点精确、论证有力、层次分明、步步深入。综观全书,从人的认识在实践中发生到认识的升华,再拿到实践中去检验和运用,形成一个科学的理论系统。而且,这本书深入浅出、循循善诱、重在说理,容易使人领悟,不少读者爱不释手。

"文革"结束之后,冯定立刻投入推进中国马克思主义大众化的工作之中。"人一旦对他所从事的工作、他的事业产生了热爱之情,并对其工作的意义有了清晰的认识,那么,他的生命力将为之燃烧、融化。他就会感到生命越活越有意义，哪怕再给他两次生命也不够。"①他是这么说的，也是这么做的。晚年的冯定拖着虚弱的身体坚持写作并发表了十几篇文章以重拾马克思主义哲学思想，他希望广大青年能够在新的时代乘风破浪、勇敢前行，积极展示自我、贡献社会。

王元化在回忆和冯定的交往中提到，冯定虽为他的领导和前辈，但"丝毫没有摆名人架子的陋习，而总是虚己服善，平等待人"②。冯定还是一个胸襟坦荡的人，一方面，冯定对真理的追求不分国界，他不光阅读大量中文书报，还学习外国的先进思想；另一方面，冯定敢讲真话，开诚布公。冯定作为一个哲学家，治学态度严谨，坚持实事求是的写作态度；作为党的高级干部，能始终保持不盲目跟"风"、不唯上的风骨。冯定始终坚持真理，不迎合谬论，既不屈服于权势，也不做整人的英雄，这是他做人的信条；冯定说自己不做检讨的英雄，面对打压宁折不屈，宁为玉碎不为瓦全。

1982年3月，《人生漫谈》由吉林人民出版社出版。《人生漫谈》遵循冯定撰写马克思主义大众化作品的一贯原则，即以世界观和历史观为经，以关于人生的具体问题为纬，在此基础上再具体谈论和分析青年最关心的现实问题。该书采用"漫谈"的方式，具体分为十六谈，其中第二谈至第七谈主要是对唯物史观的基本观点的论述，包括自由、实践、真理的标准、劳动、革命、党；第八谈至第十五谈主要针对青年最关心的与自身利益相关的问题展开分析和解答，包括生活、学习、工作、意志、感情、道德、生死、自觉能动性；在第十六谈中，冯定再谈人生观，并提出了十点意见供青年考虑和选择。《人生漫谈》事理并举、娓娓道来，读起来既有感染力又有说服力。

作为一名共产主义的坚定守护者，冯定始终坚持把马克思主义的理论同实践结合起来。"文革"结束后，冯定大力呼吁继续用马克思主义来改造人们的思想和头脑，提升群众特别是青年的人生境界。因此，冯定这一阶段的作品再次强调哲学应用的重要性和如何更好地加强精神世界的建设。

---

① 冯定.冯定文集(第2卷)[M].北京：人民出版社，1989：348.
② 王元化.认识冯定[M]//谢龙.平凡的真理 非凡的求索：纪念冯定百年诞辰研究文集.北京：北京大学出版社，2002：7.

纵观冯定马克思主义大众化思想的历史发展进程,我们能够看到,冯定自始至终立足马克思主义,同时听从国家利益、青年心声、时代要求的召唤,积极探索把马克思主义推向大众化的路径,最终实现了精神内核的"不变"与主题侧重的"变"的内在统一。冯定始终坚持人品和学品的一致,力倡言行一致,不做两面人,不写假文章。正是因为将"坚守"和"更迭"实现了完美的结合,冯定的马克思主义大众化理论才能在漫长的岁月里始终保持理论价值,焕发思想的魅力。

三、有傲骨、无傲气的马克思主义理论求索者

冯定一生孜孜不倦地探索、追求、传播并坚守共产主义人生观和马克思主义真理观;在以西方哲学、中国哲学著称的北大,他又常被人们称为"红色教授"。在冯定看来,马克思主义理论研究不仅仅是为了意识形态宣传,马克思主义本身就是科学、学问,是永远需要探求的真理。这位马克思主义哲学家、教育家虽然是北大党委副书记、副校长,但他一生不追求名利,也不玩弄权术,而是热衷于学问的探究与传播,在时局动荡中始终坚守真理。他曾讲:"我们以书本为床铺,知识是无价的,如有机会,我们仍要读书,仍要研究学问,仍要探求真理。"①在"文革"期间,他始终反对极左思想,坚持辩证法,在逆境中不盲从,而是积极进取。他不愿当政治斗争中任人摆布的棋子,坚决不配合康生等人批判杨献珍的"合二而一"论,结果惨遭批判。在组织北大哲学系编写哲学教科书时,他指出不能仅仅强调"一分为二",而是要坚持对立统一,默认了杨献珍的"合二而一"论。他经常说,"人生就是进击",这反映了他对真理的不懈追求,对困难和逆境命运的反抗,以及经历人生坎坷后的从容与豁达。这或许是那个时代大多数知识分子的共同心声,无论身处顺境还是逆境,始终要保持乐观进取的人生态度。冯定教育青年人要敢

① 冯宋彻. 在燕南园度过的青葱岁月[EB/OL]. [2021-09-01]. https://weibo.com/p/23041815140f4be0102x5i5.

讲真话，把讲真话当成做人的基本原则。冯定写作时不爱引用领袖人物的著作，甚至在编写"辩证法与认识论"一章时，都不主张引用毛主席《实践论》《矛盾论》的原文。这让其身边的年轻助教很是惊讶。① 他对引用是否得当的问题有过精辟的论述。他说："经典作家的话引用的太多，读起来令人沉闷。不能只用话语同话语对照，要用历史和现实来对照和批驳修正主义的言行，要注意掌握实际、具体的历史背景，发现一般人不太注意的资料，增强文章的说服力。"②

　　冯定反对强权，倡导学术争鸣和学术自由，认为批评工作也要注意文风，不能以偏概全或随意给人扣帽子，这彰显了其正直品格建和与人为善的态度。他在《谈"百家争鸣"》一文中指出："批评首先要说理，不能理尚未说，就给对方一顿教训，说这是违反什么原则，那是不符合党的政策的，等等。批评自可以引用古典的权威的著作，但引用还是要有自己的体会，而不能光引用了古典的权威的著作中的一二原则和结论，不管这些原则和结论是在什么时间、地点和在什么情况中说的。"③因此，在冯定看来，知识分子应该有责任担当意识和严谨治学态度，不能随意搞学术批判，更不能在学术争鸣中上纲上线。邓小平曾指出："在开展积极的思想斗争的时候，仍然要注意防止'左'的错误。过去那种简单片面、粗暴过火的所谓批判，以及残酷斗争、无情打击的处理方法，决不能重复。无论是开会发言、写文章，都要进行充分的说理和实事求是的科学分析。……绝不能以偏概全，草木皆兵，不能以势压人，强词夺理。"④怎样才能做到不偏不倚呢？具体来讲，一是不能犯右的错误和"左"的错误，冯定的正直品格建基于马克思主义，既非右的，更非"左"的；二是要采取与人为善的态度，在诚恳地对错误思想进行批判的同时，还要勇于自我批判。

　　冯定为人宽容温和。其在学术研究中持包容态度，倡导学术自由，反对

　　① 陈徒手.故国人民有所思[M].北京:生活·读书·新知三联书店,2013:216.

　　② 王宗昱.苦乐年华[M].北京:北京大学出版社,2004:214.

　　③ 冯定.冯定文集(第2卷)[M].北京:人民出版社,1989:91.

　　④ 邓小平文选(第3卷)[M].北京:人民出版社,1993:47.

阶级斗争。他尊重其他学科的学者,不独尊马克思主义哲学,而是认为西方哲学、中国哲学对推进马克思主义哲学发展具有重要作用,并构建了北大哲学系"一体两翼"的格局。根据章玉钧的回忆,"有同学问:学习中国哲学史有什么实际意义? 冯定师说,对实际意义不要理解得太死,人类的追求是丰富多彩的,何况从哲学史——包括中国哲学的发展过程中,可以汲取理论思维的经验教训,可以找到一直导向辩证唯物主义产生和发展的线索"①。这种包容不仅是尊重,也坚持了唯物辩证法思想,遵循了学科间的内在联系及发展规律。但由于冯定不重视学术的阶级性,对旧思想多从继承着眼,而少从批判着眼,一些学者批判他犯了修正主义错误,存在着立场不坚定、理论不准确等问题,也有学者指出他在写作中不爱引用领袖人物观点的问题。作为北大领导者,感性人格表现出其学者情怀,同时也蕴藏着其在政治运动中的"不成熟性"。陈徒手指出:"在党内哲学家中,冯定的斗争色彩相对比较淡薄,总是呈现一种包容、宽厚的形态,他的哲学著作多娓娓而谈,少见怒吼般的批判语气。这样的温和东西放在平常日子自然受到社会欢迎,但一旦形势激进,就容易为激烈的阶级斗争氛围所不容,无法成为高层所必需的思想武器。"②冯定一生对学术斗争不感兴趣,总是故意躲避或拒绝参加带有学术斗争性质的讨论。这说明冯定还"不谙世事",面对突如其来的学术斗争,还不能适应当时的政治游戏规则,但又在斗争格局中无法抽身。冯定的"政治幼稚病"和痛楚根源于其学术情怀即没能充分考虑到学术问题上升到政治高度的危险性。因为在那个年代,学术上的思虑严谨、学风独特并不意味着一定为学术圈和政界所容纳。当然,从本质上讲,这是由冯定所坚持的知识分子本色、底色所决定的,也是一份坚持真理的执着。

从被领袖点名重用到突然卷进政治批判旋涡被打倒,冯定的人生经历了急剧转向,也令许多好友及同事百思不得其解。1964 年,冯定开始遭到批判。8 月,毛泽东在和周培源、于光远的谈话中批判冯定是"修正主义者",批判"他写的书里面讲的是赫鲁晓夫那一套"。9 月,《红旗》杂志发表《评冯定

① 章玉钧.我心中的冯定[J].百年潮,2003(6).

② 陈徒手.故国人民有所思[M].北京:生活·读书·新知三联书店,2013:235-236.

的〈共产主义人生观〉》的"编者按"和署名张启勋的《对〈共产主义人生观〉一书的批评》的来信，首次在报刊上对冯定进行了错误批判。11月，陆峰在《红旗》杂志发表《主观唯心主义的大杂烩——评冯定同志的〈平凡的真理〉》，后被《人民日报》转载。这样，对冯定的批判范围从《共产主义人生观》一书中的个别观点逐步扩大到《平凡的真理》等著作。据薄一波同志回忆，对冯定的批判主要是由康生做出的批示，毛泽东在同周培源、于光远的谈话中关于冯定的观点也主要是受康生影响。①

　　林彪、"四人帮"一伙打着反修正主义的旗号，对冯定的《共产主义人生观》进行批判。他们认为，谈人生观是谈唯心主义，剥削阶级才谈人生观问题，马克思主义不谈人生观，只谈世界观。② 在20世纪60年代，学界对冯定的批判主要存在以下论断。一是批判冯定过多强调群众，忽视领袖在革命中的作用，将个体与大众对立起来。二是批判冯定在引用董存瑞和黄继光的事例时，提出了"正义的冲动论"等错误观点，污蔑了英雄为革命献身的精神。三是认为冯定过多凸显个人的主体性和能动性，因而批判其宣扬功利主义的人生观，他的哲学是主观唯心主义的大杂烩，在共产主义人生观的幌子下，贩卖西方资产阶级的个人主义价值理念。四是批判冯定以矛盾调和代替革命辩证法，宣扬和平共处、和平过渡路线，否认社会主义社会存在阶级和阶级斗争，宣扬"全民国家"论。顾明和田方认为，冯定"过分夸大矛盾斗争形式作用……用非对抗的斗争形式来解决对抗性的矛盾"是片面的和错误的。③ 此外，还有一些报纸和学术期刊对其"破立两段论""主观唯心主义实践观""社会主义阶级斗争熄灭论""人的气质论""幸福观""用相对主义否定马克思列宁主义普遍真理"等观点进行了反驳或批判。今天再看这些批判性文章，根本不是什么探讨式的学术争鸣，而是充满着火药味的政治斗争或扼杀学术的"政治批判"。"当年的会议简报充斥着大量带有固执偏见、

---

① 冯贝叶，冯南南.毛泽东关于冯定的三次表态[J].百年潮，2000(6).
② 黄枬森.黄枬森文集(第八卷)[M].北京:中央编译出版社，2016:11.
③ 顾明，田方.评冯定关于中国工人阶级和资产阶级的矛盾性质和斗争形式问题的论文[J].读书月报，1957(7).

私人恩怨的政治术语东西,再加上欲置人于死地的决战意味,实际上是极为恶劣、说尽空话、伤人到底的斗争游戏言语。"①具有讽刺意味的是,对冯定的批判反而使冯定的著作被当作反面教材抢借、抢购一空。

冯定是中国共产党理论界的领导干部,平易近人,具有学者风范,言语不多,更不轻易下结论、随意扣帽子。在"文革"期间,体弱多病的他受到迫害,经常在批斗中昏厥。他对此总是默默不语,依然坚持正义和实事求是原则,从不否定真理的现实性,并且勇于同脱离现实的形而上学认识论作斗争。他曾指出:"列宁向来主张,不因人废言,也不要因事废言。他曾说过一句著名的话:真理毕竟是真理,哪怕它是出自伪君子之口,哪怕它是用虚伪的声调讲出来的。列宁这句话,对于那些好用大帽子压人,滥用党的威信,动辄置人于死地的人,真是一个当头棒喝!"②在他看来,真理永远是客观的,它不因人、因事、因权、因利而改变。冯定是永远坚守真理、不屈服的忠诚战士,他的一生坚守真理,不随波逐流,不阿谀奉承,不向权威和名利低头,彰显了追求思想自由与学术独立的人格魅力。

冯定在宣传马克思主义哲学过程中做到了理论学习与中国实践的有机结合,反对坐而论道、人云亦云,反对把马克思主义理论教条化或进行空洞灌输,而是以身作则,坚持理论联系实际的学风、教风。他认为,马克思主义研究或教育应从时代出发,从青年实际需要出发,而不是在马克思主义原著中寻找现成的答案。因此,在他看来,坚持马克思主义真理观就必须回到平凡生活,避免书斋式地研究和教授马克思主义哲学。其通俗哲学影响和培养了好几代年轻人,特别是党内的许多年轻干部和高校青年学子。冯定的通俗哲学强调了马克思主义哲学的实践性和现实应用性,他曾将历史唯物主义、辩证唯物主义的基本原理应用到现实社会的矛盾及问题分析中,对社会发展规律给予科学总结,强化了马克思主义哲学对世界的改造特质。为此,他在1949年前就写出了《哲学的应用》《平凡的真理》等通俗哲学著作。《平凡的真理》和《共产主义人生观》等通俗读物在社会上流传甚广,影响很

---

①　陈徒手.故国人民有所思[M].北京:生活·读书·新知三联书店,2003:230.

②　冯定.冯定文集(第2卷)[M].北京:人民出版社,1989:252.

大，曾受到党内领导和广大青年关注，成为青年进入哲学领域的重要读物，部分青年还为此报考北京大学哲学系。其中，《平凡的真理》一书被誉为"20世纪五六十年代流传最广、进步青年最为喜爱的一部马克思主义哲学的通俗读物"。《共产主义人生观》一书还于 1957 年由田丁翻译，在延边人民出版社出版了朝鲜文版。与一般的学术专著不同，这些哲学著作是面向大众的通俗化读物，是反对教条主义的力作，真正做到了把马克思主义哲学理论活学活用，深刻地把握了马克思主义理论的实践精髓，也是对教条主义者贬低人生观研究或以世界观研究取代人生观研究观点的有力回应。冯定认为，哲学理论是和我们的生活中的大事、小事密切联系着的，否则哲学就永远是抽象的，哲学理论的生命之树也不会常青。哲学不能只研究世界不研究人生，世界内在地包含着人生，人生是世界的重要组成部分，哲学研究在一定程度上就是人生观研究。因此，我们对世界的研究既要在实践中应用理论去解读现实问题或解答人们头脑中的思想困惑，又要从日常现象和具体实践中不断发现、修订乃至升华出哲学理论。冯定曾讲："哲学是要面对实际的，哲学的功能就在于应用。如果用得不好，它的效用就会大打折扣。"[①]冯定不止一次地强调作为新哲学的马克思主义哲学的广泛实用性，认为新哲学是不脱离人间的"法币"，是对人类社会历史发展规律的总结，是引领科学研究及人类实践的"明镜"，而不是深藏保险柜的远离普通民众及日常生活世界的"珠宝"。当然，他对"理论联系实际"及理论应用性等方面的理解属于战略方向性的，认为二者是在一定的具体条件下的联系，而不是教条似的、牵强附会的联系。他勇于同"宁左勿右"的错误观点进行斗争，经受住了极左倾向的疯狂攻击。如陈昊苏所言，"一个真正的马克思主义者注定要经受新的磨难，但磨难不可能颠覆真理，只会把拥有真理的马克思主义者锤炼得更加坚强"[②]。或许磨难成就了冯定，冯定的一生既是磨难的一生，又是坚守马克思主义真理的一生，这使他真正成为一个坚定的马克思主义战

---

① 张文儒.回忆冯定先生[M]//谢龙.平凡的真理 非凡的求索：纪念冯定百年诞辰研究文集.北京：北京大学出版社，2002：120-131.

② 陈昊苏.磨难不可能颠覆真理：纪念冯定同志[J].道德与文明，1993(3).

士,从而完成了时代赋予他的历史使命。

四、革命家庭再开学术新花

冯定一生四处革命,直到知天命的年纪才算安稳下来,这也导致冯定的婚姻生活多有波折。冯定一生共有四次婚姻:第一任妻子是俞襄,两人育有三个女儿;第二任妻子由于婚姻存续太短,无处查证;第三任妻子是饶友瑚,可惜婚后一年就病逝了;第四任妻子是袁方,两人共同孕育了三个儿子。

冯定的第一次婚姻始于 1921 年春,他在母亲的操办下和俞襄结婚。当时冯定 19 岁,俞襄 15 岁。俞襄是冯定的同乡,据说是因俞襄的父亲赌输了钱,他便将女儿俞襄抵给冯定的父亲做儿媳。结婚时俞襄不识字,在冯定的督促和指导下,俞襄学会了算术和写字,后来还在冯定的劝说下进入宁波女子师范学校读书。1926 年,两人的第一个女儿冯惠出生。1928 年,第二个女儿冯钧出生。1926 年末,俞襄在冯定的劝说下参加了黄埔军校武汉女生班。1927 年,俞襄跟随冯定去了莫斯科中山大学。1930 年,两人在莫斯科生下了第三个女儿,取名拉娇,后冯定夫妇因临时回国,便将三女儿寄养在保育院,再返回莫斯科时已经找不到了。两人返回上海后,因感情不和而离婚,离婚后两个女儿都由俞襄照顾。1932 年,俞襄去了北平香山慈幼院工作。后来大女儿冯惠嫁给了卫宝文,二女儿冯钧嫁给了程钱孙。20 世纪 50 年代,俞襄在上海公安局托儿所担任所长,冯惠、冯钧都在上海广播电台工作。后来冯惠随丈夫去了安徽人民广播电台,冯钧随丈夫去了浙江人民广播电台。冯钧的丈夫去世后,俞襄辞去了托儿所的工作到冯钧家照看孩子。1968 年,俞襄因冯定被批斗事件受到牵连,最后选择了自杀。

冯定的第四次婚姻始于 1944 年,结婚时冯定 42 岁,袁方 22 岁。袁方原名袁莲茹,出生于安徽合肥的名门望族,祖籍安徽巢湖。袁方的爷爷是袁世坦,曾任江西提督军门,民国时的陆军中将。袁方的外公是当时有名的商人,在上海办实业。袁方的父亲是袁世坦的大儿子袁修荫,袁方的母亲是偏房,再加上袁方是女儿,因此袁方在家不受重视,也养成了叛逆不羁、追求自

1982 年春节冯定全家合影留念

由的性格。全面抗战爆发后，袁方去了上海女子大学读书，后来为了支持抗日，和他人一起去了江南解放区，加入新四军并成为一名共产党员。1940年，袁方所在部队和冯定所在部队会师，这是他们的第一次见面。之后，由于工作上的沟通互动较多，两人互生情愫，于 1944 年结婚。解放战争结束后，袁方在上海从事广播电台的工作，历任上海人民广播电台秘书、主任，上海联合广播电台台长。1952 年，跟随冯定调入北京中央人民广播电台工作，先后在文教组和科教部工作。1956 年，参加北京广播学院的筹建工作，任北京广播学院党委委员、党委宣传部部长。"文革"期间，袁方作为冯定的妻子，受到牵连，常遭批斗。1969 年，随北京广播学院师生下放到农村劳动。1970 年，被下放到河南省淮阳中央广播事业局"五七干校"接受劳动教育。"文革"结束后，袁方重新走上领导岗位，任北京广播学院党委常委。1988年，袁方去世。袁方和冯定育有三个儿子，大儿子冯贝叶，本科毕业于北京大学，当时由于北大情况特殊，本科在学校待了五年后，被分配到河南省太康县下乡劳动，两年后被分配到太康县文教局工作，后来被转调回北京，之后考上北大研究生。后来，冯贝叶在中科院应用数学研究所任研究员，从事研究工作，与妻子张清真育有一对儿女。二儿子冯宋彻，中学毕业后就去了青海地质勘探队工作，先是考入青海师范大学，后来调入中国传媒大学，从事马克思主义研究工作，与妻子梁燕飞育有一子。三儿子冯方回，本科毕业于北京大学，研究生毕业于美国布朗大学，后来成为国家卫生和计划生育委员会研究员，育有一女（冯晶磊）。

第二章　中国马克思主义大众化、通俗化的求索之路

马克思主义本土化的学理探讨离不开民族文化传承和人民现实需要，必须在学术与政治之间保持必要的张力。近代以来，中国早期马克思主义学者强调国情本位，努力探索一种改变中国命运的治世理论，蕴含了经世致用的救世情怀，彰显了"知行合一"的学术传承。当前的马克思主义本土化研究必须坚守这一学术传承，深入研究马克思主义理论与中国实践的辩证运动规律，不断探索根植于中国现实发展需要的理论研究范式。中国学者必须真正肩负起以理论解读、引领、改造现实的使命担当，树立马克思主义学术创新的民族自我意识。在不断拓展对马克思主义本土化内涵的时代认知中，总结和汲取老一辈马克思主义学者推进本土化的历史经验，探寻一条以人民为中心、基于中国道路实践的学术创新之路。

一、马克思主义学术本土化的求索、使命与道路

自马克思主义传入中国起，马克思主义本土化就一直没有停止过，民国

期间的"学术中国化"①曾为马克思主义学术本土化做了铺垫。21世纪以来,马克思主义本土化被赋予了特定内涵,既凸显了"四个自信"意识,又承载着中国马克思主义理论学界推进学术创新的历史使命感。中国哲学社会科学界重新审视"中、西、马"之间的关系,呼吁建构本土化的学术话语权、理论体系和研究范式,把推进本土化看成当代中国学术创新的重要源泉和动力。因此,马克思主义的学理创新不仅关涉马克思主义理论指导地位的巩固,也关涉学术强国乃至民族复兴的实现。伴随着西方马克思主义理论对中国学术界的渗透,中国马克思主义学界更需要在研究范式、理论体系创新方面做出回应,不断提升马克思主义研究的国际话语权。中国学者必须在马克思主义实践本土化巨大成就基础之上,构建与之相称的马克思主义学术本土化理论体系。这既是机遇,也是使命。马克思主义在中国的本土化发展经历了从文化传播到政治实践、从思想救国到意识形态治国的过程。在这一进程中,李大钊、陈独秀、瞿秋白、毛泽东、刘少奇、邓小平等从中国革命和社会主义建设的全局出发,提出新的理论和观点,成为马克思主义中国化和发展过程中的重要标志。② 与此同时,李达、艾思奇、陈唯实、高语罕、冯契、杨献珍、冯定、高清海、黄枏森、陶德麟等一大批马克思主义学者也提出了许多新的马克思主义理论观点,对马克思主义理论体系建设做了探讨,同样也发展了马克思主义。他们的学术研究始终没有偏离中国革命和现代化建设实践,没有偏离民众日常生活,深刻体现了中华民族"学以致用"的学术传承。学术的本土化是同唤醒民族意识、彰显"中国精神"使命担当联系在一起的,是在民众思维变革和理论具体日用中共同推进的。推进马克思主义本土化必须坚守这一学术传承。自觉探索马克思主义学术本土化发展的

---

① "学术中国化"是抗日战争时期中国共产党人在重庆、延安等地发起的一场文化运动,主张用马克思主义的唯物论和辩证法来整理中国的一切学术。其在批判各种反马克思主义及非马克思主义思想倾向的同时,强调"建立以新民主主义的内容为内容和以中华民族的形式为形式"的中华民族新文化。它上承新启蒙运动,下启新民主主义文化运动,在中国共产党思想史上占有十分重要的地位。

② 陈先达.马克思主义基础理论若干重大问题研究[M].北京:经济科学出版社,2009:221.

基本规律,对推进马克思主义在当代中国的创新与传播具有重要价值。20
世纪以来,西方马克思主义学界不仅注重理论体系建构,还注重研究范式转
换和多元现实批判,从而在国际上提升了马克思主义研究的学术话语权,这
是一条很重要的经验。因此,推进马克思主义学术本土化发展,就必须在理
论与时代、真理与应用、书斋与民众之间保持必要张力,切实把握中国化马
克思主义的学术创新点,自觉承担起解读并改变现实、引领大众的时代
使命。

(一)马克思主义本土化的学术探索经验

20世纪以来,中国的马克思主义理论家在马克思主义大众化、通俗化、
体系化过程中做出了重大贡献,推进了马克思主义在中国的传播、宣传与应
用。他们在同多种思潮的辩论中坚持、捍卫和宣传了马克思主义,并结合中
国实践和中华民族文化传统对马克思主义的概念、观点进行了新阐释。因
此,推进马克思主义学术本土化发展离不开对中国马克思主义理论学者及
其贡献的研究,进而从学术史角度深化马克思主义中国化研究。张静如曾
指出:"马克思主义中国化研究学术史是反映研究者的历史,其作用在于使
研究者了解先行者在马克思主义中国化研究方面的贡献,了解先行者在研
究中的不足,从而既避免简单重复性研究,又弥补先行者的不足,在以后的
研究中不断创新。"①其实,马克思主义研究的不仅是这些先行者的理论贡
献,更重要的是研究他们推进马克思主义本土化发展的思维方式和方法,进
而从中国话语表达层面构建当代马克思主义理论体系。这关系到中国的马
克思主义能否在学理上获得原创性突破。20世纪以来的马克思主义本土化
研究,在价值立场、方法路径、理论体系和建构创新方面做出了重要贡献。

其一,坚持了中国本位和民族立场,不断打破教条主义的束缚。艾思奇
等马克思主义学者认为,本土化要根据中国人的时代任务和现实需要来展
开研究,而不是简单地拿过来套用或不加改造地应用到中国。因此,本土化
必须坚持中国本位,既反对专门从名词公式上推敲的书呆子做法,又反对把

---

① 张静如.关于马克思主义中国化研究学科建设的一点想法[J].党史研究与教学,
2009(3).

经验看得太高而导致实际主义倾向。强调中国本位理念并不意味着否定马克思主义的真意，"化"马克思主义也不是篡改马克思主义，更不是强化民族主义或保守主义。因此，马克思主义本土化是马克思主义基本理论与中国实践的具体结合、有机结合，是历史条件与现实需求的结合，实现的是理论与实践的双重发展。学术本土化同毛泽东在中国共产党六届六中全会报告中强调的马克思主义在中国的具体化问题具有内在一致性。毛泽东认为："使马克思主义在中国具体化，使之在其每一表现中带着必须有的中国的特性，即是说，按照中国的特点去应用它，成为全党亟待了解并亟须解决的问题。"①因此，马克思主义学者认为本土化过程不仅仅是马克思主义基本原理在中国应用中获得地域性、民族性、时代性发展，更重要的是彰显中华民族特点，解决中国问题。从一定意义上讲，中国化成功的关键在于立足中国进行具体化创新，在于马克思主义理论与中国实践的有效结合。实现马克思主义中国化"是在结合基础上的传承与创新，创造出具有中国作风和中国气派的新东西"②。这一过程是一个"双化"的改造过程，不仅用马克思主义理论来"化"中国，促进中国实践深化，还要用中国实践"化"马克思主义，推进马克思主义在中国获得生命力。因此，在这一过程中，马克思主义为中国人的革命和建设提供了指导思想，而中国具体实践也同样为马克思主义理论创新提供了"试验场"和契机。同理，离开中国实践，马克思主义理论就难以发挥这么强大、深刻而又持久的社会影响力。李达在《现代社会学》中对中国社会问题的具体特点给予深入探讨，认识到马克思主义的普遍性与中国社会的特殊性之间的矛盾统一关系。③ 马克思主义的中国化或具体化就是要考虑中国社会的特殊性，深刻认识东西方社会的差异性，让马克思主义适应中国国情，运用到中国以解决中国问题。

其二，坚定了人民立场，推进了马克思主义从"小众"走向"大众"，通过

---

①　毛泽东选集(第 2 卷)[M].北京：人民出版社，1991：534.

②　张安.中国知识界关于"马克思主义中国化"的论争：以 20 世纪 30—40 年代为中心[J].学术界，2018(1).

③　李维武.李达与马克思主义中国化：纪念李达同志诞辰 120 周年[N].中国社会科学报，2010-10-08.

大众化研究发展了马克思主义。马克思主义理论是为民众服务的大众化理论,具有鲜明的人民属性。马克思主义对社会底层的现实关切与中国传统儒家的入世情结具有契合性。中国马克思主义学者也没有把马克思主义理论仅仅当成书斋里的学问,而是坚持与民众相结合,走出了一条马克思主义大众化发展道路。艾思奇的《大众哲学》坚持用通俗化语言传播哲学知识,贴近群众生活实际,使马克思主义成为领导群众斗争的强大思想武器。但最初的大众化主要强调的是马克思主义哲学的普及。马克思主义理论家从传播学角度深刻地洞察了群众的心理特征、思维方式和知识理解能力,满足了群众的现实需要,极大地提升了马克思主义传播的实效性。20世纪二三十年代的哲学争论、中国现代化模式争论、中国社会性质争论以及"学术中国化"多着眼于为现实服务,也使马克思主义本土化具有思想文化运动和社会政治运动双重属性。中国的马克思主义在同非马克思主义、反马克思主义及西方思潮的论战中避免了理论的教条化,强化了马克思主义理论的实用性,深化了学界认同和大众认知。对此,推进马克思主义大众化必须坚定人民立场,巩固群众基础,发挥马克思主义启蒙大众、发动群众进而改造世界的重要作用。大众不是理论的被动接受者,而是运用理论改造世界的基本力量,是推进马克思主义本土化发展的重要支撑。走向大众是马克思主义本土化的本质要求,必须结合中国人的民族思维方式和文化心理,引导并深刻影响大众的思想文化、精神信仰、生活方式。马克思主义大众化是彰显马克思主义阶级属性的必然要求,为此,要不断推进马克思主义同广大民众相结合,使之成为大众改造社会的思想武器。马克思主义理论工作者的使命就是为无产者提供科学的世界观和方法论。马克思主义也应该在引领其他哲学社会科学的发展中推进大众化,成为其他社科工作者开展研究的价值导向和理论指引。在此意义上,马克思主义成为中国哲学社会科学走进大众的指导思想,作为世界观和方法论的马克思主义开始应用并渗透到其他学科领域。[①] 民国时期的中国社会性质论战,实质是中国人运用马克思主义研究中国社会和历史的学术运动,也带动其他学科对中国经济、社会、历

史、哲学、社会学等展开本土化研究。因此,本土化运动在一定程度上凸显了马克思主义在中国哲学社会科学中的意识形态指导地位,引导其他学科为解决中国问题及满足群众需求服务,起到了政治导向与价值观引领的双重统一作用。

其三,探索了马克思主义学术通俗化的方法和路径,推进了马克思主义学术创新。实现马克思主义大众化在形式上必须推进通俗化,通俗化是马克思主义理论走进大众并被大众认同进而变为现实力量的重要手段和策略。在中国,马克思主义研究者对马克思主义的传播方式主要包括翻译、著书立说、教育、理论宣传。很多宣传者把马克思主义融入歌舞剧、音乐、小说、影视作品、宣传画、标语,开展多种形式的教育培训活动,在党内开展整风学习运动以及全国性的学习运动,建立相应的教学、翻译、研究机构,在高校开设马克思主义理论课程,发挥领袖、理论工作者和人民群众的主体作用,等等。[1] 有时还通过生活语言把马克思主义理论用说故事、举例子、讲道理的形式表达出来,使文化水平较低的人也能接触马克思主义。马克思主义和群众日常生活相结合,采用了群众喜闻乐见的形式,成为他们的精神寄托,建立了深厚的群众基础。推进马克思主义大众化必须先过语言关,用群众语言传播马克思主义,拉近理论工作者同群众的距离。群众语言是生活化语言,既生动活泼又通俗易懂,用群众语言交流有利于提升群众认同感。比如,毛泽东同志就"注重运用典故、熟语、比喻等为群众所喜闻乐见的话语内容与表达形式进行话语创新,大大提高了理论表述的生动性和形象性,推动了马克思主义的中国化、大众化"[2]。在用群众语言形象地表达深奥道理的同时,还要亲身示范,把理论具体化为实际行动,不能纸上谈兵。为此,理论工作者向群众学习日常口语,学会用浅显易懂的语言与群众聊家常,选取群众熟悉的实例来提升说服力,以身边榜样增强理论宣传的感染力。为了使群众乐于接受马克思主义,他们深入群众做调查,并在群众真实需求基础

---

[1]　胡艺华.建国十七年推进马克思主义哲学大众化的经验与启示[J].江汉论坛,2013(9).

[2]　白清平,任晓伟.毛泽东是怎样进行中国化马克思主义话语创新的[J].党的文献,2018(1).

上推进马克思主义理论的通俗化和时代性创新,努力构建有中国特色、兼容马克思主义和西方理论的哲学体系。比如,胡绳在对唯心主义文化哲学进行批判的同时,解决了文化的民族特征问题;潘梓年利用唯物辩证法研究中国现实问题;冯定从马克思主义伦理哲学出发给青年讲道德修养,分析青年的烦恼,引导青年顺应时代发展要求,争做改造世界的英雄。① 1949 年以前,马克思主义的研究与传播基于启蒙大众和寻求中国发展新路径的需要,知识分子在营造马克思主义传播氛围中发挥了重要作用。有些知识分子通过报纸、杂志、出版物、演讲活动等渠道同一切非马克思主义或反马克思主义展开论战,并以此传播和论证马克思主义的真理性,彰显了马克思主义的批判意识和开放特质。李大钊和胡适的问题与主义之争,运用基本原理和实际事例对马克思主义理论的经典文本进行通俗性解读,以便于广大群众理解和把握,拉近了马克思主义与大众之间的心理距离。毛泽东曾赞扬李达的《〈实践论〉解说》对于用通俗语言宣传唯物论有很大作用。"他们办刊物、写文章、办夜校、开讲座,用通俗易懂的方式,向群众宣传马克思主义,培养出最早的一批信仰马克思主义的劳动者。"② 比如,陈望道翻译的《共产党宣言》成为毛泽东、邓小平等早期革命领导人学习马克思主义理论的经典文献,为传播马克思主义做出了重大贡献。艾思奇曾在《申报》开辟《读者问答》专栏,回答读者的提问,这种对话互动举措有利于学者深入了解民众的马克思主义理论取向。李达编写的《社会学大纲》曾被毛泽东推荐给抗日军政大学作为马克思主义哲学教科书。中华人民共和国成立后,马克思主义的传播是党和政府通过政策或行政命令的形式推广的,它以国家政权为支撑,同时也巩固了国家政权。③ 改革开放后,马克思主义学者对苏联教科书哲学体系进行了批判,高清海等学者探索建构马克思主义哲学的新体系。21 世纪以来,哲学界提出实现"中、西、马"会通,建立中华民族自己的哲学的构想。

---

① 石仲泉,胡军,李存山. 抗战时期的中国哲学家[N]. 人民日报,2015-08-13.
② 冯宋彻. 马克思主义大众化传播的学者路径[J]. 现代传播,2012(6).
③ 沈济时. 马克思主义与中国(第 5 辑)[M]. 上海:上海人民出版社,2013:198.

其四,把对马克思主义的信仰、研究同救国及社会改造结合起来,强调了马克思主义理论的现实应用特质。近代以来,中国的一批优秀知识分子具有强烈的思想启蒙意识和救国情怀,力求通过研究、宣传马克思主义唤醒大众、拯救中国。他们通过各种社交媒体和公共渠道向学术界乃至广大民众宣传马克思主义,肩负起了推动民族独立、人民解放的历史使命。如何应用马克思主义改造中国并解决"中国将向何处去"的难题,构成了 20 世纪上半叶马克思主义者的重大时代课题。这样,马克思主义不仅仅是学术真理,而且也发挥着对民众启蒙的作用。很多马克思主义研究者在翻译、研究和传播马克思主义的过程中逐步成为马克思主义的信仰者、革命者。也有一些马克思主义革命者在指导革命的实践中深化了对马克思主义的研究,从而使马克思主义理论在中国的研究与传播蕴含着强烈的民族意识和家国情怀。中国的马克思主义学者不仅在学理探讨的角度选择马克思主义,而且把马克思主义当成改变中国命运的工具。艾思奇曾把辩证法唯物论运用于中国的实际,用以改造中国,使之成为民族解放的方法论武器。为此,传入中国的马克思主义更注重与工人群众相结合,并在中国国情基础上来发展自己。这种结合不是简单的、机械的结合,是一种带有研究性的有机结合,深刻地把握了理论与实践之间的辩证关系。这既发展了马克思主义,又研究和解决了中国的现实问题,彰显了马克思主义的实践特质和创新精神。

其五,推进了马克思主义理论研究的学理性发展。一是深入研究马克思主义经典著作,对国内外马克思主义理论前沿问题进行探讨,融合传统文化、西方文化等丰富思想资源进行创新。这类研究不是盲目照搬照抄他人观点或追逐潮流,而是批判性地吸收他人观点,在著述体例、内容、观点等方面进行了创新[①];或把马克思主义理论和方法运用其他学科中,或运用到中国实践中,从而形成新概念、新思想、新观点或新的理论体系。如李达的《社会学大纲》曾被毛泽东誉为"中国人自己写的第一部马列主义哲学教科书"。张申府强调,要使科学在中国有特色,从而使中国为理论发展做出应有的学

---

① 周可.马克思主义中国化的重要里程碑:论《李达全集》的历史意义[J].社会科学动态,2018(3).

术贡献。此外,张一兵等学者通过返回经典文献或翻译评价西方学者的马克思主义理论著作开展研究。二是将马克思主义同西方资产阶级学术思想、传统中国学术思想比较,通过揭露后者的理论缺陷和阶级局限性来研究马克思主义。这一点主要是通过开展学术争论和学术批判的方式进行的。三是通过考察中国解决现实问题的特点来发展马克思主义。对马克思主义理论的创新性阐释多放在中国语境中展开,尤其是对毛泽东等政治领袖的马克思主义中国化经典著作进行了解读和宣传。四是重新建构区别于苏联教科书的马克思主义理论阐释体系,避免了教条主义。五是充分发挥马克思主义对哲学社会科学的引导作用,强调运用马克思主义对其他学科领域的理论观点进行批判和重构,形成其他学科领域的马克思主义理论体系。比如,形成了马克思主义史学、马克思主义伦理学、马克思主义美学、马克思主义法学、马克思主义新闻学等。

(二)马克思主义学术本土化的主体意识与使命担当

纵观中国马克思主义学术史,马克思主义在中国的学术本土化坚持了民众立场、民族思维,回应了时代需求,进而推进了马克思主义在中国实践中获得新的思想理论生长点。正是这一立场使马克思主义从被迫本土化走向主动本土化,从外在形式的本土化走向内在实质的本土化。因此,推进马克思主义学术本土化不是一味地钻进故纸堆里进行文献考据,而是立足中国特殊国情,在坚决维护人民利益的同时,逐步确立民族主体意识,使马克思主义学术本土化与实践本土化在互动中获得共同发展。

其一,把实现人的解放和民族发展看成马克思主义理论者推进学术本土化研究的政治价值诉求。为改变中国社会的落后局面,中国早期马克思主义者主张中国应走工业化道路,强调"应用马克思主义学说改造中国社会",论证了通过社会革命建立社会主义制度,进而解决人权的合法性等现实问题。这些研究也可以纳入胡乔木所提到的"政治性学术"[①]范畴。因为

---

① 从研究范式划分来讲,"政治性学术"是一种政治化的理论形态,强调从政治实践运用角度开展理论研究。参见郭建宁.马克思主义中国化研究的历史、现状与方法论[J].毛泽东邓小平理论研究,2005(5).

马克思主义学术解读离不开中国实践,其中,政治实践是本土化的意识形态特性。用马克思主义的学术发展为中国实践提供思想理论支撑,体现了政治实践与学术探讨的内在统一。[①] 因此,学术本土化创新为解决中国现实问题提供了思想指引,也构成了中国马克思主义学者应予传承的优良学风和实践品格。因为一切学术进步都离不开研究者所处的具体的历史语境,马克思主义同样是在对资本主义时代的现实批判反思中推进自身发展的,而理论的发展又为审视时代问题提供思想引领、方法指导和改造方案。在这一过程中,马克思主义不仅要适应中国土壤实现理论发展,也要能指导中国实践,在传播中得到群众认同,变成群众改造世界的有力武器。马克思主义学术创新既要有"中、西、马"以及其他学科的理论资源,还要有马克思主义的具体实践经验。因此,马克思主义本土化的过程既是马克思主义理论在中国传播、实践的过程,又是马克思主义和中国社会共同发展的互动、互构过程。这一过程既彰显了马克思主义实践特质,又能升华马克思主义学术思想。"马克思主义理论之所以能在当代中国焕发强大生命力,也正是源于它面向并破解'中国问题'。"[②]同时,中国现实问题和马克思主义理论问题是密切相连的,而这些理论问题的解决与现实问题的解决又是互补的。

其二,把中国问题、民众需要升华为学术思想理论,肩负起探索理论与实践互促互动规律的学术使命。近年来,中国学界也尽力立足中国实践推进学术创新,把中华民族时代发展需求当成马克思主义学术本土化发展的不竭动力。理论与实践结合的"结合论"观点强调马克思主义理论的具体应用和指导作用,在凸显马克思主义的意识形态性和指导地位的同时,强调学术发展为政治实践服务,强调学术本土化应以民族发展现实需要为本。因而,中国马克思主义学者的学术使命担当不是个体化的,而是民族化的、时代化的,是一种具有悲天悯人情怀的自我意识。反之,有些学者"用政治标准取代了理论标准,又用理论标准取代了实践标准","为了适应于所谓'当

---

① 周全华.马克思主义中国化学术史[M].广州:广东人民出版社,2018:3.
② 崔丽华.拓展马克思主义中国化研究的深度广度宽度[N].学习时报,2014-06-16.

前政治'的需要,硬是对某一句话作出这样或那样随心所欲的解释"①,同样是不可取的。因此,以实践为本并不是要否定马克思主义的学理性发展,强调马克思主义的意识形态宣传立场也并不意味着要压制学术进步。注重马克思主义基本原理的优先性,也是要考虑历史条件的。在本土化过程中强调主体意识也不等于实践本体论,而是为了突破教条主义。马克思主义学术本土化问题实质就是一个实践问题,通过理论应用或与实践结合推进当代中国马克思主义的学理性发展。同时,必须力求在政治性与学术性之间保持一定的互动张力,在互动中实现双重创新。

其三,推进马克思主义本土化必须坚持治学的人民立场,使马克思主义理论成为为人民大众服务的理论。只有真正弄清楚"为了谁、依靠谁",马克思主义本土化事业才能有强大的群众基础和生命力。"马克思主义是大多数人的理论,不是少数人的理论。"②民众是马克思主义本土化的实践主体,也是马克思主义大众化、通俗化、民族化和时代化的服务对象和依靠力量。在此,大众化、通俗化是基本策略,民族化、时代化是重要原则。马克思主义学术本土化的强大生命力在于根植中国民众,把民众及其实践活动当成本土化的土壤。同时代和民族相连是马克思主义学者的立场,根植民众是传承中华民族"知行合一""经世致用"精神的基石。因此,在本土化进程中,必须考虑马克思主义理论传播对象、传播手段的重要性,强调要以马克思主义理论表达方式创新提升民众对马克思主义的认同感。当然,有学者提出,马克思主义中国化不能完全等同于马克思主义大众化、民族化、本土化、生活化、通俗化,更不能将之混为一谈。③ 马克思主义的"四化"(大众化、通俗化、民族化和时代化)是推进本土化的方式和手段,其最终目的在于实现当代中国人的全面自由发展。因此,"入世"应该成为当前马克思主义学术本土化发展的重要指向,而喜闻乐见的话语表达方式恰恰是广大民众认同并应用

---

① 冯定.冯定文集(第 2 卷)[M].北京:人民出版社,1989:514.

② 王伟光.论马克思主义中国化的根本经验和基本规律:纪念中华人民共和国成立 70 周年[J].世界社会主义研究,2019(11).

③ 庄福龄.研究马克思主义中国化所涉及的诸多问题[EB/OL].(2006-06-17)[2021-09-01].http://theory.people.com.cn/GB/41038/ 4485425.html.

理论的重要桥梁。马克思主义的学术发展,应该用通俗表达增进民众理解,真正做到站在当代民众立场上去理解马克思主义及其中国发展新形态;反之,没有马克思主义的中国实践和民族认同,就没有马克思主义在当代中国的指导地位和学理性发展。马克思主义大众化、通俗化若只是简单地取悦群众或吸引群众眼球,也会违背实事求是的原则,背离马克思主义的真义。冯定指出:"我们所说的通俗,并不是意味着降低质量,也不是流于庸俗,而是把哲学的科学原理,用准确、精练、好懂的语言文字阐述清楚;并且善于联系我们党的当前政策和任务,联系群众的思想动态,把基本原理赋予和时代相关的生命力,使得群众乐于接受,有所共鸣,得到启迪。"①因此,无论是大众化还是通俗化,都是传播马克思主义的重要手段和形式,其目的都是更好地传播马克思主义,不断增强马克思主义的社会影响力。好的形式当然有助于内容的传播,但光追求形式而忽视内容质量的传播,在时效性方面也会大打折扣。通俗化也不意味着把马克思主义简单化,破坏马克思主义理论的科学性和系统完整性。"从认识论来看,庸俗化的错误在于混淆或割裂现象和本质、形式和内容之间的辩证关系。"②马克思主义理论是一门系统科学,是一套完整的、逻辑性很强的理论体系。面向民众倡导"活学活用""联系实际"不是生拉硬扯,倡导通俗化更不是背诵一些警句、经典结论或喊口号、凑热闹,学习马克思主义理论不能只想着走捷径,要下功夫去钻研。

(三)推进马克思主义学术本土化创新需要走中国道路

在马克思主义基本理论同中国实践相结合的基础上推进马克思主义学术本土化,关键在于创新。没有创新,就没有和一切非马克思主义思想进行对话和论战的底气,就没有发动群众的影响力。只有根植于中国大地,马克思主义的实践特质和现实批判精神才能得以彰显。从本质上讲,马克思主义理论是学院外的世界观和方法论,是对真实生活世界的抽象性表达,是对

---

① 冯定.冯定文集(第2卷)[M].北京:人民出版社,1989:530.
② 陈德祥.马克思主义"化"之辨析:兼论马克思主义中国化、时代化、大众化的逻辑关系[J].学习与实践,2013(10).

自己时代人民生活根本关切的理论洞察。① 因此,马克思主义理论的创新必须破除教条化、公式化思维,以朴素的态度追问人民生活的根本关切。进一步讲,马克思主义本土化还将意味着重新认识中国,包括历史的中国和当代的中国,以及中国人的内在诉求、文化传统、现实问题。

其一,根植于中国历史、世界历史特别是近现代史的现实考察,构建立足中国道路的马克思主义学术本土化理论体系。对此,我们要认真地研究历史,深刻把握中国历史的特点和发展规律。毛泽东曾说:"从孔夫子到孙中山,我们应当给以总结,继承这一份珍贵的遗产。这对于指导当前的伟大的运动,是有重要的帮助的。"②一方面,这要求我们在学术研究中运用历史思维总结近代以来的中国实践经验和社会变迁规律,总结和传承中华民族千百年来的文化积淀并给予时代性创新。更准确地讲,就是要在结合中华优秀传统文化中推进马克思主义的中国化,也只有在继承和结合中才能实现中国化。因此,不是让中华优秀传统文化休眠或休克,而是要善于利用马克思主义加以激活。另一方面,要求共产党人在坚守学术传承的同时,以批判之精神面向并解决当下的中国问题,不断夺得文化领导权。把马克思主义运用到现实去指导当下的伟大的运动,也就是说只有在解决当代中国的现实问题中才能更好地实现马克思主义的中国化。马克思主义虽然在本质上是批判的、革命的理论,但没有完全否定历史的传承性和民族特性,而是以开放包容的态度来审视一个民族的历史,从而在汲取时代内涵和民族特性中激活自身的生命力。历史唯物主义为中国道路实践提供正确的思维方式,从而更加全面地、辩证地审视和解决不同时代难题。历史唯物主义不仅把人民群众看成中国道路的实践主体和主要力量,也将之看成马克思主义学术本土化的推动者和服务对象。马克思认为:"理论只要说服人,就能掌握群众;而理论只要彻底,就能说服人。所谓彻底,就是抓住事物的根本。

---

① 孙利天.朴素地追问我们自己的问题和希望:中国哲学、西方哲学和马克思主义哲学会通的基础[J].吉林大学社会科学学报,2005(3).

② 毛泽东选集(第2卷)[M].北京:人民出版社,1991:534.

而人的根本就是人本身。"①因此,马克思主义学术本土化不仅是学者个人的事业,也需要面向群众、服务群众,发挥群众参与作用和创新精神,使马克思主义重新回归到现实生活的世界。当代马克思主义理论研究者应认真地研究中国的政治、经济、文化、社会,在占有丰富而翔实的材料基础上进行具体分析,从而努力产生出一大批原创性理论成果。真正加快马克思主义学术本土化就必须做到与时偕行,发时代先声,引领和指导中国特色社会主义现代化实践。然而,目前马克思主义学术本土化成果还难以深刻解读中国改革开放奇迹,还没有产生与实践相称的、理论化的科学或科学化的理论。马克思主义要走在时代前面就必须对当代中国现代化实践展开具体考察,进而从中国实践探索中升华出马克思主义理论最新学术成果。基于此,中国道路和中国实践的理论探索就成了中国马克思主义学术界从盲目崇拜、简单模仿到创新发展转变的重要基点。

其二,深入探讨推进马克思主义本土化的世界观和方法论问题。中国作风和中国气派是马克思主义本土化的内在要求。本土化不能离开中国国情、特点和条件,否则马克思主义只能是抽象的、空洞的教条。因此,必须从思想理论上解读中国现象或解决中国现实问题,构建立足于当代中国时代需要的科学世界观和方法论。要学习马克思主义的实质和精髓,学习马克思主义分析现实问题的基本立场、观点、方法,在马克思主义理论与中国实践"对话"基础上找出有规律性的东西来,从理论创新高度思考中国实践中的问题。根据具体情况应用马克思主义,把马克思主义具体化到中国实践中,不是对马克思主义的结论或原理死记硬背,不是躲在书斋里回避中国的现实问题。马克思主义从来都不是教条,也不能教条地理解马克思主义,而是要具体地、实践地去理解。此外,结合时代特征研究马克思主义教育宣传方式创新与理论创新具有同等重要的地位。我们还应致力于马克思主义大众化、通俗化传播的媒体及其制作运行模式的拓展创新,否则在群众面前,马克思主义将面临"失声"的危机。

其三,构建中国特色的学术理论体系和话语体系。随着冷战时代的结

---

① 马克思恩格斯文集(第1卷)[M].北京:人民出版社,2009:11.

束,国际社会去意识形态化的呼声日益高涨,马克思主义在我国的指导地位也在一定程度上受到了重大挑战。习近平总书记曾讲:"有的认为马克思主义已经过时,中国现在搞的不是马克思主义;有的说马克思主义只是一种意识形态说教,没有学术上的学理性和系统性。实际工作中,在有的领域中马克思主义被边缘化、空泛化、标签化,在一些学科中'失语'、教材中'失踪'、论坛上'失声'。"①此种境遇与当代中国马克思主义学界自身理论原创性不足有一定联系。因此,进入新时代,如何重构并巩固好马克思主义在中国哲学社会科学领域的指导地位,如何提升马克思主义在中国教育、思想、宣传等领域中的创造力、影响力和渗透力并真正掌握理论体系话语权,是我们必须进行反思的一项战略性重大课题。要立足中国实践的历史经验推进马克思主义研究范式的创新,充分利用、融合好"中、西、马"的丰富资源构建中国马克思主义理论体系。在借鉴西方马克思主义研究范式的同时,发掘中华民族思维特色和理论优势,既不能以意识形态性压制学术性,又不应以学术性否定意识形态性。要从理论和思想创新角度提升解读马克思主义本土化道路的能力,切实凸显理论自信的底气和理论主体的自我意识,真正实现从"照着讲"向"接着讲"的成功转型。高清海指出:"一种理论能否自觉地变革自身、勇于创新、不断以新的内容丰富自己,甚至在新的基础上改变原有理论形式,是它是否具有生命活力的主要表现,也是它是否具有科学性质的一个重要标志。"②因此,突破马克思主义理论原创力不足的困境,必须对马克思主义理论进行本土化发展,使马克思主义真正"走中国路""说中国话",形成当代中国人自己的、对世界有影响的思想理论成果。

其四,凸显对话思维,在对话中构建中国人自己的思想理论体系,不断增强学术理论自信。一是打破"西方中心论"和思维定式,在译介和借鉴西方马克思主义学术思想成果的同时,敢于进行学理性批判和意识形态批判,在对话中提升中国的马克思主义理论水平。二是与群众及现实问题展开对

---

① 习近平.在哲学社会科学工作座谈会上的讲话[N].人民日报,2016-05-17.

② 高清海.哲学与主体自我意识:论马克思实践观点的思维方式[M].北京:北京师范大学出版社,2017:23.

话,不仅使马克思主义理论自上而下地灌输给群众,还要用理论回答群众疑问,切实增强对现实问题的理论解释力,以社会实践和群众需要倒逼中国马克思主义理论体系创新。有些讨论可以不局限于学术圈子内部,评价论文和著作的质量也不应局限于学术影响力,还要考虑社会影响力,不断拓展其传播范围。三是自觉推进哲学社会科学进行跨学科交流与对话,不断巩固马克思主义理论在哲学社会科学中的指导地位。马克思主义理论的指导地位的获得或巩固不是政治强制干预其他哲学社会科学的结果,而是这些学科追求科学性、人类性发展的内在需要。因此,马克思主义学术界必须自觉同其他学科进行对话,在对话中提升本学科影响力和认同感,也必须要求自身通过创新走在时代前列,走在其他哲学社会科学前列。四是树立论战意识,在马克思主义学术界开展大讨论,不断就某一话题掀起有社会影响力或学术影响力的大争论、大辩论,摒弃学术会议中存在的"一团和气""自说自话"的弊病。也只有展开学术争鸣,才能突破"思想陈旧、观点老化、枯燥、无用"①的学术困境。马克思主义理论体系建设不是围绕经典做注脚,不是构建一整套概念及理论体系,而是要坚持历史与逻辑相结合的原则,围绕中国道路实践展开。也只有这样,才能真正彰显马克思主义理论的自我批判品格,摆脱旧思维方式和旧理论条条框框的束缚。

其五,要认真研究中国马克思主义本土化的基本规律和经验,重视马克思主义中国化学术史研究。学术史是马克思主义学术界立足中国实践推进马克思主义本土化的重要活动及取得的相关思想理论成果,是中国实践在中国马克思主义理论道路上的学术表达。其历程中逐步形成了中华民族研究马克思主义的思维理念,产生了具有原创性和话语权的中国马克思主义理论成果体系。因此,马克思主义学术本土化是一代代中国马克思主义学者的接力赛,必然蕴含着学术传承和思想理论的突破;对于老一辈马克思主义理论工作者的探索精神和理论创新方法,要大力继承和弘扬。除了理论探索史的考察,还要进行实践探索史的考察。特别是要从学术价值理念、思

---

① 高清海.哲学与主体自我意识:论马克思实践观点的思维方式[M].北京:北京师范大学出版社,2017:28.

维范式、话语表达风格等方面深入研究,自觉在探索中国道路中总结马克思主义本土化的探索经验和社会历史发展规律,提炼出新时代马克思主义本土化的概念、观点、理论体系。

二、20 世纪中国的新哲学大众化运动

1928 年底,东北易帜使国民党在形式上统一了全中国。为维护一党专政和思想统治,国民党发动了所谓的党治文化建设运动。通过倡导推行"尊孔祀圣""中国本位文化建设""新生活运动"等,使国民党唯心哲学大众化、生活化,试图用封建伦理和基督教文化禁锢人民群众的思想与言行,麻痹他们的革命意志和反抗意识,维护国民党一党专政的统治秩序。国民党右派篡改新三民主义,积极宣传反共思想。在唯心哲学方面,戴季陶用"民生哲学"攻击唯物史观,污蔑阶级斗争;陈立夫创立"唯生论"宣扬孔孟的仁爱忠孝等思想,污蔑唯物论是"唯利论",反对唯物辩证法,曲解了马克思主义哲学。张华认为,"唯生论"是新哲学大众化运动的一个主要对手。[1]蒋介石倡导"力行哲学",宣扬阶级调和论和抽象人性论。在他的授意下,陶希圣写成的《中国之革命》一书宣传唯心论、封建迷信,否定客观规律,目的就是让群众效忠领袖,盲目地去行动。可见,国民党的唯心哲学不仅存在折中复古和歌功颂德特质,还涉及理论拼凑和套用的嫌疑,以抽象人性论迷惑群众。为了使其唯心哲学占领群众,国民党还借助书刊、演讲等形式加大了宣传普及力度。一批文人政客为了蛊惑青年,或打着"新哲学"的幌子,或卖弄西方哲学概念,在课堂上宣传国民党唯心哲学,具有很强的迷惑性。国民党的唯心哲学在形式上自命为"讲话",但其语言抽象,劳苦大众根本看不明白。这一类论著虽然以青年为宣传对象,在形式上追求通俗化,也探讨革命、关心社会变革问题,但究其实质依然是宣扬唯心主义哲学。这些书刊大多受到国民党政府的资助,发行量比较大,且戴着通俗伪善和"青年精神食粮"的面

---

①　张华.新哲学大众化运动研究[D].扬州:扬州大学,2011:58.

具,因而在国统区对青年的危害还是比较大的。张铁君的《新哲学漫谈》、周肖鸥的《辩证唯物论之透视》打着通俗哲学的旗号,常假用客观求真的态度来大肆宣扬国民党的"民生哲学"。为便于民众记忆,他们还运用了押韵、讲故事、警句提示等写作技巧,带有平易近人的假象。此外,这些作品还以曲解新哲学或马克思主义的方式宣扬封建愚昧思想及有神论的思想。

在中共六大召开之前,马克思主义哲学传播方式多为翻译、介绍、撰写文章、发表演讲、组织社团、创办刊物等;地点主要集中在上海、北京、广州、长沙等大城市;传播的内容主要是译介马克思、恩格斯、列宁等人的经典著作,介绍马克思主义和俄国革命,扩大马克思主义在中国的学术影响力和社会影响力。当时,国内的马克思主义研究还没有形成思想体系,马克思主义的传播还不准确、不系统、不全面,研究人员的理论素养整体不高,以至于逻辑严谨的著作少,多是长篇文章或讲义,创造性不强。中共六大召开以后,党的宣传工作特别强调同群众需要相结合。为争取群众并提高他们的思想政治水平,必须加强对他们的理论教育工作。中共六届二中全会通过的《宣传工作决议案》提出:"党要接近广大落后的工农群众……党必须站在群众面前,随时给群众以各种必要的政治指导……群众组织的宣传工作,一定是要站在群众的立场,要更注意从群众本身实际问题出发,引导群众认识党的主张。"①1929年下半年,中共中央在宣传部之下成立中央文化工作委员会(简称文委),统一领导文化和文艺工作。随后,中共社会科学家联盟(简称社联)成立。20世纪30年代,面对大革命的失败以及国民党唯心哲学的进攻,在中共中央领导下,位于上海的社联发起了一场推进马克思主义哲学大众化、通俗化的社会思想文化运动即新社会科学大众化运动。文委和社联创办了一批进步刊物与若干家出版社,这些平台成为新社会科学大众化的主阵地。有影响力的刊物有《读书生活》,出版社有读书生活出版社、华兴书局,著作有艾思奇的《大众哲学》《哲学选辑》等。这些进步出版物不尚空谈,在通俗地传播社会科学、自然科学知识的同时,谈人生观、社会观并宣传革命进步思想。在形式上,通过常识对话、政论分析、讲故事、谈读书感想、论

---

①　张华.新哲学大众化运动研究[D].扬州:扬州大学,2011:79.

写作方法等形式向青年宣传真理。显然,哲学大众化运动是同科学大众化运动相配合的,讲自然辩证法也离不开自然科学知识普及,最终也促使马克思主义者和自然科学家结成联盟。这场新哲学大众化运动的主要成员有艾思奇、沈志远、张如心、陈唯实、高语罕、李平心、胡绳、冯定等进步知识分子。从时期来分,主要分为三阶段:一是抗战之前以上海为阵地的初创阶段;二是抗战爆发后转移到后方的发展阶段;三是抗战胜利后到 1958 年"学哲学、用哲学"运动阶段。

这一时期的马克思主义大众化、通俗化宣传,力图将马克思主义这一高深的理论用朴实、形象、易懂的语言表达出来,进而走向大众及其日常生活,最终实现改造世界的目的。比如,作为通俗宣传马克思主义哲学的先驱,高语罕不仅用白话文写作,还用书信体写作方式向青少年传播马克思主义理论。其主要代表作有:《白话书信》《理论与实践:从辩证法唯物论的立场出发(书信体)》《青年书信》。这些著作多用马克思主义的理论观点去分析现实问题,涉及政治黑暗、社会不公、婚恋、教育、经济、伦理、妇女平等、资本剥削、劳工痛苦等。高语罕还运用马克思主义分析《红楼梦》等文学作品中的剥削关系;分析歌词的政治意识和哲理内涵,强调音乐要激发人的高尚志趣和奋斗进取精神,宣扬积极人生观,鼓励被压迫民族开展反抗斗争。因而,在中国马克思主义学者那里,马克思主义被看成大众分析一切社会现实问题的根本方法。主要基础知识包括:介绍马克思主义的辩证法、唯物史观,介绍人类社会的发展规律、经济基础、上层建筑、社会意识。作为将马克思主义哲学大众化的代表性人物,艾思奇发表了大量著作和文章,具有代表性的有《大众哲学》《哲学与生活》《新哲学论集》《思想方法论》等通俗哲学作品。其中,最负盛名的著作要数《大众哲学》。《大众哲学》有"绪论""本体论""认识论""方法论"四章。在绪论部分,艾思奇论证了哲学与日常生活的内在关系,揭开了哲学的神秘深奥面纱,指出了哲学解决现实问题的方法论作用,力求吸引广大青年和知识分子对哲学产生兴趣,使他们学会在日常生活中学哲学、用哲学。

新哲学大众化运动坚持党性、阶级性原则,不是一般意义上的马克思主义理论大众化的学术宣传普及运动,因而具有鲜明的意识形态取向。一是为了打破国民党的文化"围剿",进而夺取文化领导权;二是为了教育和发动群众,让哲学成为革命群众进行斗争的思想武器,让新哲学成为群众追求真理、反抗压迫的哲学;三是破除了哲学的神秘性和空洞性,批判了唯心论,推进了哲学的生活化、民众化。最突出的贡献是丰富了马克思主义哲学的写作形式和传播方法,一大批有关新哲学的入门读物、教科书、辞典、读本、谈话录、漫谈小册子、通俗短文等竞相问世。在表达方面,或旁征博引,或引用大众熟知的具体事例,或利用多学科基础知识进行透彻分析。在语言方面,生动流畅,常用生活语言(口语、俚语、成语等),尽量避免用学术语言,易于为工农大众所接受。在语法修辞上,多用比较、比喻、讽刺,也带有演讲和辩论色彩,因而具有很强的说服力和吸引力。陈唯实对大众化有过重要论述,他认为大众所欢迎、所需要、所能接受的理论,要符合以下条件:在文字上要反对造作,"通俗化是很费力的工作,因为要对各方面都有理解才能写出来";文字形式的通俗化和理论内容的具体化有密切关系,通俗化的同时也要具体化,这样才不是说废话,才有真实内容;通俗化、具体化的理论同时要富有战斗性,对那些错误的、似是而非的理论,要加以批判,使读者容易明白;通俗化、具体化的理论,还要富有实践性,就是要指示大众如何从事正确的实践,不是为理论而理论,而是要把理论和实践统一起来,这样的理论才是有价值的,这样的文化才是革命的文化。[①]　总之,新哲学大众化运动以知识青年、工农大众为主要宣传教育对象,站在他们的现实需要和阶级立场上进行创作,进而带领大众一起思考,一起进步。这场开启民智的新哲学大众化教育本着唤醒民众、推进社会进步的初衷掀起了"到民间去"的运动高潮。

所谓的新哲学大众化,也是马克思主义哲学的通俗化。一些进步知识分子从反抗阶级压迫的立场出发,认为知识文化不能仅仅为少数特权阶层服务,也应该为贫苦大众所掌握。所以,发动民众、启蒙民众,进行哲学的通俗化宣传,是推进哲学大众化的重要路径和重要方法。宣传马克思主义哲学不仅要用白话文写作,语言还要通俗易懂,能沟通世俗世界,即沟通群众。

---

①　胡为雄.马克思主义哲学在中国传播与发展的百年历史[M].南昌:百花洲文艺出版社,2015:383-384.

正如于光远在评价艾思奇《大众哲学》时所讲的:"离开群众将一事无成。与群众沟通,要写群众能够看得懂的文章,讲群众能够听得懂的道理。"①高语罕在 20 世纪二三十年代撰写的《白话书信》《青年书信》等通俗著作,内容涉及政治黑暗、社会不平等、妇女不平等、婚姻不自由、劳工的痛苦和资本的剥削等。高语罕运用唯物史观的主要观点对以上话题进行阐释,还在书信中间接介绍了剩余价值理论、阶级斗争理论、辩证法等,结合中国现实问题介绍马克思主义的基础理论。他还以政治意识和哲学意识来审视音乐、绘画和文学,看到了剥削、阶级斗争,鼓励人们积极向上。艾思奇是马克思主义哲学大众化运动中影响最大的代表人物,他对马克思主义哲学的通俗解释和宣传贡献最大。他的《大众哲学》《思想方法论》《哲学与生活》等通俗哲学作品产生了重要影响。在《思想方法论》中,他强调该书"在叙述方面,是努力使它有着一贯的系统;在文字方面是尽量也使它浅明易解;在内容方面是以切实有用、不落空洞为宗旨"②。在《哲学与生活》中,艾思奇以回答读者提问或驳论的形式来展开自己的观点。③ 总之,艾思奇不仅做到了语言形式的通俗、简明及表达的流畅,还善于联系社会实际激发青年人积极向上的人生态度,具有革命启蒙作用。胡绳写过《新哲学的人生观》《哲学漫谈》《辩证法唯物论入门》《思想方法》《中国问题讲话》等小册子,用马克思主义理论来分析中国的问题,鼓励青年积极勇敢地生活。同时,教育青年要敢于发挥主观能动性,不断用新哲学改造自我,积极投身到改造社会及客观环境的革命斗争中。在形式上,这些文章短小精悍,常以对话、漫谈、书信体的方式来讨论哲学,以便使哲学走下讲坛,走向大众的日常生活世界。为此,"在应用例子的时候,我曾特别注意到一点,就是不使读者得到这样一个印象,历史(也就是事实)是用来凑理论的,因此我在许多地方宁可从事实的分析中说明理论。而我相信这是比较好的叙述方法"④。总之,胡绳在讲解哲学的过程中,

---

① 于光远.朋友和朋友们的书(二)[M].长沙:湖南人民出版社,2002:1.

② 艾思奇.艾思奇全书(第 2 卷)[M].北京:人民出版社,2006:185.

③ 胡为雄.马克思主义哲学在中国传播与发展的百年历史[M].南昌:百花洲文艺出版社,2015:252.

④ 胡绳.胡绳全书(第 4 卷)[M].北京:人民出版社,1998:162.

总是以教育对象的接受能力和知识储备情况为前提,尽量用事例或事实来说明深刻的哲学理论,从而使马克思主义哲学少了学究气,更接地气,更能反映一个时代的精神风貌。陈唯实也参加了新哲学大众化运动,比较高产,在马克思主义哲学大众化过程中做出了重要贡献。其主要论著有《通俗辩证法讲话》《通俗唯物论讲话》《新哲学体系讲话》等。这些论著在语言上通俗易懂,目的是使青年人树立科学的人生观、社会观,但在编排体例上主要是教科书式的结构,因而学理性较强,不如艾思奇、胡绳的著作简明。在使新哲学的理论通俗易懂的同时,陈唯实还把唯物辩证法等理论运用到革命实践中去认识和解决现实问题。他指出,新哲学研究人生、社会、宇宙、思想、实践等内容,是同大众社会生活密切相连的最重要的学问。因而,新哲学偏重应用,是属于多数人的大众哲学、实用哲学。他还通过比较资产阶级哲学和无产阶级哲学的实质来论述哲学的党派性,要人们进一步认清唯心论哲学的虚伪与反动。① 因此,新旧哲学不仅是服务对象、表达方式的区别,更重要的是党性、本质的区别。此外,张如心较为系统地研究了马克思主义的辩证法思想,曾出版过《辩证法学说概论》等。沈志远被毛泽东称为“人民的哲学家”。他不但翻译了《辩证唯物论与历史唯物论》《新经济学大纲》,而且编写了《新哲学辞典》,该书是当时国内出版的第一部专门介绍马克思主义哲学的辞典,成为广大青年自修马克思主义的重要工具书,推动了马克思主义哲学的普及和概念的规范应用。他的《现代哲学的基本问题》一书通俗简明,深受青年学生欢迎,是青年自修新哲学的一本好书。

从根本上讲,新哲学大众化运动源于新哲学即马克思主义哲学的实践本质和人民属性,并且其能在改造社会中发挥世界观和方法论的指导作用。马克思主义哲学是时代的产物,离开人民的生活实践就难以产生马克思主义哲学。过度抽象的思辨哲学容易变为概念游戏,远离日常生活就容易晦涩难懂,令人厌倦。连康德都承认自己著作的一个短板是缺乏通俗性。② 有些哲学著作看似深奥,实则废话连篇,在概念中兜圈子。马克思主义哲学不

---

① 陈唯实.新哲学体系讲话[M].上海:上海杂志公司,1939:43.

② 陈先达.陈先达文集(第10卷)[M].北京:中国人民大学出版社,2015:148.

是为了学者谈玄论道展现自己的思辨才能服务的,而是为了用。在中国化、大众化过程中,马克思主义哲学的"用"并不是实用主义,而是为了展示和检验理论的真理性,是为了解决民族、时代及个体生活的具体问题。马克思主义理论的创新不仅仅是提出新的原理、构建新的体系,还应该在应用中不断获得创新机遇。我们之所以常说马克思主义哲学的基本观点没有过时,是因为它总是不断结合实际,总是不断被应用。① 但是,我们也要反对功利主义意义上的哲学之用,我们拥护的应该是不脱离现实的、解决时代之惑的哲学之用。

哲学能做什么?哲学可以洞察一个时代的社会矛盾及社会需求,可以窥探一个时代的精神与社会危机,能提供一种特殊而又深刻的理论思维态度。马克思主义哲学是改造世界的实践智慧,能提供一种审视社会历史的辩证态度,让我们从哲学角度分析并把握一个社会亟待解决的现实问题。此外,哲学具有宗教的功能,对灵魂起着精神慰藉的作用,引导人积极地面对生活。哲学不能与群众、生活无关,所谓的贵族哲学是很危险的,得不到群众需要和拥护就会边缘化。中国哲学是非常关注社会现实的,不太关注概念式的思辨,因而中国哲学有时也被称为人生哲学,常以对话、寓言、故事等方式体现出来。

毛泽东一向重视哲学大众化的教育,也是把马克思主要哲学大众化、通俗化、中国化、现实化的典范。毛泽东不仅阅读了苏联学者西洛科夫、艾森堡、米丁等人编写的马克思主义哲学教科书,还阅读了布哈林、费尔巴哈、李达、艾思奇、张如心、严群等人的哲学入门著作。在研读过程中,毛泽东总是向马克思主义学者虚心请教,共同探讨相关问题和看法。他撰写的《实践论》《矛盾论》以及《辩证法唯物论(讲授提纲)》逻辑严谨、文风通俗易懂,成为共产党员尤其是革命者学习新哲学理论并指导中国革命实践的教科书。他个人的领导地位也使其以上著作流传甚广,影响深远。当然,最根本的还是在于他的作品脱离了书斋气,已经不是他所说的"洋哲学",而是真正融入中国大地的"土哲学"。他还曾发出过"让哲学从哲学家的课堂上和书本里

---

① 陈先达.陈先达文集(第10卷)[M].北京:中国人民大学出版社,2015:4-5.

解放出来,变为群众手里的尖锐武器"①的号召。这凸显了马克思主义哲学不同于以往哲学的一个重要特点,即它不应只是哲学家的盛宴,而应该是全民特别是学生思想教育的重要内容。哲学大众化及哲学的普及教育不同于运动式的群众学哲学。② 也就是说,哲学的大众化、通俗化不能搞成庸俗化、简单化,不能口号似地、教条似地学,不能有滥用哲学公式的形式主义倾向,否则就是贬低马克思主义哲学。我们说毛泽东的思想具有里程碑意义,是因为他把马克思主义、列宁主义运用到中国革命的具体实际时,善于对革命过程中的实际问题进行思考,从哲理上解决思想路线问题。他既使中国哲学从近代水平提升到现代水平,又使中国哲学面向世界,并在与世界思想文化的交融中成长、壮大、发展。③

中华人民共和国成立以后,中共中央先后成立了人民出版社和中央编译局,有计划地出版了马克思、恩格斯、列宁、斯大林等人的经典著作。先是一大批苏联专家在高校哲学系宣传苏联教科书,后来以苏联教科书为参考,组织编写了一批马克思主义哲学教科书。与此同时,通过报刊、电台、课堂、会议等多种形式向全体人民宣传马克思主义哲学,在全国范围内也展开了对非马克思主义的唯心史观的批判,一大批旧哲学、旧思想被打倒,广大知识分子也主动与唯心主义划清界限。对毛泽东的哲学思想的宣传和普及工作也全面展开,在全民范围内掀起了学习《实践论》《矛盾论》的热潮,逐步确立了马克思主义哲学和毛泽东哲学在新中国社会思想文化中的主导和领导地位。以意识形态方式宣传马克思主义哲学,深刻地影响了学术界、思想文化界的基本发展趋向,使新哲学大众化运动变成了政治主导下的意识形态运动。这一时期,艾思奇等马克思主义学者通过广播电台、讲座等媒介重点宣讲社会发展史,受众很多。所讲内容不仅语言通俗,道理浅显易懂,而且还结合中华人民共和国成立后社会主义建设实际,改造和提升广大人民群

① 毛泽东文集(第 8 卷)[M].北京:人民出版社,1999:323.
② 陈先达.陈先达文集(第 10 卷)[M].北京:中国人民大学出版社,2015:4.
③ 胡为雄.马克思主义哲学在中国传播与发展的百年历史[M].南昌:百花洲文艺出版社,2015:487.

众的人生观、价值观。之所以选择社会历史观，是因为近代以来的中国迫切需要在思想上开展社会历史观变革，从新社会历史观出发论证新中国道路选择的必然性和科学性。艾思奇在讲解中也论证了社会主义在中国建立的历史必然性，指出了新政权与旧政权在性质上的本质区别，统一了群众思想。同时，唯物史观的广泛宣传，也从世界观、哲学观上改造了旧知识分子，使越来越多的知识分子主动改造自己的旧世界观，积极接受马克思主义新世界观的指导。1956 年苏共二十大召开之后，中国开始编写自己的马克思主义哲学教科书。北京大学哲学系以冯定为主编，组织编写新教材。冯定提出改变将马克思主义哲学分为辩证唯物主义和历史唯物主义两大块的新体系方案，坚持将辩证法、认识论、逻辑学相统一，但以唯物论和辩证法为中心和基础。教材由总论和分论组成，总论包括唯物论和辩证法，而将有关的历史唯物主义基本观点融入，然后按辩证唯物主义自然观、历史观、认识论依次展开全书的内容。① 这就在理论体系布局上突破了斯大林在苏联教科书中的观点，认为辩证唯物主义不仅适用于自然界，也适用于社会历史领域。在后来的讨论会中，冯定很少参会——受"左"倾错误影响，他多次被贴上"修正主义"标签，受到批判。但其在中华人民共和国成立初期提出的资产阶级二重性问题，是哲学理论联系中国实际并进行理论创新的鲜活例子。受"左"倾错误影响，这一时期的哲学大众化研究片面强调人的主观能动性，鼓吹阶级斗争，出现了唯心论和形而上学等问题。虽然组织编写了中国人自己的马克思主义哲学教科书，但依然没能摆脱苏联教科书的影响，依然没有建立毛泽东同志所期望的"实际的哲学"，依旧是"书本的哲学"。②

　　哲学大众化不能止步于通俗化，而应强化现实应用与理论创新。正如艾思奇所讲："过去的哲学只做了一个通俗化的运动，把高深的哲学用通俗的词句加以解释，这在打破从来哲学的神秘观点上，在使哲学和人们的日常生活接近，在使日常生活中的人们也知道主义哲学思想的修养上，是有极大

　　① 谢龙.北大马克思主义哲学学科的开创者：冯定[M]//萧超然.巍巍上庠 百年星辰：名人与北大.北京：北京大学出版社，1998：185.

　　② 龚育之.听毛泽东谈哲学[J].北京党史，2003(6).

意义的,而且这也就是中国化、现实化的初步。……然而在基本上,整个是通俗化并不等于中国化、现实化。因此它也没有适应这激变的抗战形势的力量。"①但即使强调哲学的具体化应用,也没能从理论创新角度把握马克思主义哲学的中国化精髓。我们不仅要用新哲学指导现实、改变现实,还要从现实世界的经验中升华、提炼出新的理论。这既是新哲学融入中国、应用到现实的过程,也是从中国现实应用中总结经验和理论的过程。黄枬森指出,艾思奇等马克思主义学者没有自己独特的学术体系,表面上看是一种缺憾,却恰恰反映出马克思主义哲学不仅仅是一门理论科学,同时又是中国共产党领导革命和建设实践的思想武器,不是个人的一家之言。② 当然,在马克思主义哲学中国化的过程中,我们既要反对本本主义,也要反对狭隘的经验主义;我们要辩证地看待新哲学与现实经验之间的关系,在新哲学理论创新中不断形成中国共产党人的意识形态话语权和领导权。新哲学大众化运动也在一定程度上强化了民族自我意识,即不是被动地接受和传播马克思主义,而是用马克思主义激活传统文化,形成有中国气派、中国风格的中国化的马克思主义哲学。中国风格既包括中国人对马克思主义的自主原创性,又蕴含着中国人高于一切的民族情感和民族尊严。新哲学大众化运动应该根植中国土壤,立足中国传统,形成中国人自己的大众哲学,切实体现文化自觉;既要有民族形式,又要融入民族思维方式,还要面向当代中国人的现实需求,以学术的方式解决革命和社会主义建设中的种种特殊问题。新哲学大众化所强调的民族属性、民族特点、民族形式和民族风格,不能等同于民族主义。马克思主义的民族化、具体化是为了抵制马克思主义的教条化、抽象化、空洞化,是马克思主义在中国的具体应用,强调的是"民族形式的马克思主义",而非民族主义的马克思主义。

当前,国内学界对哲学大众化、通俗化研究虽有广泛投入,但还不够细致深入。单个的代表人物研究主要集中在李达、艾思奇、胡绳等人身上,对

①　艾思奇.艾思奇文集(第1卷)[M].北京:人民出版社,1981:387.
②　黄枬森.黄枬森文集(第8卷)[M].北京:中央编译出版社,2016:219.

高语罕、冯定、陈唯实、沈志远都缺乏系统研究,更缺乏针对他们的比较研究。[①] 还有一些代表人物及其作品和贡献都被隐没了。在哲学大众化、通俗化方面的方法论提炼不多,也不够系统,大多千篇一律,创新不足。对上述代表人物的哲学研究的经验教训鲜少涉及,显然在借鉴意义上不利于推进新时代马克思主义大众化的发展。这方面的研究不必局限于文本考据或历史梳理,还可以拓宽研究视野,展开跨学科研究。比如,从大众心理、大众语言等角度分析马克思主义大众化、通俗化的可行性,为推进新时代马克思主义大众化发展提供方法论支撑。

三、冯定的马克思主义理论宣传工作与贡献

1930 年,冯定从莫斯科返回上海。这年冬天,冯定患上急性胃病,不得已去北京接受治疗。在北京期间,经在北京幼稚师范学校的好友张雪门介绍,进入该校任教师。此外,冯定还靠自身的俄文功底翻译苏联的文学作品赚些外快,治疗胃病的费用得以保障。1932 年秋,冯定又返回上海,以做俄文教师维持生计同时隐藏身份。在此期间,冯定参与了中国社会科学家联盟和中国左翼作家联盟(简称左联)的活动。

在上海,冯定积极从事党的秘密工作,同时投身于抗日救国的文化活动。"九一八"事变之后,民族灾难日益深重,救亡图存迫在眉睫,而当时的国民党反动派正倾全力对苏区进行血腥"围剿"。当时,中共面临的局势相当严峻,外有国民党疯狂堵截"围剿",内有王明的错误领导,党组织破坏严重,辛苦积蓄的红色革命力量损失惨重。在这种背景下,全国人民,特别是青年,迫切需要有可以信赖的理论来指明国家和民族的前途,用以武装自己的头脑。当时的上海在国民党统治区里,是共产党进行革命文化宣传的一个重要据点,进步刊物如雨后春笋般涌现。冯定曾用"贝叶"的笔名在上海

---

① 张华. 20 世纪 30 年代马克思主要哲学大众化运动研究述评[J]. 山东理工大学学报(社会科学版),2013(1).

的这些进步刊物(《读书生活》《文化食粮》《自修大学》《国民周刊》《译报周刊》等)上向用通俗的语言向广大青年宣传普及马克思主义哲学。

1935 年,红军长征途中召开的遵义会议确立了毛泽东的军事指挥权,毛泽东也实际上主导了全党的决策,因而挽救了中国革命。遵义会议之后,党中央先后派冯雪峰、刘晓到上海恢复党组织,冯定自此以后便长期在党和军队中从事宣传教育工作。全面抗战初期,冯定被分配到新四军军部从事党的宣传教育和干部培训工作。

1938 年 10 月下旬,冯定由党组织委派,进入新四军军部驻地——皖南泾县云岭,任新四军宣传部宣教科长且兼任军部机关报《抗敌报》主编。冯定除了负责做文字宣传工作外,还去教导队做教育宣讲工作。当时,新四军有一个直属团、教导队、服务团和三个支队,直属团、教导队、服务团在云岭一带活动,陈毅是一支队的司令员,其他两个支队的司令员是张鼎丞、谭振林。陈毅因工作关系常到政治部和宣传部走动,一来二去便和冯定熟络起来。1939 年春夏之交,有记者来新四军军部进行探访,临走之前希望新四军能写几篇稿件寄给他们,由他们回上海后安排发表。为了让各界人士了解新四军的活动和主张,冯定写了三篇宣传新四军的文章寄到上海,之后便发表了。其中一篇是通讯,讲了新四军三支部在繁昌红树林与日军英勇抗战取得胜利的事迹,在通讯中还较为委婉地点明战斗英雄是共产党员。一篇是《项英将军访问记》,刊登在《学习》上。一篇是《陈毅将军访问记》,分两部分刊登在《译报周刊》上,文章在夸赞陈毅将军的同时,也向上海民众介绍了新四军的宗旨,扩大了新四军的舆论影响力。

据当时在冯定身边待过一段时间的王元化回忆,冯定任职新四军宣传科长时仗义执言,和蔼可亲,总是充满着革命热情,思想水平很高且具有很强的理论思维能力。王元化当时是一位文艺工作者,受孙冶方领导下的文委统一领导。1938 年底,王元化跟随上海组织的联合慰问团去往新四军进行慰问,在途中为避免国民党的侵扰,慰问团的带队领导便让王元化和另外一名同志先单独到达新四军,将一封信交给"贝叶"并让其转交给上级。到达新四军驻地后经过一番找寻,王元化终于见到冯定。其实王元化之前就读过冯定的作品,只不过不知道化名"贝叶"的作者竟是冯定。冯定没有一点官架子,平易近人,这给王元化留下很深的印象。王元化回忆,在与冯定每天的密切接触和谈话中,总是能被他炽热的理论热情所感染,能明显感觉到冯定在谈问题时所展现出来的兴奋以及他不同于其他领导的思维方式。在谈到进步青年初到解放区参加革命后的心理转变问题时,冯定就用理论思维将这个问题分析得极为透彻。他认为:青年来到解放区后,发现内心理想与现实之间存在巨大差距,这难免会让他们沮丧;只有当青年认清楚现实、接受现实之后,其才能够成长为一名合格的战士。冯定这种将实践和现象上升到理论高度的本领,在王元化看来是与众不同的。

1939年底,由新四军政治部袁国平带队组建了一支巡查团,其主要任务是进行调查研究和思想教育工作,巡查团一共六七人,冯定便是其中之一。当时巡查团来到了陈毅领导的一支部,并在一支部领导下进行整训工作。当年春节过后,由于情况紧急,袁国平被突然调回军部,冯定被袁国平命令先留在一支部等候,可惜不久就传来袁国平在皖南事变中壮烈牺牲的消息。自此冯定不得不留在一支队等候上级的命令,后来也就跟着陈毅的部队去了苏北。1940年5月,冯定到新四军江南指挥部,在陈毅、粟裕两位首长领导下工作,任江南澄武锡区军政委员会副书记。时任新四军副军长的项英在向陈毅介绍冯定时称其为"不可多得的教育人才"。后来,陈毅的部队又进行了转移,在江北成立了指挥部,陈毅知晓冯定的教育才能,将其任命为澄武锡区政治委员,在任职期间冯定还负责一个短期培训班的教育工作。1940年10月,组织让冯定去泰兴县并任命他为抗日军政干部学校的副校长,主管日常工作。

在繁忙的军队宣传工作下,冯定也没有忽视自己的学术研究。他在1940年2月发表了《美国与世界大战》一文,运用辩证唯物主义中的"现象"和"本质"这一范畴,鞭辟入里地剖析了中美关系。

1940年11月,抗日军政大学第五分校(简称抗大五分校)由陈毅和刘少奇牵头在盐城成立,第五分校由新四军苏北抗日军政学校、苏北指挥部干部学校、皖东干部学校合并而来。其中,新四军苏北抗日军政学校是1940年上半年由陈毅提议让冯定组建的,主要负责培训进步青年。抗大五分校的建立主要是为了满足当时迫切的革命形势需要。当时,共产党决定将盐城发展为抗日根据地,但是军队骨干和根据地基层领导干部非常稀缺,难以满足抗日根据地的建设需要;加上一大批有知识、有理想的青年涌入盐城,准备在党组织的领导下参加革命报效祖国,但他们并没有经过战争的洗礼,基层经验欠缺,难以担起基层工作的重担,因此党组织迫切需要对他们进行培训,使他们能够胜任基层领导干部的工作。当时,由陈毅领导的新四军一支部和刘少奇领导的八路军五纵队已经在盐城会师,在新四军和八路军指挥所的商议之下,决定组建一所为抗日革命培养基层领导人才的学校。于是,抗大五分校应势而生,由陈毅任抗大五分校校长和政委,军参谋长赖传珠兼任第一副校长,冯定任第二副校长兼政治部主任,除负责日常工作外还教授思想政治理论课。抗大五分校刚开始由新四军和八路军共同领导,之后因形势需要改由新四军独立领导。1941 年 4 月,洪学智带领抗大总校第二华中派遣大队的 100 多人加入抗大五分校,增强了抗大五分校的师资力量。

抗大五分校共培养了两期学员,学员总数 3004 人,毕业人数是 2519 人,学员大部分是涌入盐城的进步青年,其中一小部分是军队的基层骨干和较高级别的团级干部。抗大五分校一共分为六大队,一大队、二大队培养军队人才,三大队、四大队培养政治人才,五大队、六大队培养文艺、宣传人才,其中两个大队是女同志大队。在盐城期间,陈毅在履行校长的职责外,还为抗大五分校的学员上过形势课,使学员对当时的形势有整体、深入的了解。刘少奇也为学员上过课,做过三次关于党员修养的报告,这些报告后来被印制成宣传小册子,由学员组织讨论学习。冯定在此期间为学员上过思想政治课,由于学员文化水平参差不齐,冯定总是采用深入浅出的讲述方式,用实际的例子引导学员思考,之后再上升到理论高度进行总结,使学员能够理解透彻,培养他们理论联系实际的能力。冯定的这种讲课方式在学员中颇受欢迎,学员在上过冯定的课后也学到了不少东西。

抗大五分校为盐城培养了一大批基层干部,巩固了盐城抗日根据地,增强了盐城抗日武装的力量,同时也培养了一批有战术素养和政治信仰的军队骨干人才,壮大了军队的力量。可以说,抗大五分校出色地完成了它的历史使命。1941 年 7 月,日军对盐城这片区域进行了"扫荡",抗大五分校被迫转移。1941 年冬,冯定离开了抗大五分校,被派至第 4 师、2 师驻地了解政治工作情况,开始独当一面,负责宣传工作。在此期间,冯定依然笔耕不辍,在《拂晓报》上发表文章,这些文章都紧跟中央的步伐,具有现实的指向性和极强的实践意义,同时又具备较高的理论水平,体现了冯定从具体事物上升到理论的思维方式。

1942 年 7 月 1 日,冯定在《拂晓报》上发表了《论反省》一文。在文中,冯定指出了在反省中出现的三种坏现象。一是存在极少数人讨厌整风、仇视整风的现象。他们骄傲自负,认为自己品德高尚,整风对自己完全没有必要,整风是针对他个人的批斗行为,因此他们坚决反对整风,拒不合作。二是一些人立场不坚定、积极性不强。这些人具有较强的个人主义作风,他们对整风采取观望态度,从个人利益出发看待迎合整风运动可能给他们带来的好处。三是一些人有积极性但缺乏反省能力。他们立场坚定,从心里出发确实想反省自己,但由于文化水平限制或者缺乏理论运用能力和经验,他们无法反省自己。此外,冯定还指出了反省的重要性以及如何才能做好反省。冯定认为,反省是重要的,整顿他人应该从整顿自己开始。反省整顿自己就是用马克思列宁主义的观点、方法和立场观察自己,检查自己过去的所作所为是否符合马克思列宁主义,并在此过程中对自己形成系统性的认识,按照马克思列宁主义的观点、方法和立场改善自己今后的工作。在认识自己和改造自己的关系方面,冯定提出认识自己是改造自己的先导,只有先认识自己才能了解自己的不足和缺陷,才能对自己形成正确的认知,改造自己时才有明确的方向。冯定指出,改造自己要运用理论联系实际的方法。将自己当作一个实际案例,利用理论联系自身的方法进行练习和运用,这样才能既改造自己,又提升自己运用理论解决实际问题的能力。

除了上述两篇比较有代表性的文章外,冯定于 1942 年 6 月 23 日在《拂晓报》上发表了《教育改革中应防止"矫枉过正"与"因噎废食"》一文;同年 10 月 7 日和 8 日在《拂晓报》上分上、下两部分发表了《认清形势积极行动》一文。

1942 年 11 月,冯定任职淮北区宣传部部长并兼任《拂晓报》主编(这年元旦,《拂晓报》和《人民报》合并成为中共淮北区的党委机关报,依然沿用《拂晓报》的名称)。1943 年 1 月,冯定开始兼任《拂晓报》社社长直到抗战结束。

1943年3月16日,冯定在《拂晓报》上发表了《学习的中心堡垒》一文。这篇文章的主题是如何做好调查研究,他认为不做实际调查凭主观想象作决定、指导行为会犯下严重错误。他强调调查研究的重要性,认为其与作风、党风是相关联的,是与实事求是的作风相联系的,并非只是简单的技术问题。另外,他强调要做好调查研究。一方面,要加强调查研究教育,使党员能够熟练掌握调查研究的技术,在教育过程中要采用分门别类、就地取材、由近及远、由小到大的教育方法,举出各种例子便于党员的学习和掌握;另一方面,要调动各个部门的积极性,调查研究工作从来就不是某个机构和某个人的事情,而是各个部门的事情,各个部门应该对自己部门的事情进行调查研究,对本部门的情况要做到心中有数。

1947年3月,冯定被组织任命为中共中央华东局宣传部副部长。中共中央华东局是1945年12月由中共中央华中局和山东分局在山东临沂合并组建而成的,中共中央华东局负责华东地区的一切党政工作。当时,华东局书记是原华中局书记饶漱石,副书记是陈毅、黎玉,常委是张云逸、舒同。1947年秋,冯定因为严重的胃病,不得不去大连接受治疗。在大连疗养的这段时间,冯定依然不忘宣传教育工作,以《平凡的真理》为总题目在《大连日报》上发表了多篇文章,这些文章的题目统一采用"《平凡的真理》之一""《平凡的真理》之二"等形式。1948年,冯定发表在《大连日报》上的这些文章被光华书店集合成《平凡的真理》一书出版。《平凡的真理》的出版适应了中华人民共和国成立前后中共中央向全党普及唯物主义和辩证法、向全国普及马克思主义的需要,同时呼应了广大青年因为中国革命的胜利而对马克思主义产生的强烈渴望。《平凡的真理》作为"具有中国特色的共产主义ABC"[①],一经出版就受到民众的普遍好评与热情追捧。

1949年,中共中央华东局迁到上海,当时华东局负责领导上海、山东、南京、浙江等多地的党政工作,华东局第一书记仍是饶漱石,冯定依旧是宣传

---

① 谢龙.平凡的真理 非凡的探索:纪念冯定百年诞辰研究文集[M].北京大学出版社,2002:157.

部副部长。1952 年,冯定还兼任华东军政委员会文化教育委员会副主任。1952 年,冯定先在《解放日报》、后在《人民日报》发表《关于掌握中国资产阶级的性格并和中国资产阶级的错误思想进行斗争的问题》一文。当时正值"三反""五反"运动时期,一部分干部和思想理论界人士开始怀疑中国资产阶级在社会主义时期是否还具有两面性,因而对党的"团结""教育""改造"资产阶级的方针是否有继续存在的必要也产生了疑问。冯定在这个时期依循了马克思列宁主义和毛泽东思想,结合中国革命各个时期的经验,对这个问题进行了独立思考。《关于掌握中国资产阶级的性格并和中国资产阶级的错误思想进行斗争的问题》是冯定在自己原有的读书笔记基础之上完成的,以历史和逻辑相统一的观点深入解剖了中国民族资产阶级两面性的产生及其在各个时期的表现,并进一步论证了党对民族资产阶级采取利用、限制和改造方针的正确性。这篇文章的发表,澄清了当时在社会上和理论界的一些混乱观点。

冯定去世后,不少人高度评价了他的一生,认为他是一位出色的理论家、教育家,一位坚定的马克思主义者。著名学者季羡林评价:"冯定的学风端正,没有教条气,从实际出发,敢讲真话,不愧为马列主义大师。"著名哲学史家汪子嵩评价:"冯定同志不仅在理论问题上,而且在对人处事上也一直贯穿着实事求是的精神,是值得我们学习的。"著名学者王元化评价:"我钦佩冯定所表现的那种胸怀坦荡的态度,希望讲真话的同志越多越好,这才能抒发党内正气,并达到真正的党内团结。"北大哲学教授朱德生评价:"坚持真理与宽容精神,是作为哲学家的冯定留给我们最可宝贵的两笔财富。"章玉钧评价:"冯定是满腔热忱的教育家。他淡泊名利,党性坚强,从高级领导干部到教师的角色转换很快,长期奋战在教育科研第一线,既教书,又育人,始终是大学生和青年人的良师益友。"冯定的二儿子冯宋彻说:"顺境固然值得珍惜,逆境也未尝不是一种锻炼。人生就是进击,已经成为我的座右铭,而父亲的一生就是对这句话的最好诠释。献身于父亲为之献身的事业,追求父亲所追求的光辉未来,这就是对父亲最好的纪念。"①

---

①　本段所引评价语摘录自冯定纪念馆展厅图片。

第三章　启蒙大众的平民哲学观

　　北大教授李少军曾指出,李大钊、冯定、黄枏森是北大近百年马克思主义理论教育史上的三座里程碑。然而与李大钊、黄枏森相比较,冯定在哲学界没有受到应有的重视,鲜有学者对其理论及学术贡献进行专题研究。正如黄枏森在"纪念冯定诞辰百年"筹备会上所讲:"冯定贡献很大,但对他的研究和宣传不够。"为此,北大哲学系在 2002 年冯定诞辰百年之际召开了冯定学术研讨会并出版了纪念文集,追思和纪念这位把马克思主义哲学通俗化的学者和青年人生观教育的导师。冯定提高了人生观和历史观在马克思主义哲学研究中的地位,特别是他系统地研究和宣传共产主义人生观,对我们今天研究和推进马克思主义伦理学、社会主义核心价值观研究以及马克思主义哲学通俗化具有重要的参考价值与开拓意义。在马克思主义中国化代表人物研究中,有关艾思奇、李达、杨献珍、冯契、张岱年的研究专著或论文较为丰富并产生了较大的学术影响力,但有关冯定的研究一直遇冷并被置于边缘地带。在很多人眼里,冯定仅仅是一位老革命、一名从事意识形态理论宣传与教育的干部,因而并没有给予其应有的学术地位,也就难以发现一个兼有学术求真精神和悲天悯人情怀的学者冯定。

一、拯救受难者的"普罗米修斯精神"

作为马克思主义学说的坚定拥护者,冯定把向人民大众宣传和普及马克思主义作为自己的终身使命。冯定的马克思主义大众化理论有力地回应了时代的呼唤和大众的需要,成为塑造广大人民群众尤其是青年群众的精神世界的先驱理论。冯定向人民群众宣传并普及马克思主义理论开始于 20世纪 30 年代后期。当时,日寇的侵略日益加剧,民族灾难逐渐加深,国内"左"倾思想抬头并出现了一大批活跃在左翼战线上的思想睿智的人才,冯定就是其中的一位。这一时期,冯定开始以"贝叶"为笔名在进步期刊发表文章,并于 1937 年出版了第一部专著《青年应当怎样修养》,由此开启了其马克思主义宣传的生涯。《青年应当怎样修养》是冯定运用马克思主义理论对青年进行思想教育的一次有益尝试,并成为指导青年道德修养的重要著作。全面抗战爆发后,冯定在皖南新四军政治部担任《抗敌报》主编,其间继续从事革命宣传和教育工作。由于长期处于战争环境,冯定没有条件进行系统性的创作,他改用写评论、作报告的方式向青年战士和广大群众讲解形势政策,并对他们进行道德修养的教育。

冯定著书立说之时正是中国社会动荡不安之际,特定的时代造就特定的理论。中国社会的前进和发展需要科学的理论指导,中国人民更是渴望自由平等、和平安定、民主幸福的生活。作为一个思想家,冯定真切感受到时代的脉搏,看到了时代的矛盾,并倾尽一生艰苦探索中国社会的发展之路。因此,冯定研究和宣传马克思主义哲学的根本目的在于以理论深度解决民众特别是青年的时代困惑,为他们走出苦难与贫困点燃一盏明灯。新哲学坚持群众路线,从而为真正做到理论联系实际提供了保障。它要求理论工作者既深入群众做实地调研,又要在理论上做到具体问题具体分析。这就使中国的马克思主义哲学始终没有离开群众的活动,没有离开中国的具体问题,因而也就避免了教条主义错误。

在马克思主义哲学研究、宣传教育中,冯定坚持群众观点和群众路线。

他关切群众利益,站在群众立场上探讨真理问题。正如毛泽东同志所讲:"群众的生活问题,就一点也不能疏忽,一点也不能看轻",马克思主义者应该"关心群众的痛痒","真心实意地为群众谋利益,解决群众的生产和生活的问题"。① 作为理论研究者和宣传教育者,冯定主要是从理论和人生观角度关心群众的疾苦,为他们答疑解惑,指引人生方向,引导他们通过改造世界来改变命运。

冯定的人生观教育是同其人生经历、人生体验相结合的,蕴含着深厚的人格修养和坚定的精神信仰。冯定同李达、艾思奇、杨献珍、冯友兰等学者一样追求思想独立,敢于讲真

在北大时的冯定

话,倡导对马克思主义进行独立思考。无论身处顺境还是逆境,他都有着坚定的学术信仰,在强权面前和历次政治运动中,他从没动摇与妥协过。青年时代,他就向往着能找到一条改变中国社会黑暗腐败局面的道路。于是,在接触进步思想后,他走上了革命道路,逐步坚定了共产主义信仰。可见,冯定力求通过更高远的精神追求和更宽广的济世情怀实现人生价值。

在土地革命及民主革命时期,冯定一边坚持向大众普及马克思主义理论和宣传新民主主义文化,一边关切青年的日常生活并对他们进行思想教育。长年的军阀混战,给社会秩序造成了严重破坏,人们对现实社会严重不满,渴望有新的思想资源引领社会走向光明。这一时期的中国共产党人,借助红军、革命根据地开展思想政治教育,还通过创办先进报刊和发行进步书籍等方式向大众宣传马克思主义。其间,冯定完成了《论自然哲学和历史哲

---

① 毛泽东选集(第 1 卷)[M].北京:人民出版社,1991:136-138.

学》《哲学的应用》《新人群的道德观》《谈新人生观》《英雄和英雄主义》《大话和小话》《青年应当怎样修养》《青年群》《现阶段的中国青年问题》等论著。这些论著满足了不同群体的精神需求，引导了各阶层人士认识时政，受到广大读者的喜爱。毛泽东曾强调："对于马克思主义的理论，要能够精通它、应用它，精通它的目的全在于应用。"①邓小平也认为："学马列要精，要管用的。"②与机械地学习马克思主义理论的教条主义者不同，冯定根据中国共产党具体任务的变化和时代的变迁，与时俱进地研究和解答理论与实践领域的许多问题，这是其思想始终保持鲜活色彩的根由。

在中华人民共和国成立前后，冯定赋予马克思主义以普遍的意义。解放战争时期，中国共产党注重传播马克思主义先进思想，强调"思想领先"对社会实践的引导作用，冯定于 1948 年撰写的《平凡的真理》回应了时代主题。《平凡的真理》旨在帮助人民群众尤其是青年了解乃至掌握马克思主义，使其能够站在新的立场面对中国的现实社会，把握时代大局。该书从人民群众的日常生活实际出发，采用通俗朴实的语言向民众宣传马克思主义的基本原理，使广大劳动人民和进步青年获取了知识，培养了革命情怀，使革命队伍不断壮大。中华人民共和国成立初期，中共中央提出要加强在马克思主义理论通俗化方面的工作，通过通俗读物、通俗论文、通俗讲稿来解释马克思主义并用以指导广大群众的日常工作和生活。冯定《平凡的真理》的再版以及艾思奇《历史唯物论——社会发展史讲义》的出版，在当时社会起到了思想洗礼和精神再造的作用，为中华人民共和国成立初期社会的变革和秩序的稳定提供了有力的思想保障。③

在"三大改造"完成之际，冯定着重探讨像中国这样的社会主义国家如何在马克思主义的引领下改善社会风尚这一问题。1956 年出版的《共产主义人生观》是冯定依据时代的变换对马克思主义做出的新的阐释和应用，回

---

① 毛泽东选集(第 3 卷)[M].北京：人民出版社，1991：815.

② 中共中央文献研究室.毛泽东邓小平江泽民论世界观人生观价值观[M].北京：人民出版社，1997：417.

③ 孙婧.冯定思想政治教育理论研究[M].南京：东南大学出版社，2014：98-99.

应了中国社会由新民主主义向社会主义转型的新要求,满足了人们深化认知的需要。与《平凡的真理》的内在逻辑相一致,《共产主义人生观》的出版切合了人民大众尤其是广大青年追求真理和要求进步的需要,它从科学的世界观、历史观出发,将抽象的马克思主义基本原理同人民群众日常的工作、学习相结合,并最终落脚在人生观问题的探讨上。同时,《共产主义人生观》的出版又响应了当时"要搞实际的哲学、群众的哲学,要让不懂哲学的人了解一点儿马克思主义哲学"①的中央文件精神。

1952—1957年,冯定担任中共中央马列学院一分院第一副院长,主要负责党的宣传工作和干部的培训工作。其间,冯定除了处理学院日常工作,还给学员上课,师生共同开展马克思主义的理论研究。他还依据国内外形势,不定期地给学员做相关问题的报告,共同探讨社会话题。此外,冯定十分关心学员的生活,关注他们的心理,定期与学员谈话,了解他们的工作和生活状况,并给予他们帮助。② 冯定在一分院工作期间以及去职后的一两年内撰写了大量作品,尤其是《关于掌握中国资产阶级的性格并和中国资产阶级的错误思想进行斗争的问题》一文,发表后很快引起毛泽东的注意,并得到了中共中央的肯定,成为党员干部的学习材料。1957年,时任中共中央主席的毛泽东亲自提名冯定调往北大担任哲学系教授,成为"北京大学马克思主义哲学学科的开创者"③。任教期间,冯定为国家培养了一批优秀的马克思主义专业人才。不论在哪一个时期,冯定始终坚定地把马克思主义的宣传和普及作为自己一生的工作去完成,他反复讲,哲学工作者就要做普罗米斯修那样的火种传播者,将先进思想的火花和科学智慧的结晶传播给人民群众,给他们以精神的启迪和力量。④

① 石仲泉.党的人民哲学家冯定同志:纪念导师冯定百年诞辰[M]//谢龙.平凡的真理非凡的求索:纪念冯定百年诞辰研究文集.北京:北京大学出版社,2002:12.
② 连子,冯贝叶,叶宁宁.马列学院一分院时期的冯定:兼谈冯定著作的分期和哲学思想的一些特点[M]//谢龙.平凡的真理非凡的求索:纪念冯定百年诞辰研究文集.北京:北京大学出版社,2002:59.
③ 谢龙.北京大学马克思主义哲学学科的开创者:冯定[M]//谢龙.平凡的真理 非凡的求索:纪念冯定百年诞辰研究文集.北京:北京大学出版社,2002:181.
④ 孙婧.冯定思想政治教育理论研究[M].南京:东南大学出版社,2014:54.

二、立足人生实践开展大众化的哲学启蒙

"实践"是马克思主义哲学的核心概念。凡是讲马克思主义哲学的人，都不能不讲实践，但人们对实践的理解往往各异。由于人们对实践内涵的界定不同，对实践在马克思主义理论体系中的地位设定不同，他们所建构的马克思主义哲学体系的风格就不同。20世纪30年代，苏联哲学界构造了今天所看到的传统马克思主义哲学教科书体系，这一体系遵循近代哲学的二元对立模式，强调自然的本体地位，把实践只看作与理论相对应的范畴。

冯定的真理观凸显了实践本质，其总是能结合社会活动谈理论问题。与机械唯物论者不同，冯定没有机械地借鉴和运用认识论的基本观点，而是在实践中探索、追求真理。这里的实践主要是社会生产实践或劳动实践，是立足于人民群众的实践，是民众自我本质实现的一种力量。正是实践观点使我们更能深刻地把握马克思主义认识论的能动性和人的主体性。思想观念的正确与否，主要看是否符合实践，从根本上讲这是由于思想源于实践且由实践所决定。因此，冯定认为，真理观与实践观是统一的，对真理的探求必须立足于生活、工作、学习、革命斗争等社会实践活动。哲学的实践性消除了其自身的抽象性，拉近了群众与哲学的距离，也推进了哲学的现实应用。如肖前所讲："是实践的观点使马克思主义哲学在社会历史发展领域达到了唯物辩证的高度。"①因为实践本身就是唯物辩证的，唯物辩证性最符合实践的基本特质。从实践的思维方式来理解客观事物，实质上就要求我们持唯物的、辩证的观点来认识自然界与社会活动领域。作为主观见之于客观的活动，实践使人们的认识始终伴随着改造客观世界的对象性活动，实践的能力和深度也影响着人们认识世界的能力和水平。冯定认为："正是实践，才能解决主客观的关系问题，解决人认识客观世界的问题。学习了《实

---

① 肖前.真理是朴素的[M]//谢龙.平凡的真理 非凡的求索:纪念冯定百年诞辰研究文集.北京:北京大学出版社,2002:218.

践论》,可以使我们得到正确的世界观,世界观只有在实践中得到解决。"①马克思主义的实践论既是唯物的,又是辩证的,不是被动的反映论和经验论,而是能动的、改造性的客观反映论。

冯定没有把认识的能动性和客观性相分离,而是辩证地统一于社会历史实践的历程之中。也正是在这一对象性的改造活动之中,人的自由自觉本性得以不断彰显,人类文明得以快速发展。马克思在《关于费尔巴哈的提纲》中肯定了唯心主义从主体方面、能动的方面来理解事物、现实,对旧唯物主义者"只是从客体的或直观的形式去理解"给予了批判。马克思主义的世界观和认识论难题都是在实践基础上解决的,正是这一立足于实践的新唯物主义转向,使马克思主义开始借由人的对象性活动来审视现实世界。当然,冯定所讲的是,实践不仅是通俗化的劳动实践、生产实践,而且是认识世界和改造世界的对象性活动,是可以用辩证法和矛盾论解释的活动。那些脱离具体的、现实的劳动,而仅仅在书斋里强调理论联系实际的学者,无法真正把握实践的本质内涵,无法真正推进理论的发展。"理论难题的解决,是一个实践的任务。真正的实践是现实理论的条件","理论的对立本身的解决,只有通过实践方式,只有借助于人的实践力量,才是可能的"。② 因此,对唯物主义者来讲,理论的问题只有在实践中才能解决,理论的发展根植于改造世界的活动能力和条件。在冯定看来,实践不否定和鄙视感性劳动、体力劳动,也不否定劳动群众在认识和改造世界中的伟大作用。所以说,实践不仅仅是认识活动,更是改造活动,在改造对象活动中深化理论认识,在认识发展中提升改造世界的能力,进而切实彰显人类的本质力量。当然,唯心主义者强调了实践的能动性的一面,强调人的主动性,但没能从感性的、物质性的活动这一角度审视实践,忽视了精神力量和生命意志等主观活动产生的物质前提和社会历史条件性。在冯定看来,人的本质属性和自由自觉的存在追寻离不开实践,人不应该在先天的规定中被动地实现自我,而要不

---

① 冯定.关于两种世界观的问题[J].北京大学学报(人文科学版),1960(1).

② 亨利·列斐伏尔.马克思的社会学[M].谢永康,毛林林,译.北京:北京师范大学出版社,2013:38.

断通过实践改造世界、社会以及自我。因而,实践活动也是认识不断进步、个体的主体意识不断觉醒的活动。

与苏联哲学模式的教科书体系不同,冯定的哲学思想坚持理论和实践相统一,反对纯粹的书斋哲学,他在《平凡的真理》第四篇"真理和实践"中强调,人在任何情况下都必须坚持实践。冯定说道:"人类最重要的特性,除了在阶级社会里少数败类或者在新社会中还受其影响的'不肖'分子外,就是不论处在怎样的顺境或者逆境,都能够不自觉地以至自觉地坚持实践;这就是人类能够不断接近绝对真理的确切保证。"①早在 20 世纪 30 年代,当冯定还是一个刚刚接受马克思主义哲学的年轻的理论工作者时,就注意到这个问题。他认为,马克思主义哲学不应当只存在于马克思主义的著作和哲学教本里,而应当广泛地存在于人们的生活领域、经济领域、政治领域以及社会领域,也存在于自然科学领域。由此,他琢磨出"应用哲学"这个概念。应用哲学的概念反映了他对现代马克思主义哲学的根本看法,而这个看法,又贯穿在他整个的哲学创作和哲学活动中。

冯定践行理论结合实际的主张,从日常生活中追寻哲学的踪迹,从实践出发认识规律。他认为,人为了生活,不论是出于自觉还是不自觉,都是必须行动的,且只有在争取对己有利、避免对己不利的改造世界的过程中,才能真正地认识外界的客观事物。冯定曾说:"思想必须包括实践;真实的思想,包括一切行动的过程……思想是否正确,只有在行动中逐渐获得证明。"在冯定看来,"分析活生生的现实,在活生生的现实上去活生生地应用"就是马克思主义哲学的使命。在《平凡的真理》一书中,冯定用了很大篇幅来阐释实践的真实意义以及实践在认识真理过程中的重要性,把实践看作世界和人生的本质力量。在宣传与发展马克思主义人生观与伦理观方面,冯定同样注重实践,例如他说:"谈人生必须和现实生活相结合","修养必须结合实际"。如此,冯定将心得体会上升到了理论的高度,在理论界和社会上都产生了积极的影响。简言之,实践的观点将马克思主义哲学在社会历史领域提高到了辩证唯物的高度,而脱离实践的客观规律是空洞且无意义的。

---

① 冯定.平凡的真理[M].北京:中国青年出版社,1980:296.

冯定认为,哲学是一门深刻的学问,又是一门与大众生活实际密切相关的学问。因此,他提倡以大众易懂的方式传播马克思主义基本原理,强调在大众的生活实践中进行哲学的应用。冯定始终坚持以理论联系实际的写作方式帮助广大群众参与到改造世界的实践中,培养了人们学哲学的自觉和自信,使人们开始理解、掌握马克思主义哲学,用以改变生活、变革社会。从这个意义上说,冯定有力地推动了马克思主义哲学在中国的传播和发展。

在 20 世纪 30 年代和 40 年代,冯定撰写的不少哲学论文明显地反映了马克思主义哲学所具有的应用性特点。比如,1937 年 4 月,他在《自修大学》杂志上发表《新人群的道德观》,用历史唯物主义观点刻画出了道德和道德观的历史变迁。他在这篇文章中指出:从整个人类历史看,各时代有各时代的道德,各人群也有各人群的道德,这是新人群和新道德观的精髓;现在的中国正是民族绝续存亡的时期,行为的善恶就应当以此为标准;一般人认为替侵略国做爪牙的便是汉奸,公开或暗中反对抗战的便是准汉奸,实在就是这个道理。不难看出,他把道德变迁的逻辑分析和当时兴起的抗日浪潮有机地联系在一起,大大激发了热血青年的抗战热忱。1940 年 2 月,冯定完成长篇论文《美国与世界大战》,这是他运用马克思主义哲学观点分析现代帝国主义的经济与政治的范本。他运用了当时所能搜集到的丰富的统计资料和辩证的分析方法,把这个处在世界反法西斯营垒却又执行反革命两面政策的新兴帝国主义国家,这个使多少人为之迷惑,又有多少人为之畏惧的资本主义世界的"百足之虫"刻画得淋漓尽致。他在论文中指出,美国是新兴的帝国主义国家,然而又是旧世界不合理制度的代表。它对于中国的政策,一贯是在"门户开放"和"利益均沾"的美名下,把自己的脚插进来,而且越插越深;至于美国对华的实际援助,要看能不能控制中国的中央政权去镇压中国革命,至少是以约束革命为条件;美国虽然反日,但并不同时就是援华,更不是助中国抗战到获得彻底胜利。这些论述字字千钧,掷地有声。可见,他在 1940 年就能指出美国的两面性,进而引起革命群众的警觉,应该说是很有远见、有深度的,也是十分难得的。

20 世纪 50 年代和 60 年代初,冯定紧密地结合革命斗争中的现实问题和人们的思辨问题,写过不少既鲜明生动而又富有哲理的好文章。例如,他结合对高岗等人反党活动的批判,针对他在党内搞交易、搞阴谋诡计等恶劣做法,写了《工人阶级政党内为什么会出现个人主义野心家》。针对在一个时期内青年群体中存在的政治思想薄弱,一味地追求名利等情况,相继发表了《个人主义的反动性及其危害》《不容个人主义"负隅顽抗"》两篇文章。针对不赡养老人的行为,他写了《爱养父母在社会主义社会里也是必要的美德》等文章。这些文章,都是应用马克思主义哲学的原理去解剖和回答现实所产生的问题,具有批判性和深刻性。要结合实际,就要有严谨的科学态度,相信真理,尊重现实。冯定多次指出:理论是一种科学,而科学是不顾及任何人的面子、好恶等客观地存在着;被大多数人反对的不一定不是真理,而被大多数人拥护的也不一定就是真理;问题是要由历史的实践来考验的。[①] 1958 年,由于"左"的思想泛滥,张春桥等人破除"资产阶级权利"的调门唱得很高,他们把马克思在非常严格意义上使用的"资产阶级权利"概念,任意地扩大到分配以外的人与人之间一系列不"平等"关系上,甚至把一些不合理现象也硬说成是资产阶级法权。冯定凭借马列主义理论的学术素养以及对现实的细心观察,敏感意识到这样下去会否定按劳分配,否定价位法则。所以他在北京大学的大会上,在回答提问时大声疾呼:"我国在目前不仅价值规律起作用,剩余价位规律也起作用。"接着又补充一句:"因为对资产阶级的定息并没有取消嘛!"[②]当时他敢于讲出真理的举动,是惊世骇俗的。1963 年,报纸上提出关于"一分为二"与"合二而一"问题的讨论,后来变成政治批判,有人组织他写文章批判"合二而一",他婉言谢绝。他对人说,用"一分为二"和"合二而一"表达了矛盾的两个侧面的双重关系,这是辩证法的常识,没有什么好批驳的。他又说,把这个问题看得这么重,显然是有政治原因的。受"左"倾错误影响,人生观问题被看成唯心主义的东西,看成只有剥削阶级才讲的东西。[③] 因此,冯定的共产主义人生观解读被视为修正

---

　　① 冯定.探索探索者的道路开辟未来:对于马克思主义哲学发展史的研究谈一点意见[M]//冯定文集(第 1 卷).北京:人民出版社,1987:510-527.

　　② 张文儒.回忆冯定先生[M]//谢龙.平凡的真理 非凡的求索:纪念冯定百年诞辰研究文集.北京:北京大学出版社,2002:86-87.

　　③ 袁方,张文儒.冯定的学风与哲学思想的特点[J].社会科学,1985(7).

主义,被批判为资产阶级的处世哲学。① 刘少奇的《论共产党员的修养》、陶铸的《理想,情操,精神生活》皆难逃此噩运。

"文革"结束之后,冯定的哲学研究发生一个重要转向,即从认识论领域转向人生观领域,开始在思考自己人生历练与境遇中研究和传播马克思主义人生观,这或许与其在"文革"期间所遭受的批判和苦难有一定联系。冯定的人生观研究"以传播共产主义人生观为核心,以集体主义为红线,围绕道德人格建设的各个德目,建构了独特的体系"②。陶志琼认为,使马克思主义的人生观成为一门完整、系统的科学是冯定的最大贡献。特别值得一提的是,冯定系统地论证了共产主义人生观的科学性、先进性,其对社会主义条件下个人主义人生观的理解具有辩证性。

冯定以实践思维推进了马克思主义人生观的系统化研究,这同他对青年进行马克思主义理论教育有很大的联系。20世纪30年代撰写的《青年应当怎样修养》,以及50年代出版的《共产主义人生观》,都是专门性的人生观著作。这些人生观著作皆是从自然界和人类社会基本规律谈起,把世界观、历史观和人生观熔为一炉,深入浅出地向广大青年宣传了马克思主义的人生观。共产主义人生观虽然是最高级、最科学的人生观,但也不是超人类社会的人生观。在本质上,共产主义道德的实质是集体主义的精神,是全心全意为人民服务的精神。社会主义精神文明建设就是要提高广大青年的共产主义道德品质,树立科学的共产主义人生观。③ 冯定教导青年树立科学的、正确的共产主义人生观,同时也要自觉树立积极的、自强不息的人生观。他强调这种人生观还与人类社会发展的客观规律保持了一致性,能够经得起群众无数次的实践检验。因此,这种科学的人生观不会过时,具有与时俱进的时代价值。④ 冯定的人生观论著,内容丰富,论证逻辑循序渐进,有很强的说服力,再辅以举例子、讲事实、做对比等语法修辞,对青年具有极大的吸引

---

① 黄枬森.黄枬森文集(第8卷)[M].北京:中央编辑出版社,2016:11.
② 夏征农,舒文,苗力沉,等.论冯定同志的理论贡献[J].学术月刊,1994(4).
③ 吴黎平,艾思奇.唯物史观[M].北京:人民出版社,1983:169.
④ 刘晶.时代变迁与道术变幻:中国当代哲学家共同体的形成、分化与重组[D].哈尔滨:黑龙江大学,2017:273.

力。冯定的人生观论著不盛气凌人，不摆大架子，有的只是循循善诱、朴实无华，因而很有亲切感和说服力。此外，《平凡的真理》中也有对人生观问题的探讨，把人们对世界的认识和对自我的认识统一起来，强调不能脱离人的社会实践活动来谈世界问题。虽然冯定的真理观影响比较大，但其真理观不局限于认识论，而是有着深厚的人生观底蕴。在他看来，无论是脱离实践谈人生，还是脱离人的活动谈世界，都是偏颇的，也都是难以令人信服的。人生观教育，既要"可信"，又要"可亲"；既要经得起实践考验，又要以通俗易懂的形式走进群众的内心世界。冯定探索马克思主义人生观，目的主要是教育广大青年树立正确的人生理想与信念，更好地进行人生价值的选择。

冯定以实践思维继承和发展了马克思的共产主义人生观。首先，冯定坚持了共产主义人生观的现实条件性，认为人生观是一个时代的社会历史的产物，受生产力发展水平、经济基础的影响和制约。他反对那种追求"人上人"生活的旧人生观，认为这种人生观是阶级社会的产物，是违背人的本质的异化的产物。在冯定看来，这种人生观是以个人利益为中心的，人与人的关系都是对立的。"独善其身""明哲保身""他人都是手段"，强调的都是个体的优先性，虽在一定程度上能激发个体奋斗，但不利于社会的和谐，容易导致社会矛盾与冲突，这种社会所运行的弱肉强食的丛林法则也正是新道德观所批判的。在强调人的自由意志是由社会必然性所决定的同时，冯定承认人具有改变社会的能动性，因此人是必然性和自由性的统一。他教育青年，要根据社会需要和时代发展做出人生抉择，而不是高谈阔论、偏离实际。可见，冯定对人生观的理解既坚持了唯物史观，又坚持了辩证法。其次，冯定批判了宿命论的人生观，主张人的自由意志选择要建立在社会历史实践基础之上。冯定在马克思主义伦理学中强调以人为本，尊重人的自由选择和全面发展需要，以人的思维代替物的思维。在阶级社会特别是资产阶级统治下，"人的个体的特性越来越被消除"，"甚至他的心理特性也同他的整个人格相分离，同这种人格相对立地被客体化，以便能够被结合到合理的专门系统里去，并在这里归入计算的概念"。[①]　冯定列出社会上的种种不

---

① 卢卡奇.历史与阶级意识[M].北京:商务印书馆,1999:152.

公平、不合理现象,最终将之归结为占统治地位的、不合理的社会关系,因此他向青年发出号召:要实现自我价值、改变人生命运,就必须有觉悟,自觉起来推翻人吃人、人压迫人的社会制度。在"人压迫人"的制度下,人们"把'社会'当作抽象的东西同个体对立起来",而难以"以一种全面的方式,就是说,作为一个总体的人,占有自己的全面的本质"。① 冯定也正是结合异化的种种社会现象来同青年谈人生的,并在与共产主义人生观的对比中逐步使青年树立了正确的人生观。他揭露和批判了旧人生观的虚假性,号召青年树立主体自觉和自我意识,团结起来肩负起改造旧社会的大任。他批判旧道德的标准是从个人出发的个人主义标准,指出新道德的标准是从社会出发的为社会服务的标准。② 同时,他还把公德与私德、社会生活与个人生活统一起来,把个性解放同人类解放统一起来。因此,冯定的人生观具有革命教育内涵,在一定程度上发挥着思想启蒙的作用。

冯定认为人生观教育是很重要的,人生问题的思考是每个人都必须认真面对的。他教育青年人要做一个有道德的人,一个坚守理想信念和抱持高尚情操的人,这样才能清醒而又自觉地把握人生命运。他是这么说的,也是这么做的。在"文革"期间,他始终保持着独立自由的人格和坚定的理想信念,不向困难低头,不向极左的舆论妥协。他坚信,错误的人生观只能欺骗群众一时,最终不能掩盖科学人生观的光芒。冯定以科学的态度研究和传授马克思主义人生观,认为人生观虽然涉及当下人的主观意识,但其也是一门严谨的、系统的大学问,具有非常重要的现实意义和学术价值。同理,马克思主义哲学在哲学史的一个重大转向也就是重视对现实世界的研究与改造,而不仅仅是获取关于世界知识的学问。哲学研究转向人本身,从人的生活世界、存在意义的视角来看待自我、社会和世界,因而具有伦理学内涵。冯定的人生观研究既是他重视实践风格的体现,也符合中国人的思维方式,即哲学应该是强调实用性的,应该是入世的学问。因而,冯定是站在民族的、人民的立场来探索和传播马克思主义人生观的,他力图教育群众从国

---

① 马克思.1844 年经济学哲学手稿[M].北京:人民出版社,2000:84-85.
② 冯定.冯定文集(第1卷)[M].北京:人民出版社,1987:109-110.

家、民族命运出发,密切关注现实,以负责的态度选择正确的人生道路。这种把个人的人生意义同国家命运结合起来的教育理念,彰显了冯定的民族大义和责任意识。他亲身体验到人生的苦难和曲折,也看到了旧中国底层劳动人民水深火热的困境,因而自觉将运用马克思主义理论来解救人民于苦难中作为从事理论研究和教育工作的使命。

作为马克思主义人生哲学的研究者与教育者,冯定本人在教育态度和教育方法上也都是亲民的。首先,讲解的内容亲民,谈的都是青年人日常生活中经常接触的事物和经常遇到的问题。冯定常对青年人比较关注的恋爱、家庭、学业、生活、健康、意志、技能、理想、知识、政治等话题进行分析,具有很强的实用性和吸引力。其次,讲解的态度亲民,使广大青年朋友备感亲切。他没有以领导者、学术权威等身份向青年强制性灌输马克思主义理论,而是以平等的态度和姿态与青年学生展开对话。这种平等交流的姿态,使冯定和青年读者在思想上形成共鸣,在情感上相通。他很谦逊地表示:"我并没有自命为青年的'导师'。我的话,并不是什么'圣经',也并不是指点迷津的唯一'接引星',我不过是一个比较老的青年,受过比较长远和深刻的生活教育。根据我的苦经验,作为青年修养上的一种'借镜',总该是有益无害的吧。"①再次,冯定的教育方法符合青年人的认识规律,体现出循序渐进的特点。冯定认为,"人生是什么"是个抽象的大问题,先结合具体问题一个一个来谈,那么抽象的问题也就具体化了。"不想先从'什么是人生'等抽象的问题谈起,因为那样谈,仍会脱离现实,很容易将青年引入虚无缥缈的领域。"②冯定经常采用启发性教学,不是在马克思主义著作和教材里启发,而是从人们的日常生活、政治生活、经济生活、文化生活、社会生活等领域给予启发。最后,冯定教导青年要根据具体情况看待道德标准的复杂性问题。"冯定认为,道德标准的复杂性有时代性也有阶级性。道德是在人和人之间的关系中表现出来的,离开社会和人与人之间的关系,道德就无从谈起。"③

---

① 冯定.冯定文集(第1卷)[M].北京:人民出版社,1987:6.
② 冯定.人生漫谈[M].长春:吉林人民出版社,1982:7.
③ 陶志琼.冯定青年教育思想研究[M].杭州:浙江大学出版社,2019:160.

冯定循循善诱,引导青年从社会和人际关系中分析道德标准,根据时代发展要求和阶级状况来评价道德标准,而非以个体标准取代公共标准。冯定的人生观教育就是教育青年如何提高生活质量、开阔人生视野、升华人生境界。因此,在马克思主义那里,人生观教育和价值观教育具有内在一致性。

三、让马克思主义说中国话

如何让群众接受马克思主义哲学?这是冯定那一辈马克思主义学人研究新哲学的现实志向。如同黑格尔发誓要"让哲学说德语",从哲学大众化、通俗化的角度看,中国的马克思主义者就是要让马克思主义这个外来新事物说中国话,用中国人的思维和语言重新理解马克思主义,让马克思主义在文化上适应中国国情。具体来讲,就是想办法通过各种方式让群众接受马克思主义。

毛泽东不仅从政治文化高度提出马克思主义中国化,而且还使其哲学成为让马克思主义说中国话的典范。虽然自封为说群众话语的"土哲学",但远远超越了那些说着西方话的、光鲜亮丽的"洋哲学"。1938年9月至11月召开的中共六届六中全会确立了以毛泽东为首的政治局,由他代表中央作了《论新阶段》的报告。"马克思主义的中国化"的概念,由毛泽东在这个报告中正式提出,他指出:"共产党员是国际主义的马克思主义者,但是马克思主义必须和我国的具体特点相结合并通过一定的民族形式才能实现。马克思列宁主义的伟大力量,就在于它是和各个国家具体的革命实践相联系的。对于中国共产党说来,就是要学会把马克思列宁主义的理论应用于中国的具体的环境。成为伟大中华民族的一部分而和这个民族血肉相连的共产党员,离开中国特点来谈马克思主义,只是抽象的空洞的马克思主义。因此,使马克思主义在中国具体化,使之在其每一个表现中带着必须有的中国的特性,即是说,按照中国的特点去应用它,成为全党亟待了解并亟须解决的问题。洋八股必须废止,空洞抽象的调头必须少唱,教条主义必须休息,而代之以新鲜活泼的、为中国老百姓所喜闻乐见的中国作风和中国气派。

把国际主义的内容和民族形式分离起来,是一点也不懂国际主义的人们的做法,我们则要把二者紧密地结合起来。在这个问题上,我们队伍中存在着的一些严重的错误,是应该认真地克服的。当前的运动的特点是什么?它有什么规律性?如何指导这个运动?这些都是实际的问题。直到今天,我们还没有懂得日本帝国主义的全部,也还没有懂得中国的全部。运动在发展中,又有新的东西在前头,新东西是层出不穷的。研究这个运动的全面及其发展,是我们要时刻注意的大课题。如果有人拒绝对于这些作认真的过细的研究,那他就不是一个马克思主义者。"①

冯定通过对毛泽东思想进行系统阐释,推进了马克思主义哲学的中国化。中华人民共和国成立以后,马克思主义成为我国占统治地位的主导思想。马克思主义学者的研究范式也必然随之发生重大变化,他们从原先站在辩证唯物主义立场上"按照自己的方式对作为学术的马克思主义进行解读"转向"将马克思主义哲学规范化并将马克思主义哲学看作学术和意识形态进行重新阐发和普及"。② 那么,如何继续将马克思主义中国化从指导革命向指导建设转变,如何从唤醒群众的革命意识向加强和控制意识形态领导权转变?因此,研究和宣传马克思主义中国化的第一个理论成果即毛泽东思想成为中华人民共和国成立后学界的一项重要政治任务。

冯定对毛泽东思想展开研究主要是在中华人民共和国成立以后。冯定所著《中国共产党怎样领导中国革命》一书的最后一节,收入了《一面旗帜——毛泽东思想》一文,是冯定对毛泽东思想的专门论述。在这篇文章中,他认为中国共产党能够取得胜利就是因为有毛泽东思想这面旗帜,这一理论规定了正确的方针、路线、政策、策略乃至行动的步骤和方法。除了阐释毛泽东思想的"三大法宝",他还总结了毛泽东思想的三个要点。一是理论与实际相结合。他认为这是毛泽东思想最基本的东西,是中国共产党领导革命与建党、建国最重要的东西,也就是我们说的毛泽东思想的精髓即

---

① 毛泽东选集(第2卷)[M].北京:人民出版社,1991:534-535.

② 刘晶.时代变迁与道术变幻:中国当代哲学家共同体的形成、分化与重组[D].哈尔滨:黑龙江大学,2017.

"实事求是"。他说"三大法宝"是毛泽东把马列主义普遍真理同中国革命实际相结合的产物。这种结合避免了空洞的理论和词句,避免了对个体经验的生搬硬套。二是群众路线。他从唯物史观角度论证了毛泽东思想强调群众力量的重要性,把信任群众、为了群众、依靠群众看成马克思主义政党区别于其他一切政党的标志。因此,如何领导群众是共产党在坚持群众路线中总结出来的智慧,具有很强的艺术性。三是批评与自我批评。冯定认为,毛泽东思想不仅是同党内外的各种错误斗争中总结出来的,也是从改正错误中获得进步的。①

其实,《谈"百家争鸣"》《中国在过渡时期的辩证发展》《关于不断革命论和革命发展阶段论》《马克思主义世界观的伟大胜利——读〈毛泽东选集〉第四卷的几点初步体会》《关于"红专"》《革命的人生是不朽的——学习雷锋的关键》《学习少奇同志关于党的建设的理论》等文章,都是冯定在中华人民共和国成立后学习、宣传毛泽东思想并用来指导现实的产物,也和当时的政治形势及舆论导向有着密切联系。为此,作为意识形态工作的重要参与者,他必须从哲学角度对国家大政方针政策做出理论解读。在一些应用性文章中,他积极倡导和宣传共产主义世界观、人生观,但也能辩证地论证个体、自由、主观能动性的社会条件性,而不是机械地予以全面否定。在一些文章中,他还强调除了坚持实事求是,也要立足实践,解放思想,不断研究新问题,辩证地审视变化着的实际。

"文革"结束后,冯定对此前学界错误理解毛泽东思想而导致的极左学风进行了批判,认为这不是宣传毛泽东思想,而是歪曲毛泽东思想。他认为,学习马克思主义理论必须在理论联系实践中摸索出一条客观规律来,而不能走捷径或断章取义;在推进马克思主义中国化的进程中,不能离开现实的具体条件谈理论本身及其现实应用。在《学习少奇同志关于党的建设的理论》一文中,他批判道:"随意抽几段语录作为教条,到处硬套,借以吓人、骗人。这岂不是把严肃的科学当成走江湖的狗皮膏药,或是卖梨膏糖的叫

---

① 冯定.冯定文集(第 2 卷)[M].北京:人民出版社,1989:40-41.

喊了吗?"①仔细读来,冯定的话对我们今天如何推进马克思主义中国化发展也不无裨益。这也就提醒马克思主义理论工作者为学要真诚,要有在实践中发展马克思主义的使命感和责任感。

无论是研究毛泽东思想,还是研究马克思主义哲学,冯定始终把马克思主义看成一种现代思想和入世思想,体现出时代性和大众化等特点。马克思主义哲学研究必须具有一种创造概念、解释世界、引领思想和推动社会运动的能力。这种能力也是一种不断反思和否定"不合理"的"当下"的能力,从而产生出指引人们探索使这个世界更加合理的思想和理念并加以实现。"在马克思那里,改变世界的意愿并不仅仅意味着直接的行动,而是同时意味着对迄今为止的世界解释的批判,意味着对存在和意识的改变。"②因此,马克思主义必须贴近生活,提供一种生活方式、思维方式,至少为人们提供一种体认及改变生活世界的能力。对此,马克思主义研究必须体现民族性、本土化、大众化、通俗化、中国化特质,必须且应当"加强和其他诸种学说的交流和沟通……保持开放性;作为一种介入现实生活的方式,马克思主义哲学应当充分关注社会的弱势群体和弱势阶层,表达自己的特殊关怀"③。离开了现实,离开了对社会底层命运的现实关注,马克思主义的科学性就只能是抽象的。今天,从事马克思主义研究不能把马克思主义的意识形态性和学术性割裂或对立起来,因为在一定意义上,马克思主义就是一种意识形态批判理论,这也是马克思主义理论超越其他一切理论并能把握现实世界真理的重要基点。

---

① 冯定.冯定文集(第2卷)[M].北京:人民出版社,1989:344.

② 安丽霞.现代性的忧郁:从颓废到碎片的灵光[M].北京:中国社会科学出版社,2017:29-30.

③ 张立波.阅读、书写和历史意识:对马克思的多重表述[M].北京:北京大学出版社,2008:177.

第四章　面向生活世界的通俗哲学思想

　　马克思主义哲学中国化经历了由翻译、解读、研究到创新的过程。中国早期共产主义者受日本学界影响巨大，李大钊、陈独秀、李达、李汉俊等都曾留学日本，他们回国后传播的马克思主义也深受日本学界影响。20世纪20年代以后，国内的马克思主义哲学传播受苏联影响越来越大，到30年代开始超过日本对中国的影响。孙中山先生的新三民主义在一定程度上也受到苏俄影响，俄国十月革命道路给半殖民地半封建社会的旧中国送来希望。在这一背景下，冯定没有囿于马克思主义经典著作的翻译和阐释，而是结合中国国情，把马克思主义应用到大众日常生活中，在伦理学、认识论、人生观等领域推进了马克思主义哲学的通俗化和大众化。

一、马克思主义伦理中国化的开拓者

　　中国伦理学会原会长陈瑛指出，冯定的最大贡献就是使马克思主义的人生观成为一门完整系统的科学，他的思想和著作影响了几代人。冯定关于人生观的重要论述是在紧密联系实际的基础上完成的，他主张深入青年的现实生活进行人生观的教育。社会上有一部分人，他们随遇而安，于人生诸事不能也不愿深究,虽然也会对人生偶有一些心得体会,却不能上升到理论高度,进行科学的分析总结,这种人自然不能产生自觉的人生观。更严重也更危险的是,是有一些人有意无意地宣传错误的人生观。正如冯定在其早期著作《青年应当怎样修养》一书里批判的那样,在指导青年的人生观时,"极正确而极中肯的自然也有,但实在是少得可怜。而大多数呢,虽然有的存心实在非常忠厚,实在希望青年人接受了他们的意见,才不会在人生的战场上吃亏,然而多半因为本人早已有了偏见和成见,深深地中了旧社会的遗毒,跳来跳去,终跳不出错误的乾坤圈。至于那些有意欺骗青年和麻醉青年的手段更是非常巧妙"。① 他列举了一些人在谈人生观时的欺骗和错误手法,如指鹿为马法、移花接木法、喧宾夺主法、似正实偏法等。总而言之,社会矛盾的复杂多变,加上指导青年的"前辈"有意无意地颠倒是非、错乱方向,使得大部分的青年摸不着头脑,于是只好像陀螺一般,在十字路口旋转着。冯定在论述青年人生观问题时,坚持马克思主义的指导地位,引导青年明确人生方向、端正人生态度,进而选择正确的人生道路。

冯定的一生是追求真理、坚持真理的一生,坚持了真理观与人生观的内在统一性。比如,冯定讲"自由和思想是有密切联系的",人的思想认识有时在一定程度上影响着个体对自由的感知。所以,世界观决定人生观,不能离开世界观单独讲人生观,有什么样的世界观也就有什么样的人生观。离开对世界的真理认知,人们对人生观领域的自由问题依旧具有不确定性。作为老干部的冯定虽然不是学者出身,但他同北大的老先生一样有着旧知识分子的傲骨,知识分子群体所共有的求真理念与科学精神在他那里升华为一种人生信仰。正是秉持这种人生信仰,他在真理、学问面前毫不含糊,面对强权和批斗依然坚持原则,而不是随声附和或趋炎附势。他有句名言——"无错不当检讨的英雄",凸显了他对马克思主义及其科学理论的坚定信仰。

冯定的伦理哲学把对青年人生观的探讨同世界观、历史观结合起来,具有广阔的理论视野和极强的现实针对性。这方面的代表性著作就是《青年

---

① 冯定. 冯定文集(第1卷)[M]. 北京:人民出版社,1987:4-5.

应当怎样修养》，他在这本很薄的小册子里反复给青年人讲授道德修养问题，教育青年人如何做到以德立人，从而更有利于青年明白个人的价值、意义与人生道路选择同社会发展、历史进程之间的内在联系，更有利于青年立足于时代发展要求努力奋斗。李少军指出，"冯定对个体生命的意义和价值从马克思主义哲学高度做了深入研究"①。在冯定看来，马克思主义虽然强调并重视集体主义，反对个人主义，但马克思主义并不否定个体的价值、能动性，也不否定个性。可见，马克思主义是最关注人的，并没有以抽象的、大写的人去否定个体及人本身，而是辩证地、历史地审视人的本质及其现实境遇。此外，在《共产主义人生观》中，他还谈到世界观、历史观与人生观的内在联系性。他认为："有了正确的世界观和历史观的人，正因能够发现规律和运用规律，用理论去指导实践，用实践去充实实践，而不是'凭空'谋事，'碰巧'成事，所以在人生中就成为非常自由的了。"②所以，世界观、历史观影响着人生观，认识世界和认识自我活动具有内在联系。此外，冯定还把为人民服务当成正确人生观应有的道德追求和历史使命，这与马克思主义人生观是一脉相承的，体现了奉献精神。这一崇高的道德目标体现出大公无私精神的感召力，是与他人利益冲突的和解，强化了合作意识，也使个体获得了归属感。从根本上讲，这是由公有制为主体的经济基础所决定的，以根本利益一致为前提；虽然带有理想性，但也有现实可能性。在集体主义原则下，个体成为自己的主体，在"为他人"的同时也实现着"为自己"的目的。

　　冯定从应用哲学角度分析了马克思主义人生哲学的基本特质，彰显了马克思主义新人生哲学对旧人生哲学的超越性。首先，他认为马克思主义人生哲学最贴近现实生活，是从人的社会活动、历史条件出发的人生观，具有很强的实践特质。因此，马克思主义人生观不同于以往的人生哲学，因其是坚持唯物主义的，是理想性与现实性的有机结合，是从空想变为现实的、最接地气的人生观。而旧人生哲学具有意识形态虚假性，按照统治阶级的

---

　　① 李少军.永远的丰碑:怀念黄枬森老师[M]//郭建宁.北大马克思主义研究(第3辑).北京:社会科学文献出版社,2013.

　　② 冯定.冯定文集(第2卷)[M].北京:人民出版社,1989:180.

意志管控民众的人生选择,具有阶级偏见性。旧人生哲学总是以神圣目标或等级伦理来要求群众,从精神上消解并麻痹群众的反抗意识。在《谈新人生观》一文中,冯定曾批判旧人生观是"人上人"的人生观,是带有宿命论的思想,强调命运先定而非人对命运的改造作用。马克思主义新人生哲学坚持用联系的、运动的、发展的辩证思维来审视人的生存问题,强调通过改变世界来改变人生,给人以希望,能调动人的积极性。马克思主义人生哲学具有人类性,它是建立在广大人民群众利益基础上的科学人生观。马克思主义人生观充满了人生智慧,是在充分吸收诸多历史经验基础上构建起来的。所谓的人生智慧,其实就是认识世界并能通过改造世界进而改变自己的人生命运。对底层民众来讲,旧人生哲学多灌输消极意识,使人自觉接受命运安排和摆布,逆来顺受而不觉悟。① 马克思主义人生哲学指导青年科学选择自己的人生理想、人生道路,让青年在奋斗中实现自我价值与社会价值的统一。其次,马克思主义人生哲学的内容是十分丰富的,不仅涉及精神世界,也包括物质世界。比如:日常生活中的吃、穿、住、用、行,还有学习、工作、革命、婚姻家庭、爱情、人际关系、休闲、消费等。人生观教育就是告诉人们什么样的生活是好生活,是值得过的生活,是有价值的生活;同时还告诉人们什么样的生活是坏生活,是不要去选择的生活。再次,在冯定看来,马克思主义把人生看成一个社会实践范畴,总是从特定的社会、文化、经济、政治、教育等客观条件和背景出发来分析人生抉择。人有社会性和阶级性这是客观存在的,无论是物质生活还是精神生活,都具有社会性和阶级性。任何一个人都有其所处的特定场域,其抉择都受到场域条件的影响,最终决定了个体道路的差异性。马克思主义人生观把这个场域看成客观存在,但又认为其不是一成不变的,而是可以充分发挥个人主观能动性创造和改变条件进行再加工的。基于此,个体命运是客观条件和主观能动性综合作用的结果,不同的人生道路抉择引致不同的命运历程。从时代发展的角度看,人生抉择的历史客观性决定了处于这一时代的个体的共同命运,他们的人生也具有一些共同特征。在短期内,人类既不能随意选择,也难以随意改变其所处

---

① 冯定.冯定文集(第1卷)[M].北京:人民出版社,1987:93-98.

的时代命运。最后,在冯定看来,马克思主义的人生观同世界观具有辩证统一性且会发生相互作用。"马克思主义认为人生观就是世界观,就是人们对于世界如何认识,而又根据这种认识所产生的对生活道路的选择,以及思想、情操、道德品质等一系列的精神气质。"①通常来讲,人生观是以世界观为指导的,世界观是人生观的前提和基础,有什么样的世界观就会产生相应的人生观,但也不能以世界观否定、掩盖或替代人生观,人生观反过来也会影响我们对世界的认知和改造。无论是科学的世界观还是正确的人生观,都必须立足于实践,都不仅仅是在头脑中存在的东西,都需要指导人们解决实际问题。因此,正确的世界观和人生观都离不开对现实的回答,都需要在实践中保持自身的真理性。此外,人生观和世界观也都是社会活动和社会关系相互作用的产物,不是固定不变的,也不是对客观世界的直观反映。因而,世界观和人生观都有着一定差异性和特殊性,也是多样化的、开放的,是由诸多历史条件所决定的。当然,强调世界观和人生观的客观性并不否定人的主体能动性,主观认知和主观意志的差异性也影响着世界观、人生观的多样性。

冯定的社会主义道德观具有批判继承和推陈出新的特点。冯定从历史唯物主义出发,坚持社会主义道德观的历史继承性,没有全盘否定非社会主义道德观。"不仅如此,冯定在道德继承问题上善于从中国人民世代相传的习统中,提炼出能为新社会新时代继承的道德范畴,加以批判、改造,做出新的解释,使这些范畴剔除了糟粕,赋予新的意义。"②冯定提出要对作为意识形态的道德进行历史的考察,认为道德在每一个历史阶段都发挥过自己独特的历史作用。他认为,进入奴隶社会以后的道德观都具有阶级性偏见,剥削阶级的道德始终占据统治地位,始终是为巩固私有制服务的,因而无产阶级应该坚决加以摒弃;同时,"也不是说,在剥削阶级所继承的道德观念中就没有任何可以继承和吸收的成分。不是的。即使在阶级社会里,被压迫的奴隶、农民和无产阶级中也有自己的道德观,这些道德观念在历史上是起过

---

① 冯定.人生漫谈[M].长春:吉林人民出版社,1982:1.

② 夏征农,舒文,苗力沉,等.论冯定同志的理论贡献[J].学术月刊,1994(4).

不小的进步作用,尤其在反抗剥削者的斗争中,曾经成为本阶级的强大精神支柱。而这些进步的道德以后被无产阶级所继承。至于剥削阶级,尤其在他们上升时期,他们所提倡过的道德,例如封建阶级所主张的'孝',资产阶级在初期所提出的'勤俭',在一定意义上和一定范围内也可以为无产阶级所吸收。当然要经过一番改造制作,并以适合于无产阶级自己的利益为限度"。① 他认为中华民族在长期的社会发展中历史地继承了一系列传统美德,长期并深刻地影响着中国人的思维方式与行为取向。虽然这些美德在阶级社会里被统治阶级所利用并沦为思想统治工具,但我们在批判并剥离出其腐朽、蒙昧、私利等成分的同时,要继承劳动人民的传统美德精华。随着时代的发展,中华民族传统道德也应该在新的历史条件下加以改造和利用,进行创造性转化和创新性发展。为此,他写了《爱养父母在社会主义社会里也是必要的美德》一文,批判了社会主义国家某些人的不孝行为和个人主义作风。同理,马克思主义伦理观还可以借鉴西方的优秀道德传统和道德范畴,为社会主义道德建设提供资源支持。

二、让共产主义人生观照耀中国大地

在《冯定文集》的 47 篇论著中,有 20 篇是论述人生观或共产主义人生观的,创作于 20 世纪 30 年代到 80 年代初期。《共产主义人生观》写于 1956年,1964 年写的《人生漫谈》可以说是它的续编,冯定在后一本书的小序中说:"我在写《共产主义人生观》的时候,是注意了不要落入个人主义的罗网或圈套的。所以,当时我就不从人生而谈人生,而是在讲了资产阶级人生观和无产阶级人生观完全对立以后,就讲辩证唯物的世界观和辩证唯物的历史观,最后才将有关人生的几个具体问题讲了一讲。"②书中的"正义冲动论"曾受到批判,被指责为污蔑英雄人物或宣传个人主义。其实,在该书中,冯

---

① 冯定.人生漫谈[M].长春:吉林人民出版社,1982:135.
② 冯定.人生漫谈[M].北京:中国青年出版社,1964:2.

定既没有否定群众观点和集体利益,也在一定程度上肯定了个体的人生观
选择性,指出了人生观选择是理性和感性共同作用的结果。"人生观"中的
人无疑是个人,如果离开社会谈个人的人生,就落入了个人主义的圈套,因
为仅就个人谈人生就是把人看成了孤立的个人,这正是个人主义的观点。
在冯定看来,个人主义和集体主义正好是完全对立的,个人主义总是只知道
个人的利益而不知道集体的利益,总是从个人的立场出发去观察问题和处
理问题。而集体主义认为个人是集体的一分子,所以个人利益在集体利益
面前需要做出牺牲,因为集体主义是以无产阶级的利益或者归根结底就是
广大劳动人民的利益为出发点考虑的。这正是最符合无产阶级的人生观和
世界观的。在《平凡的真理》一书中,冯定概括性地批判了个人主义的狭隘,
"从个人主义出发,就会不知全体,不顾大局,忘记个人必须随着社会的发展
而不断前进,胸襟褊狭,见识短小,责己必轻,责人必重,享受在先,劳动在
后,被批评时也总觉得自己有理而别人无理,什么全都颠倒了"①。冯定强调
克服个人主义的关键在于个人的立场要正确。他还把对领袖的爱戴与个人
崇拜区分开来,把人民群众看成历史的主体和创造者,反对在社会主义条件
下把群众和领袖对立起来的观点。因此,在人生观问题上,必须具体问题具
体分析,自觉坚持对立统一规律的指导,用不同性质的方法去解决不同性质
的矛盾。② 冯定认为,"因为立场实际上是观察问题和处理问题最基本的观
点和方法;所以立场是不正确的,那么观点也不可能是唯物的客观的,而是
唯心的主观的,方法也不可能是辩证的,而是机械的或者是形而上学的
了"③。而在立场和观点方法的辩证关系问题上,冯定也明确指出,立场正确
了,观点和方法也并不一定就是正确的;而立场和观点正确了,方法也不一
定就是正确的。虽然立场、观点和方法可能有参差,但冯定认为这种参差只
是暂时性的,最终还是要回归统一。总而言之,冯定谈人生观和共产主义人
生观始终坚持辩证唯物历史观的指导,始终关注人生观的社会基础和阶级

---

① 冯定.平凡的真理[M].北京:中国青年出版社,1980:365.
② 黄枬森.黄枬森文集(第 8 卷)[M].北京:中央编译出版社,2016:20.
③ 冯定.平凡的真理[M].北京:中国青年出版社,1980:365.

基础,但他也没有否定人生观中的个性、感性等问题,真正做到了坚持辩证思维。

陶志琼认为:"冯定的最大贡献就是使马克思主义的人生观成为一门完整、系统的科学,使其成为系统化的人生哲学理论。"①冯定一生写了大量的人生观文章,不仅宣传了马克思主义人生观,还系统性地发展了马克思主义人生观。他从实践观点来分析人生观问题,从社会的、历史的角度辩证地审视人生,以现实批判意识和"以人为本"精神祛除了以往人生观理解的抽象性、虚假性。特别是在青年人生观教育上,冯定形成了较为系统的理论认知和独特的论证逻辑,正确阐释了马克思主义人生观的精髓和内在魅力,从而使马克思主义在青年群体中产生了深刻的社会影响力和理论吸引力。

冯定提出了"共产主义人生观和马克思主义世界观不可分割"的观点,体现了认识论、人生观、世界观的有机结合。过去,人们常常把世界观和人生观割裂来看,认为哲学就是世界观,而人生观属于伦理学的范畴。这种看法是不妥的。哲学不只是一般的世界观、方法论,而且还是人生观,要教给人们做人的道理,帮助提高人们的境界,解决人类的终极关怀问题。毛泽东、周恩来、刘少奇等老一辈无产阶级革命家都特别重视道德品质的修养问题,提出了许多论断,发表了很多相关方面的论著。但当时由于受到苏联教科书的巨大影响,我国的哲学教材对人生修养方面内容的论述十分欠缺,存在只讲世界观、方法论而不讲人生观的问题。

冯定始终坚持对人民群众特别是广大青年朋友进行思想道德教育和人生观教育。在他看来,只从伦理学角度而不从哲学高度来谈论人生观是不透彻的。因此,冯定自觉地将世界观和人生观结合起来,引导和教育青年树立正确的思想观念。从开始从事哲学著述的写作时起,他就自觉将哲学融入对青年的理想信念教育和道德教育当中,把马克思主义的世界观理论同对青年的人生观教育联系在一起。他认为,哲学应当成为提高青年思想道德水平的工具。冯定有力地诠释了哲学和生活、理论和实际相结合的真理。早在20世纪30年代,冯定就开始关注青年的人生修养问题。例如,在《青

---

① 陶志琼.冯定青年教育思想研究[M].杭州:浙江大学出版社,2109:88.

年应当怎样修养》一文中,谈到修养时,他并没有就修养谈修养,而是先从世界观谈起,再谈历史观,最终落脚到人生观。这种哲学思维逻辑符合中华民族的特质,中国哲学在本质上就是人生哲学,须臾不离人事、生活与现实问题。冯定在谈论人生修养问题时,始终坚持以世界观和历史为经,以关于人生的具体问题为纬,最后再归总谈论人生观问题。在《平凡的真理》中,冯定将世界观和人生观有机结合在一起,全书贯穿着如何在科学的世界观的指导下树立正确的人生观这一问题意识,而且在书的最后专门阐述"修养"问题。又如,在第四篇"真理和实践"中,冯定首先在理论上论述了什么是社会实践,指出人是在参与改造世界实践的过程中认识真理并发展真理的;而后引出关于人生观问题的思考,指出人们在学习、工作、斗争、领导、修养等方面都离不开哲学的指导,哲学当中蕴藏着解决这些人生问题的答案。他讲到,人要想认识世界并改造世界,首先要学会认识自己和改造自己,而修养在改造个人的过程中就显得极为重要了。这表明,马克思主义哲学作为人们认识世界和改造世界的工具,其担负的一个重要的社会功能就是解决人们在人生观和道德修养方面遇到的问题,这并不是外界强加给马克思主义哲学的社会规定性,而是其内在的本质要求。冯定在讲述世界观问题时,随时都会涉及人生观的问题。《平凡的真理》不仅将马克思主义哲学的基本原理转化为认识世界和改造世界的方法,而且还转化为提升道德修养水平和塑造人生品格的有力武器。

关于世界观和人生观的关系,理论界长期以来都强调世界观对人生观的决定作用,这是毋庸置疑的。一方面,一个人要想树立正确的人生观,首先必须有科学的世界观,必须对社会发展的规律有一定的认识,能够认清人在社会中所处的位置以及能够发挥的能动作用。另一方面,人生观反过来也会对世界观产生一定的影响。例如,一个人要想真正掌握科学的世界观和方法论,他首先不能是一个自私自利的人,要明确自己学习科学的目标,就是对全心全意为人民服务目标的追求。因此,冯定在讲到人生修养的问题时强调,修养要克服个人主义,树立集体主义;判断一个人的立场正确与否的标准就在于是否符合革命和无产阶级社会主义的利益,是否符合最广大劳动人民的最远大的利益。马克思主义哲学作为人生的科学指南,要加强哲学教学与人生观教育的结合,把有关人生观的内容融入哲学当中。

冯定的人生观为青年实现共产主义伟大理想提供了强大的精神支撑。在一定意义上讲,冯定的人生观是以爱国、爱人民为主题,在特定的历史条件下形成的,充满了革命英雄主义色彩,是把实现共产主义作为理想目标的无产阶级人生观。共产主义人生观虽然具有理想性和超越性,却不是虚无缥缈、不可实现的。冯定强调:"共产主义是我们根据现在的实践和过去的经验而构想出的未来社会,因而不是空想,其有着强烈的现实基础。"①美好生活都是奋斗出来的,没有奋斗,再高的理想都是空想。但只奋斗,没有正确的、科学的人生观做指引,人就容易走弯路,找不到方向。而共产主义人生观就是那引领人们走向光明的正确的、科学的人生观,也使心怀梦想的人越来越有力量。冯定的世界观、人生观、价值观,教育和培育了无数优秀的青年,使越来越多年轻人怀揣梦想、坚定理想、顽强意志。在新时代,冯定的世界观、人生观、价值观依然值得青年学习,依然是青年为实现共产主义伟大理想而继续奋斗的精神支撑,也是青年同一切个人主义、享乐主义、拜金主义进行斗争的强大思想武器。冯定在《共产主义人生观中》一书中指出,共产主义人生理想不是凭空想象出来的,"而是根据正确的世界观和历史观,根据人类社会自古至今发展的事实,这才断定人类走向共产主义是谁也不能阻挠而成为必然的趋势的。这些理想在我们的脑子里越是深刻,那么我们就越是渴望在实际的行动中来使其实现"②。

冯定不仅帮助青年树立了正确的世界观,还培育了青年人正确的政治信仰和人生理想。在《关于"红专"》一文中,冯定指出,世界观和方法论是和政治既有联系又有区别的,也是和学术既有区别又有联系的,政治首先要立场正确。所谓立场,就是站在亿万劳动人民的一边。③ 有了正确的世界观和方法论,就能使包括青年在内的所有人去探索和认识历史发展的必然规律、革命和建设规律,不断增强分析时事和掌握政策的能力,使青年在工作学习

---

①　冯定.冯定文集(第 1 卷)[M].北京:人民出版社,1987:178.

②　冯定.共产主义人生观[M].北京:中国青年出版社,1956:43.

③　冯定.冯定文集(第 2 卷)[M].北京:人民出版社,1990.

中能够正确地总结经验、吸取教训,减少挫折、避免错误。

当代青年树立正确的世界观,就是要弘扬爱国主义。爱国主义精神是五四精神的核心。历史表明,五四运动是一场彻底的反帝反封建的爱国主义运动,五四运动时期的青年迸发出强烈的爱国热情,以北京的部分青年为代表勇敢地站出来参加反帝反封建斗争,为青年树立正确世界观提供了内在动力。中国特色社会主义进入新时代,生活在当前社会的青年,要继续弘扬爱国主义,为实现中华民族伟大复兴的中国梦贡献自己的力量。中华人民共和国成立以来,党和国家高度重视青年爱国主义教育,把对青年进行爱国主义教育视为全社会的一项重要工作。爱国,是人世间最深层、最持久的情感,是一个人的立德之源、立功之本。孙中山先生说,做人最大的事情,"就是要知道怎么样爱国";习近平同志指出:"做人要有气节、要有人格。气节也好,人格也好,爱国是第一位的。我们是中华儿女,要了解中华民族历史,秉承中华文化基因,有民族自豪感和文化自信心。要时时想到国家,处处想到人民,做到'利于国者爱之,害于国者恶之'。"①这就是青年要树立的世界观。世界观决定方法论,有了正确世界观的指引,就会形成正确的方法论,就会用科学的方式、方法来观察事物和处理问题。有了正确而明确的世界观,许多抽象的或者具体的有关人生的问题,也就容易解决了。

三、平凡的真理源于民众生活

传统真理观多把民众看成真理的被传播对象,而非来源者;因而,在真理面前,民众没有发言权,真理只掌握在少数人手里,准确来讲就是掌握在有权人的手里,"少部分人宣布真理,大部分民众接受真理"仿佛成了不争的事实。但我们常讲,"实践是真理的标准"。具体来讲,从实践的主体看,真理离不开群众;从实践活动本身看,真理离不开改造世界的对象性活动;从

---

① 今天,我们如何爱国?听习近平总书记这样说[EB/OL].(2020-10-08)[2021-09-01]. https://baijiahao.baidu.com/s? id=1679940990720387510&wfr=spider&for=pc.

主客体结合角度看,真理是主观能动性与客观规律性的统一。长期以来,受苏联教科书的影响,国内学者往往狭隘地把哲学看成认识论。这种观念割裂了唯物论与辩证法、世界观与人生观的内在统一性,没有做到从人的社会实践视角来靠近真理。冯定的《平凡的真理》是一本普及读物,其之所以产生巨大影响力,关键在于立足实践,做到了理论与实践的结合、真理观与人生观的结合、唯物辩证法与历史唯物主义的结合。在冯定看来,无论是认识世界还是改造世界,都是人的社会实践活动,其主体、目的都是人,因而根本不存在脱离人生观的世界观、历史观。"出于对青年进行人生观教育的需要,冯定将理论和实践、人生观和世界观相结合",同样也是"反对教条主义的成果"。①

在冯定看来,真理不能完全等同于科学,真理与人类社会历史密切相连。因而探索真理必须摒弃意识形态思维,用历史唯物主义去探索人类社会及其发展规律。因而,冯定对把辩证唯物主义与历史唯物主义对立起来的观点进行了批判,并在一定程度上提高了历史唯物主义的地位。冯定曾是历史唯物主义专业的导师。1961年,冯定在北大哲学系招收并指导2名历史唯物主义研究生;1962年,招收并指导5名历史唯物主义研究生。与以往仅仅把历史唯物主义看成辩证唯物主义的一个重要组成部分的观点不同,冯定认为应该提高历史唯物主义的地位,并使之与辩证唯物主义并列。在他看来,历史唯物主义不是辩证唯物主义在社会历史领域的运用,历史唯物主义也不仅仅局限于狭隘的社会学层面,否则就难以从根本上超越旧唯物主义的局限性,也不能构成完整的世界观。历史唯物主义不仅是社会历史领域的认识论、辩证法,也蕴含着个体的世界观、价值观、人生观,理应在马克思主义哲学理论体系中具有中心地位。离开人的社会历史活动,一切未经人化的自然界都难以构成世界观。历史唯物主义不仅提供了客观的认识对象、改造对象,还为我们认识和改造人类社会提供了特有的思维方式。因此,冯定曾尝试以人的实践活动为出发点而不是以物质本体为基石来建

---

①   谢龙.平凡的真理 非凡的求索:纪念冯定百年诞辰研究文集[M].北京:北京大学出版社,2002:592.

构马克思主义哲学理论体系,摒弃了以往仅仅从静态的客观物质角度看待
世界的思维方式。这样看来,以历史唯物主义为中心构建马克思主义哲学
理论体系就把对社会历史的认识从对客观物质世界的简单化理解中解放出
来,彰显了人的实践辩证法。历史地"思"在一定意义上也就是辩证地"思"、
具体地"思",也是蕴含着人的能动性活动的"思"。教条主义者恰恰是因为
把理论仅仅看成客观的、不变的东西,不能在人的对象性活动中、在具体历
史条件的变化中来理解现实世界。所以,苏联教科书所倡导的辩证唯物主
义把人及其活动简单化为物质性的、纯客观的东西,没有看到主客观之间的
相互作用关系,这使哲学的对象都成了被自然化了的、被动的东西,在使辩
证唯物主义易于理解并得以到处套用的同时,也使之成为教条并被庸俗化。
在此,冯定在一定程度上推进了当代中国的马克思主义哲学研究范式变革,
对"主客二分"的思维方式和物质本体论进行了批判,强调以实践为基点来
重新理解马克思主义哲学理论体系。在他看来,只有在实践中,主观和客观
才能有机统一起来,才能把以往被"物化"的"人"重新从绝对客观性中解放
出来。

　　冯定认为,认识论、真理观是同历史观密切相连的。人类社会活动乃至
人化的自然都具有历史性特点,因而只有坚持历史地"思"才能真正把握人
类社会的基本规律。一切超越历史的"思"都难以从历史继承性、时代条件
性角度把握事物所具有的各种联系,难以从暂时性角度来具体分析事物的
存在状态。同样,离开了具有人类实践活动的历史,就无法做到理论的创
新,也无法彰显理论的生命力和面向现实世界的内在张力。抛弃了历史,理
论就很容易教条化、庸俗化,就可能产生偏见甚至偏激行为,就难以坚守实
事求是的基本原则。冯定认为,"把哲学分为几块,不能构成有机联系,这是
分而不合的结果,同时其中对历史、对人的分析并不充分"[①]。为此,冯定打
破了将辩证唯物主义与历史唯物主义相割裂、"两个主义"的观点,坚持列宁
所强调的"一块整钢""一个主义"的思想。辩证唯物主义和历史唯物主义是

---

　　① 谢龙.平凡的真理 非凡的求索:纪念冯定百年诞辰研究文集[M].北京:北京大学出
版社,2002:226.

辩证统一的、合二为一的关系,是"一块整钢"不可分割的两面。在冯定看来,二元论强调辩证唯物主义、只讲自然界,而人和社会的问题都放到历史唯物主义中去讲,这无法阐明马克思主义哲学中的世界观和历史观的精神实质。鉴于此,他对哲学教科书进行大胆革新,而其目的就是纠正"分块论"所导致的哲学原理庸俗化、简单化问题。① 在此过程中,冯定将历史唯物主义提高到马克思主义哲学的核心地位,反对将马克思主义理论教条化、权威化、苏联化。他的研究坚持理论联系实际的学风和深入浅出的文风,打破世界观研究对人生观、历史观研究的压制。他坚持从历史发展的角度来认识世界的真理性,拓展和深化了马克思主义哲学研究的视域和思维方式。他坚持理论研究的现实性和历史性,在强调理论研究为现实服务的同时,认为对人事的研究不是对世界客观性的否定,相反,二者是统一的。他坚持为人正直和敢于讲真话的学术导向,不趋炎附势,不见风使舵,不树私敌,达到了"为人治学其道一也"的境界。

冯定的真理观主要是指平凡的真理,是站在社会历史实践活动立场上对马克思主义哲学认识论的继承和发展。首先,冯定认为真理不是遥不可及的,而是客观存在的,是与普通群众和知识分子所从事的生产、生活、革命、科研等社会实践活动密切相关的。也正是在这些平凡的实践和平凡的事物中蕴藏着真理,因而不能脱离人的社会历史活动来探寻真理。同理,与以往哲学相比,马克思主义哲学的真理性正是源于其与平凡事物、平凡群众的内在联系,源于平凡的社会历史实践活动。马克思主义哲学为普通民众特别是工人阶级提供了思想武器和认识工具,提升了他们认识世界、改造世界的能力和信心。在冯定看来,真理源于群众改造世界的活动,源于群众的生活。其次,冯定认为马克思、恩格斯、列宁等无产阶级导师都是以其所处的时代为基础进行批判和论证,强调事物的发展与认识能力提升具体内在统一性。他们或从阶级利益冲突出发分析问题,或在批判以往不合理理论的同时进行批判性继承和创新性发展。为了让真理更加通俗,哲学研究者必须深入生活、热爱生活,才能最终在具体的生活实践中消除哲学的神秘

---

① 曾伯秋.冯定对马克思主义哲学中国化的贡献[D].湘潭:湘潭大学,2020:27.

感。"通俗的文章要求我们写的具体、轻松,要和现实生活打成一片","应该对生活有充分的经验"。① 只有这样,哲学研究者才能充分地把现实生活的事例应用到所写的东西里去,才能用通俗易懂、简单明了的群众生活思维和生活语言讲解深奥的哲学。因此,新哲学也是生活哲学,是有烟火气的生命哲学,是不脱离具体事物的哲学。冯定说,"谈人生必须和现实生活相结合"②,但又不失学理性的深刻洞察和逻辑化的精辟阐释。

冯定反对个人崇拜,反对教条主义,强调从社会关系中把握"求真"。求真活动不是孤立的个人活动、超历史的活动,而具有社会历史内涵,人们总是在一定的生产力、生产关系之中来考察真理。无论是个人崇拜还是教条主义,都是对现实的脱离,忽视了真理的客观性、具体性和条件性。所谓理论与实际相结合,就是要做到实事求是、因地制宜,要接地气而不是千篇一律。他以中国革命和社会主义建设的实践为例指出:"如果中国不是在毛泽东同志为首的中国共产党领导下,使马克思列宁主义的普遍真理和中国实际结合起来,而只知死记公式,硬套教条,势必招致革命和建设的损失,已是不必多说的了。"③可见,真理不是主观臆断,真理必须符合实际。冯定一生不畏强权,敢于讲真话,敢于直面批判与自我批判。在他看来,真理是科学的,因为真理是实践的,真理反对主观臆断,能够经得起社会历史的考验。因而只有坚持了真理,我们的立场和根基才稳固,才能胸襟坦荡、无所畏惧。真理在某种意义上也是一种精神动力,引导人们同一切谬误、歪理邪说做斗争。教条主义者或经验主义者则迷信于书本、个人经验而难以结合实际情况的变化,狭隘地去生搬硬套,最终只能导致失败或遭受损失。马克思主义的真理观是经验主义的真理观,是同人事、社会历史密切联系的真理观,是"因为物质原因才正确,而不是因为真实性才正确"④。

因此,我们必须辩证地看待真理,反对认识论上的主观主义,通过提高

① 艾思奇.大众哲学[M].北京:煤炭工业出版社,2017:289-290.
② 冯定.人生漫谈[M].长春:吉林人民出版社,1982:125.
③ 冯定.冯定文集(第1卷)[M].北京:人民出版社,1989:347.
④ 伯林.卡尔·马克思:生平与环境[M].李寅,译.南京:译林出版社,2018:174.

认识能力和理论修养水平,勇于把自己头脑中的抽象理论、狭隘经验变成鲜活的、现实的真理。冯定的马克思主义教育是"讲理"的,他所讲的这个"理"就是基于实践的真理,而不是靠权威施压或到处乱扣帽子、乱打棍子的"蛮横无理"。冯定在宣传马克思主义理论的过程中,从不摆架子、仗势压人,而是平易近人、温文尔雅地摆事实、讲道理。他曾讲:"批评首先要说理,不能理尚未说,就先给对方来一顿教训,说什么违反原则……可以引用古典权威的著作,但要有自己的体会,而不能光引用了古典权威的著作的一二原则和结论,而不管这些原则和结论是在什么时间、地点和在什么情况中说的。"①批判要中肯就必须有理有据,要结合现实,有针对性和说服力。批评也好,百家争鸣也好,不在于争论出谁对谁错,也不在于一定要说服对方,而在于弄清楚问题并把握真理。同理,青年学生之所以相信冯定,是因为他所讲的马克思主义不是强制灌输的,而是立足客观实践,利用通俗的语言、严密的论证、充分的论据进行对等交流。这样的马克思主义理论就变成了经得起推敲和考验的真理,也才真正可信、有说服力。马克思主义的大众化教育也理应坚持讲理原则,只有把其真理性彰显出来,才能贴近群众生活常理,才能既有理有据,又体现人之常情,最终使广大群众欢迎和接受。然而,如何能真正掌握马克思主义的真理性呢?首先,要有锲而不舍的真理追求精神,真理不是墨守成规或背诵教条,而是对真理精神不断求索,对科学理论加以具体应用,在认识和实践中发现真理。其次,对真理的把握需要发挥主观能动性,要善于把具体事物上升到理论高度,能在抽象思维中用概念的形式给予深刻表达。除加强理论学习外,还应提升思维水平,进行专业化的思维训练。任何理论概念都是从现实世界中提炼出来的,我们应把概念放到其产生的历史背景或具体条件中去理解、应用和检验,新概念的产生也应在旧概念的内涵拓展、思维范式的转换以及现象总结中推理出来。理论创新既不是玩概念,也不是经验主义似的总结,而是抽象思维同现象碰撞、升华的结果。最后,要有开放态度和自我批判精神。辩证地审视个人的主观经验和已有知识储备,能根据具体条件提升自己的理论修养和认识能力,不断突破

① 冯定.谈"百家争鸣"[J].哲学研究,1956(3).

自己的认知局限。陶德麟曾讲:"马克思的思想是活的,是随着实践的发展和他本人认识的发展而发展,决非一成不变。他的世界观和方法论本质上就是批判的、革命的,不仅批判别人,也经常自我批判。……马克思主义所以能成为中华民族的宝贵财富,正因为中国的马克思主义者'教给马克思主义说中国话','让马克思主义说中国话',也就做了马克思主义中国化的工作。"①可见,马克思主义的真理永恒性内生于其因地制宜的发展之中,这也就是马克思主义中国化、时代化、大众化所应该做的工作。

追求真理必须依靠理性的力量,能够用概念的形式系统地表达出来。客观真理是物质运动的客观规律,人类运用语言等形式的抽象思维才能把握。在冯定看来,没有理性思维也就无法把握规律,而规律是人的主观活动的基础。②可见,在真理面前,人并不总是被动的,而是具有能动性的,人类正是通过能动的实践活动创造了伟大文明。在马克思主义那里,真理的问题既是一个客观的实践问题,也是一个与个体生命息息相关的生存问题。因而,探索真理除了要理论联系实际,关键是要"从人出发",特别是从人的社会生产活动需要出发。真理的物质客观性当然是认识、实践的基础和前提,但真理探索渗透着人的主观方法和意志,是人对世界的一种解释,不断彰显着人类的智慧和自我本质。真理探索活动也是人类干预世界的一项特殊活动,人类总是希望按照自身的需求开展探索,但又受到认识条件、认识能力、认识储备、情绪意志等的影响。离开人的需求,真理当然也存在着,但没有了意义。因此,真理的价值在于人,应该在人与其认识对象即客观规律的关系中思考人的存在境遇。

四、人生教育与信仰指引

对刚刚走上人生道路的青年来说,人生观是特别重要的。青年面临人

---

① 陶德麟. 对马克思主义中国化研究中两个问题的理解[J]. 中国社会科学,2009(1).

② 冯定. 平凡的真理[M]北京:中国青年出版社,1980:183.

生方向的选择,面临各类来自社会、家庭和自身的全新的现实问题,亟须正确人生观的引导。冯定抓住青年关心的问题,和青年朋友平等相处,以"促膝长谈"的方式,共同探讨人生问题。冯定注重围绕人生观展开青年道德修养的论述,这并不意味他对世界观有所疏忽。他是紧扣世界观并以正确的世界观为指导进行理论研究的。如他早年的著作《青年应当怎样修养》,就有"万花筒的世界""自然摇篮里的人类""自然大海里的个人"等篇章,专门讨论了世界观问题。他晚年出版的《人生漫谈》一书,从"自由"谈起,亦有一章集中探讨世界观问题。

冯定非常重视伦理道德建设。冯定的《青年应当怎样修养》《共产主义人生观》和《人生漫谈》,提供了道德教育的一条思路。他从饮食起居、情侣相处、朋友交往、健康保持及行为举止方面着手,涉及知识、思想意志、技能、健康、学业、恋爱、家庭、政治等人生中遇到的各方面问题,讲文明、讲修养、讲道德。特别是在《共产主义人生观》和《人生漫谈》中,他着力对踏实、为众、尊人、求知、热情、乐观、克己、创造、勇敢、正义、守信、诚实、坚韧、俭朴等提高人格修养的各种范畴进行阐发,帮助青年成为有理想、有道德的人,成为人格健全、精神素养高尚的人。冯定的著作以共产主义人生观为核心,以集体主义为红线,围绕道德人格建设的各个方面,建构了独特的体系。这对于今天的社会主义道德建设,对于写出有时代特点、有强烈现实感的道德修养著作,仍然富有教益。

不仅如此,在道德继承问题上,冯定善于从中国人民世代相传的习俗传统中提炼出能为新社会、新时代继承的道德范畴,加以批判、改造,做出新的解释,使这些范畴剔除了糟粕,富有新的意义。所以,冯定的道德论著容易被人民群众理解,被青年接受,使读者有亲切感。在以"道德之邦"著称的中国,几千年的文明蕴藏了丰富的伦理思想;传统的道德并不因为古老的中国新生而被一概摒弃,恰恰是社会主义新中国为正确发扬传统美德拉开了序幕,在清理、废弃传统道德中的封建主义杂质之后,根据新时代的要求,继承传统道德的合理成分并丰富以新的内涵,这正是文化上延续和创新的统一。

冯定在 1956 年把封建伦理的核心"孝"提取出来,对"孝"作了历史考察,进行具体分析,认为孝是中国劳动人民的传统美德,是子女对父母养育之恩的回报。他在《爱养父母在社会主义社会里也是必要的美德》一文中分析了"孝为什么会被封建统治阶级利用来当做其巩固统治的重要手段"，认为原因在于封建统治阶级将父母、夫妻、兄弟、朋友这些永远存在的人伦关系，同君臣之间统治和被统治的上尊下卑的关系放在一起，特别使父子关系混同于君臣关系，于是在"百善孝为先"的鼓吹下，每一家庭的男性家长都成为"小君主"，因而成为"大君主"的普及而深入的支柱，这自然是统治阶级巩固自身地位的最可靠、最有效的手段。冯定深刻剖析了"孝"成为封建伦理纲常核心的原因，进而提炼出其属于劳动人民的精华，抛弃统治阶级的糟粕，恢复"孝"的本来面目，因而他敢于得出这样的结论：但是我们不应因封建统治阶级利用了"孝"，而就抹杀"孝"这个德项。循着冯定的思路继续探寻，我们应该进一步解析传统道德中的一些德项，根据社会主义经济基础的要求，对中国人民习惯使用的道德范畴在新的历史条件下加以改造和利用，以发扬中华民族优秀的道德文化。冯定晚年颇有远见地指出："依据于对社会物质生活条件和精神生活条件的科学考察，并从建国三十多年来的历史教训中，感到必须提出这样一个严肃任务。要在两条战线上进行革命，既搞物质生产以及科学技术方面的革命，又必须同时进行思想意识和道德观念方面的革命。"①冯定在《共产主义要求个人都能有全面的发展》一文中描绘了自己对于新道德的远景展望："社会在从有阶级的而至无阶级的是伟大的转变，于是就产生出来了新的道德习惯，而在法律里也必奖励那些崇尚新的道德习惯的人，而且规定新的义务来要求大家遵从；因而凡是不崇尚新的道德习惯和不遵从新的法律义务的人，就不免会被群众所指责和唾弃，甚至要被法律所制裁；这样，在新的对于旧的在起改造作用的过程中就不能不有强制性的成分了。然而这种强制性，随着社会主义的经济和文化的飞速发展，势必逐渐和自觉自愿结合起来，于是新的道德、新的习惯，也将普遍确立起来了。"②

冯定非常重视马克思主义宗教观教育。马克思主义宗教观是马克思、

①　冯定.人生漫谈[M].长春:吉林人民出版社,1982:132-133.
②　冯定.平凡的真理[M].北京:中国青年出版社,1980:377-378.

恩格斯运用辩证唯物主义和历史唯物主义的基本原理,观察和分析宗教问题所得到的基本观点和理论。马克思主义认为,宗教作为一种意识形态,是对社会存在的反映,只不过这种反映采取了幻想的方式。宗教是以超自然、超人间力量的形式反映并支配着人们日常生活的外部力量,并把这种力量神圣化,使之成为主宰人们日常生活的支配力量,这是一切宗教的基本特征和本质规定。冯定主张在社会历史中探寻宗教的起源,认为宗教是在原始时代从人们关于他们自身的自然和周围的外部自然的原始观念中产生的。在原始时代,人们还完全不知道自己身体的构造,并且受梦中景象的影响,产生了一种观念,即他们的思维和感觉不是他们身体的活动,而是一种独特的、寓于这个身体之中而在人死亡时就离开身体的灵魂的运动。由于十分相似的原因,通过自然力的人格化,产生了最初的神灵。宗教就是在原始人的灵魂不死和万物有灵观念基础上产生的。在《宗教起源甚早但并非和人类有生俱来》一文中,冯定认为宗教的发展由社会发展所决定,"宗教是日常生活中支配人的外界力量在脑子中的反映,不过是空想的、虚幻的、歪曲的反映罢了。这种谬误的反映,也还是随着人类社会的发展而在改变的"①。冯定同时认为,与其他任何社会历史现象一样,宗教也有其产生、发展和消亡的规律。宗教是否消亡,不取决于宗教自身,也不以人的意志为转移。阶级产生以后,支配人们日常生活的异己力量主要来源于阶级剥削和阶级压迫,来源于人与人之间及人与自然之间的关系的不合理、社会物质生活资料不充分、社会未能实现有计划地使用生产资料等。冯定指出,阶级消失、国家消亡之后,宗教仍然有可能继续存在。在《宗教残存的原因是物质的更多于心理的》一文的末尾,冯定补充道:"就是在社会主义国家中,宗教终究还是有浓厚的残余的,而且也不是一朝一夕就会完全衰落的;这在我们国家来说,不仅因为革命胜利以后,生活并不是一下子就统统会提得很高和改得很好的,在初建设的时候,就是没有天灾,甚至也还会有相当长的艰苦时期的,而且也因为帝国主义在世界上仍还存在,因而侵略和战争的威胁同样还是

---

①　冯定.平凡的真理[M].北京:中国青年出版社,1980:121.

存在的。"①

　　马克思、恩格斯和列宁对宗教的社会作用的论述主要集中在政治领域，尤其对宗教为当时的统治阶级服务时所起的消极作用进行了深刻分析和批判。他们认为，在阶级社会，宗教为统治阶级所利用和控制，是统治阶级用来维护其统治秩序的工具，对于被压迫人民而言，宗教具有精神麻醉作用。同时，他们对宗教在德国农民战争、早期资产阶级革命等一些反封建斗争中所起的积极作用也给予了一定程度的肯定。在冯定看来，宗教的社会作用具有两重性，既有积极的一面，也有消极的一面。冯定在《宗教对人民在历史上并非毫无积极意义》一文开篇便提出，"宗教在历史上，总是被统治阶级利用来麻醉劳动人民的；但这并不是说，宗教对于人民，好像不论何时何地始终只有消极的意义，而没有丝毫积极的意义了"②。从宗教在历史上所产生的积极作用来说，冯定认为，不论是奴隶还是农民，劳动人民在历史上久经残酷的剥削和压迫，思想的闭塞和迷信的浓厚是不可避免的，但是在一定的历史条件下，借助于宗教能够将这样的群众动员起来。而宗教对于无产阶级来说，并没有任何积极的意义。他解释说："这是因为无产阶级担负了比奴隶或者农民更伟大而更艰苦的历史任务，就是消灭剥削制度和建设社会主义这样的历史任务；这种任务，无产阶级是只有而且必须依靠自己的觉悟和自己的力量才能完成的；可是宗教迷信正好是在模糊无产阶级的思想意识，是在束缚无产阶级的手脚，所以毫无积极的意义。"③对于宗教的衰亡，冯定认为这是必然的趋势。因为宗教不仅是信仰，而且是社会上层建筑的构成部分，上层建筑又是随着经济基础的改变而改变的。随着存在根源的消失，宗教将会自然消亡，但这需要经历一个比较漫长的历史过程。冯定同样是基于马克思主义的立场，主张让宗教自然消亡，反对用行政手段人为地消灭宗教。他在《宗教的逐渐衰亡是今后的必然趋势》一文中指出："因为宗教的产生和存在还有其认识的和社会的根源。它直接牵涉众多来自劳动人

---

①　冯定.平凡的真理[M].北京：中国青年出版社,1980：125.

②　冯定.平凡的真理[M].北京：中国青年出版社,1980：125.

③　冯定.平凡的真理[M].北京：中国青年出版社,1980：128.

民的教徒和信徒的问题,所以对待宗教不必也不能像对旧政权似的可用激烈的办法加以摧毁。马克思主义者定是无神论者,这是不会动摇的;但无产阶级及其政党,有的是真理和科学,所以只要革命能够进行和获得胜利,广大劳动人民的迷信思想也就有改变的条件了。因此,工人阶级及其政党,在革命胜利后,也决不会主张将宝贵的劳动和物资为宗教去浪费;但是除非教徒或者信徒自动进行改革或者放弃信仰,那么对于纯粹是宗教的现存机关、组织、制度等,是不会强行取缔或者干涉的。"①

---

① 冯定.平凡的真理[M].北京:中国青年出版社,1980:67-68.

第五章　广大青年的良师益友

从 1937 年出版第一部著作《青年应当怎样修养》到 1983 年完成最后一篇论文《精神文明在社会主义建设中具有特殊的重要地位和作用》，冯定将自己的一生都投入向人民群众特别是青年朋友宣传马克思主义理论的事业中，成为引领中国青年树立马克思主义信仰的重要领路人。

从 1937 年出版《青年应当怎样修养》到去世，冯定始终没有停下对青年人格教育的探索。其间，他写了大量关于青年教育问题的著作和论文，可以说把自己大部分时间都献给了青年教育事业。其青年教育的主要对象是社会青年、青年学生、青年干部以及本系的青年教师，北大哲学系的谢龙、张恩德等青年教师都是冯定发挥老教授"传、帮、带"作用的培养对象。教育形式主要有出书、发文章、教学、作报告、通信、讨论等。张文儒、连子、冯贝叶、叶宁宁、孙婧、陶志琼等人把冯定青年教育思想分为若干阶段，从历史发展角度研究了冯定青年教育思想的成长历程。总结起来，大致可分为三个阶段：一是初级阶段（1937—1948 年）。这一阶段是其思想理论的初步探索与特色基本成形阶段，主要探索了青年人的修养问题。二是成熟阶段（1949—1963年）。这一阶段，冯定开始系统总结多年的研究、宣传心得，主要是教育和引导青年学子树立科学的社会主义人生观。三是重生与再发展阶段（1979—1983 年）。这一阶段，冯定结合哲学教科书改革和自己的人生经历重新反思马克思主义人生观问题。从发表的著作和论文看,涉及青年教育的主要有:《青年应当怎样修养》《谈新人生观》《青年群》《新人群的道德观》《现阶段的中国青年问题》《青年在这个时候应该干些什么》《抗战与青年》《平凡的真理》《共产主义人生观》《关于"红专"》《革命的人生是不朽的——学习雷锋的关键》《生命的价值——谈谈革命人生观》《人活着究竟为什么》《青年的苦闷从何而来》《人生漫谈》等。

一、培养青年学生的马克思主义理论素质

"生命不息,思想不止",这是冯定马克思主义大众化宣传普及人生的真实写照。冯定倾其一生用于马克思主义理论的耕耘和学问的传播,尤其看重对青年学生进行马克思主义理论素质的培养。他始终坚持对青年马克思主义信仰的引导,帮助他们树立正确的马克思主义世界观和共产主义人生观。

从第一部著作开始,冯定就着手向青年渗透马克思主义的立场和观点。《青年应当怎样修养》从解决青年的烦恼和苦闷入手,通过揭示社会上各色矛盾和青年生活中的矛盾,帮助青年明白矛盾的根源,从而引导他们寻求解决矛盾的方法,选择正确的方向和正确的生活态度,走上正确的人生道路,为社会做出更大的贡献。在《平凡的真理》中,冯定以人的生活为切入点引出马克思主义世界观,主张从实践出发来认识规律,得出"智慧就是真理的认识和遵从"的结论,并系统阐述了辩证唯物主义和历史唯物主义的内在统一性,帮助青年树立马克思主义信仰。冯定在《共产主义人生观》一书中指出,马克思主义作为一种自觉的理论形态,是指导人们认识世界的理论与方法,也是指导人们认识人生和生活的理论与方法。因此,人们只有树立了科学的世界观和历史观,才能形成科学的人生观。在该书中,冯定根据时代的变化及时对马克思主义做出了新的解释和说明,在社会主义制度在中国已然建立起来的条件下,深入探讨了如何在马克思主义的引领下更好提高社会主义国家的风尚,加快先进的共产主义理想信念的宣传,从而引导青年更

加愿意向主流意识形态靠近,积极向马克思主义靠拢。

　　冯定作为北京大学马克思主义哲学学科的开创者,始终奋战在教学岗位的第一线,为我国培养了多位优秀的马克思主义学科人才。在北大期间,冯定参与制定了北大"一体两翼"的办系方针,为正规培养研究生带头开路,并担任导师。冯定经常和青年教师一同备课,为研究生开设专门的课程并亲自授课,还经常组织专题研讨。冯定十分关心学生的思想和生活,常常与他们谈心。此外,冯定与青年教师一道探索如何革新教学内容。冯定在讲课中有针对性地向学生阐述理论对实践的指导作用,提醒学生要注意联系实际,但同时不能忽略理论的重要性;他还注重培养学生的独立思考能力和理论创新素质,鼓励大家开动脑筋独立思考和分析问题。"冯定一生治学和做人都是采取了坚持真理,不掺杂任何私人杂念的严谨和正直的作风……(他)实事求是、疾恶如仇、从善如流,体现了一个老共产党员和理论工作者的特有素质。"①无数的青年人在冯定的影响下坚定了马克思主义的道路。

　　冯定推进了青年思想政治教育理念的提升。首先,冯定倡导把青年学生看成"真实的人",关注教育对象的特点、需求,关注学生内心世界的价值冲突。其次,冯定倡导整合家庭教育、学校教育与社会教育,将三者统一起来。他特别强调社会教育的重要性,认为人的社会本质属性决定了社会教育更为深刻、广泛,社会环境对人的塑造力是无形的、强大的。再次,冯定强调青年的人生观教育应该同他们的世界观教育、历史观教育统一起来。也就是说,人生观教育既可以是专门的教育,也可以是通识的教育,应该渗透到世界观教育和历史观教育之中,实现"思政课程"与"课程思政"的有机结合。最后,冯定提倡主客体互动的实践教育、虚拟与现实相结合的教育。这两类教育都打破了以往思想政治教育中自上而下的单向灌输模式,实现了双向互动。隐性教育与显性教育相结合,"有利于创设教育情境,优化网络思想政治教育的环境。在实施过程中淡化训诫、淡化权威、淡化机械灌输,强调真情互动、相互平等沟通与双向互动,能够提高学生对信息的选择、辨

---

①　冯定.冯定文集(第1卷)[M].北京:人民出版社,1987:7.

别与处理能力"①。可见,冯定的思想政治教育是以被教育者为中心的,兼顾了多种教育方式、教育方法、教育媒介,切实提高了受教育者的主观能动性,因而是平等的、互动的、渗透式的、多元化的教育。

冯定在共产主义道德教育中,着重分析了加强共产主义道德教育和健全社会主义法制之间的关系。他认为法律和道德都是统治手段,前者是强制的方式,后者彰显了舆论的力量;二者相辅相成,缺一不可。他强调,随着社会主义法制的日益完善,共产主义道德教育的地位也将越来越突出。在社会主义国家,道德规范既不同于封建主义的纲常名教,也不同于资本主义社会的利己主义,而是集体主义和共产主义的道德风尚。② 他还以"文革"为例,指出一旦破坏社会主义的法制,共产主义道德教育也将被破坏或废弃。因此,在改革开放时期,一定要健全社会主义法制,并同时建立起以共产主义道德教育为目标的社会主义的道德规范。冯定目睹"四人帮"严重破坏社会秩序和社会道德风气,但他仍然坚信群众心中最可贵的道德品质和道德情感是毁灭不了的。况且,经过不懈努力和系统的共产主义人生观教育,能够改变道德水准下降、令人不满的现实。同法律一样,也要看到道德的阶级本质。道德和法制都是为统治阶级服务的,凡是有利于人民的,都是道德的。共产主义道德始终坚持以人民利益为中心,否则就是不道德。③ 可见,增强法制观念有助于推进共产主义道德教育,共产主义道德教育必须有相应的社会主义法制建设和法制教育相配合,否则在社会主义建设中就会孤掌难鸣。

二、引导青年树立共产主义理想信念

当时的中国迫切需要这样一种新文化:一方面,它既要将传统的文化根

---

① 李乐.冯定思想政治教育方法研究[D].天津:天津工业大学,2016.

② 冯定.冯定文集(第2卷)[M].北京:人民出版社,1989:367-368.

③ 吴黎平,艾思奇.唯物史观[M].北京:人民出版社,1983:168.

基保留下来，但又需要打破传统意识存在的局限性，创造一种新的思想资源；另一方面，它既要坚持中国传统的理想信念不动摇，又要符合当时中国革命的现实需要，拯救中国于危亡之中。① 《青年应当怎样修养》作为冯定出版的第一部著作，就是满足了当时中国社会对思想文化的要求，以及中国广大青年要求进步的需要。该书主要针对当时国民党统治区青年的思想实际，以谈心的方式，采用生动的语言介绍马克思主义新的世界观和人生观，从而启发处在彷徨时期的青年能够选择正确的道路，跟着新生力量前进。② 在该书中，冯定站在与当时的统治者不同的立场上对青年思想发展做了定位，认为革命的知识分子是社会的良心，他们代表着整个社会和民族的精神取向，能够站在全中国和全社会的角度来思考问题。③ 这是冯定向广大青年渗透马克思主义立场和观点的一次成功尝试。

　　在皖南新四军政治部工作期间，长期的战争环境使得冯定不能系统写作，但是他仍然坚持采用作报告、写评论的方式向青年战士和群众宣讲马克思主义理论，坚定他们的革命信仰。在中共中央马列学院一分院工作期间，他对许多来自前线的热血青年予以正确的思想引导，安抚他们的情绪，并与思想存在偏激倾向的青年进行长时间的对话交谈，做艰苦细致的思想工作。

　　此外，冯定还提出以灌输和改造的形式对无产阶级进行世界观和历史观的教育，使他们的思想跟上现实。他指出，无产阶级解放自己是与解放全人类一道进行的，个人的历史命运是同全人类的历史命运紧密结合在一起的。因此，青年必须树立革命的人生观，树立共产主义人生观。在《平凡的真理》一书中，冯定以日常生活为切入点，把真理作为核心内容，系统阐发辩证唯物主义和历史唯物主义的主要内容，旨在帮助青年在真理观的指导下更加有效地改造世界。

　　冯定的青年教育主要是人生观教育，教育青年人如何做人，如何进行人

①　安启念.马克思主义哲学中国化研究[M].北京:中国人民大学出版社,2006:251.

②　冯贝叶,冯宋彻:冯定生平与学术年表简记(1902年9月25日—1983年10月15日)[M]//谢龙.平凡的真理 非凡的求索:纪念冯定百年诞辰研究文集[M].北京:北京大学出版社,2002:14.

③　赵康太.当代思想理论教育前沿问题纵论[M].武汉:武汉大学出版社,2007:211.

生选择。他"有着一贯关心青年要树立正确的世界观和人生观从而走对人生方向的情怀,他深深地知道自己做哲学研究'不仅要向自己负责,而且要向人民负责。鼓舞他的工作的动力,不是他个人的兴起或个人的成功,而是整个社会的利益'"①。在传播马克思主义人生哲学的同时,他也批判地继承了中国传统儒家人生哲学。在他看来,教育世人"如何做人"是中国传统思想文化的一项主要内容,古人对世界的探讨,出发点和落脚点都是对人的认识,因此中国哲学在一定意义上也可以看成人生哲学。然而,中国人生哲学又偏离现实,过度推崇精神追求和道德修养,反对正当利益追求和感性需求,常以理想化的"君子"标准来要求普通人,很容易导致人的虚伪性和两面人格。与之相比,马克思主义的新人生哲学应该是人生哲学中最接地气、最有生活味道的,而不是高高在上的。冯定认为,马克思主义人生观并不像某些人所说的那样只谈精神、不讲物质。其实,马克思主义并没有否定物质生活的重要性,反而以之为基石,但反对拜金主义、物质享受、个人主义,反对庸俗和自私。马克思主义人生观鼓励青年要有社会意识和精神追求。从中国传统文化角度讲,就是要有"天下"意识和人文情怀,要从人民利益和社会长远利益出发来看待自己的人生抉择,跳出狭隘的物质利益圈子,过有意义的生活。"人的生存本性是辩证的,是超越的,这种超越首先就表现在精神对物质的超越。精神对物质的超越不是完全弃绝物质的需要,而是要把物质的需要包含于自身之内,并引领人的物质需要和自然生命不断升华,为感性的生命灌注精神性的意义。"②可见,我们应该从超越性角度看人的精神生活和自我本质,没有精神超越,改造世界的物质力量就难以彰显。冯定教育青年不能狭隘地追求物质利益,而要有理想超越意识,追求一种精神生活,这也就是除自然生命之外的"精神生命"。

为了把共产主义理想播种到青年心灵中,冯定不仅从科学性角度谈共产主义理想,还从个性自由、人的全面发展角度来谈,把共产主义理想转化为激发青年行动的力量。在他看来,青年修养应以共产主义理想为伟大动

① 陶志琼.冯定青年教育思想研究[M].杭州:浙江大学出版社,2019:115-116.
② 庞立生.理性的生存论意蕴[M].北京:中国社会科学出版社,2009:230.

冯定（右二）同1978级哲学系学生谈话

力和伟大目标，这是最无私、最持久的伟大力量。因此，共产主义理想教育最终还是为了青年的发展，为国家、民族、社会发展培养道德高尚、人格健全的公民，让青年生活得更有价值感。冯定认为，树立共产主义理想是社会发展与个体自我实现的统一。社会的发展要求青年人必须按照理想标准和要求来教育和改造自我，逐步适应自己的社会角色。青年按照理想来塑造、规范、引导、激励自我是符合社会发展规律的，也符合青年人的成长规律。否则，青年人就很容易迷失自我，意志不坚定，方向不明确，视野不开阔，最终沉沦于感性的、肤浅的事物中。对青年来讲，远大理想不仅仅是自我的自由选择，同时也是一种社会责任。它能激发个体的自觉担当意识和社会历史责任，能开阔胸襟，激励个体从"现实之我"迈向"理想之我"，从树立个人理想走向确立共同理想。在一定意义上，共产主义人生理想构筑了一个时代、一个民族、一个国家的人类共同理想。

《平凡的真理》一书表面上是谈认识论，实际上处处渗透着人生观。在谈真理和实践的关系中，冯定特别强调人生最有意义的行动就是改造世界。他教育广大青年，仅仅认识世界是不够的，还必须改造世界。实践在人的诸多行动中是最有意义的。空想人生的意义,甚至拿"生从何来,死往何去"这样的废话追究人生意义,而不肯去实践,那么结果就会是真正失去人生的意义。① 此外,在"真理和智慧"部分,冯定强调要同歪理邪说作斗争;在"脑子的结构和机能"部分,他强调要发挥主观能动性;在"个人的认识和思想"部分,他强调个体要消除成见、改掉积习,坚定改造思想的决心。这样的例子在冯定的著述中经常看到,说明冯定不仅是在讲述客观真理,也是在教育广大青年认识真理,用真理去指导实践,形成科学的人生观。

三、引导青年树立正确的学习观

冯定在《人生漫谈》中谈到,每个人都在学习,许多人学习的劲儿很足,学习得很好;但是,也有少数人学习的劲儿不那么足,学习得不那么好。在冯定看来,学习要有明确的目标。在引导青年树立正确的学习观方面,冯定主要从以下几个层面进行论述。

首先,冯定要求青年在学习上力争既广又专。冯定认为,学习从范围和程度来说,都是没有穷尽、没有边际的。青年的学习如果漫无选择,或者好高骛远,反而很难有所成就。因此,青年的学习必须从广和专两个方面加以思考,两者要相结合,"有阵地前进"才能既巩固战果,又扩大战果。小学、中学所学的内容,不管是学校教授的还是自学的,无非是一些初级的、中级的必要常识;但进入大专学校以后,青年的学习就要追求广和专了。青年学习所追求的广,就是使自己具有的常识能够不断得到充实,但只求知其大概而不必样样都专、件件都通,事实上一个人想要样样都通也是办不到的。青年学习所追求的专,就是最好和自己的业务结合起来进行,从系统地占有材料入手,并使理论和实践经常密切结合起来。专,必须刻苦钻研,不费一定的脑力、不花一定的时间是不行的。不论是在什么方面,不论是在什么部门,也不论做什么工作,如果希望在自己所处的位置有所成就,除了专心致志地

---

① 冯定. 平凡的真理[M]. 北京:中国青年出版社,1980:283-284.

付出辛勤劳动,没有任何捷径可走。冯定列举了一系列的人物来论证自己的观点,例如他指出,无产阶级的导师,马克思、恩格斯、列宁等,其学问都是广得惊人而又专得惊人的。马克思和恩格斯写书,都是先总结了许许多多的经验并搜集了许许多多的资料才动手的;列宁仅在写《帝国主义是资本主义的最高阶段》一书时,就曾先阅读了几百部书和几百篇文章,并且做了读书"笔记";"毛泽东同志是精通马克思列宁主义的,然而历史、文艺等方面知识的广博,也是使人敬仰不已的"。①

其次,冯定提出青年在学习上应该力求又红又专。②"红"就是要讲阶级性,理论学习要讲党性原则,重点要学习马克思列宁主义和毛泽东思想。不是教条地学,而是结合实践去学。"专"就是术业有专攻,干一行,爱一行,成就一行。③ 冯定特别注意关于青年又红又专的教育。冯定指出:社会主义社会里的青年必须又红又专,如果一个青年既不想红也不想专,只要生活能凑合过去就心满意足,这是最没有出息的表现。但是在冯定看来,这样的人、这样的青年,始终是极少数,而不少人只要能接受积极的影响和激励,还是会振奋起来的。要做到又红又专,只有通过学习并且结合实践,一步一步向前进取。冯定认为,为了又红又专,学习马克思列宁主义、毛泽东思想,必须经常而反复进行。"雷锋同志这样年轻,却成为我们时代最使人敬仰的又红又专的模范人物,正是因为他认真地学习了毛泽东思想,并且贯彻在切切实

① 冯定.人生漫谈[M].长春:吉林人民出版社,1982:132-133.
② 冯定.平凡的真理[M].北京:中国青年出版社,1980:68-69.
③ 1956年1月,在全国知识分子问题会议上,毛泽东、周恩来等领导人提出了"向科学进军"的口号,提出了分步骤、分阶段缩小与世界发达国家先进科学技术水平的差距的思路。这个口号的提出激发了广大知识分子和青年学生学习科学文化知识的热情。但1957年反右派斗争扩大化,认为知识分子把"向科学进军"当成了追求个人名利的手段,忽视了政治倾向。由此,毛泽东在1957年召开的中共八届三中全会上提出了"又红又专"的口号,他指出:"政治和业务是对立统一的,政治是主要的,是第一位的,一定要反对不问政治的倾向;但是,专搞政治,不懂技术,不懂业务,也不行。……我们各行各业的干部都要努力精通技术和业务,使自己成为内行,又红又专。所谓先专后红就是先白后红,是错误的。"[毛泽东文集(第7卷)[M].北京:人民出版社,1999:309.]自1958年初起,如何处理"红"与"专"的关系,就成为广大知识分子特别是青年学生辩论的一个主题。

冯定在读书

实的行动中。"①因此,冯定得出结论:"毛泽东思想是我们迫切需要的,其迫
切需要的程度比之于天天需要吃饭,穿衣,有过之而无不及,必须成为我们
学习的中心。"②冯定针对青年教育还提出,学习是一个没有穷尽的发展过
程,必须虚心求教,才能加速这个过程。冯定认为,"有人自恃天才,往往一
知半解,或者稍获名声便自以为是,自命不凡,结果天才就会中途夭折,以至
于百事无成"③。在他看来,天才之所以被称为天才,取决于两个方面:一是
其家庭、学校和所接触的环境;二是其本人在实践中的苦修苦练,这是最重
要的。"所以天才的决定因素,不是先天的,而是后天的环境,特别是后天的
主观努力。天生的生理条件比较差些的,只要后天受了良好的教育,本人又
自觉努力,发挥了自觉能动作用,那么也可能有很大的成就。"④他在论述这
一观点的时候举了孔子的学生曾子的例子,"曾子天生天赋就比较差,但是
他自知天赋差却比别人加倍、十倍努力,后来传播孔子学说的,正好也是
他"⑤。总之,在冯定看来,"学习首先要有正确的目标和方向,其次要有正确

---

① 冯定.人生漫谈[M].长春:吉林人民出版社,1982:69.
② 冯定.人生漫谈[M].长春:吉林人民出版社,1982:69.
③ 冯定.人生漫谈[M].长春:吉林人民出版社,1982:69.
④ 冯定.人生漫谈[M].长春:吉林人民出版社,1982:70.
⑤ 冯定.人生漫谈[M].长春:吉林人民出版社,1982:70.

的学习态度和方法。我们绝对不能脱离实际、脱离群众而成为书呆子，或者成为没头没脑的狂妄者；我们必须成为雷锋式的人，成为又红又专的人"[1]。

再次，从学习的具体内容看，冯定要求青年需要具备一定的常识。冯定在当时的环境中指出，"拿我国来说，因为革命的胜利，我们的社会已经开始进入社会主义社会了，在这样日进无疆的社会里，我们如果没有足够的知识，是不易在社会上去实践的，而在知识中，尤其常识是每一个人首先必备的"[2]。"青年兴则国家兴，青年强则国家强"，社会主义的青年要为具备充分的常识而努力学习，这样才能更好地应对生活和工作，才能更好地为人民服务。冯定认为常识中最基本的是语文。语文既是知识，又是猎取知识的必要工具。基于此，冯定论述道："我国过去在经济上和在文化上都比较落后，因而我们至今还有大量的文盲；要扫除这样大量的文盲，只能是有计划地、有步骤地逐渐进行的，而是不能也不应太过急躁的；然而扫除文盲，终究不能不是我们在文化政策方面一个重大措施，正是这个道理。严格说来，文盲是和社会主义较少缘分的。总而言之，每个中国人民，在求得知识特别是常识的时候，首先必须粗通以至精通中国语文；因为只有这样，才能为了获得必要的知识去阅读书报，也才能将自己的思想不仅通过语言而且也通过文字而表达出来，并且使二者都表达得更为恰当；于是就更能收到人和人间接受经验和传授经验的效果了。专门从事翻译的人，同样也必须首先学习中国语文。"[3]他在论述中举了如下的例子："翻译好象水管子，是应该两头都通的，如果一头虽通而一头闭塞住或者太不流畅了，那么光靠一头也是要失去作用的。"[4]

冯定强调在学习中国语文的同时，指出语文包括中文和外文。"语文的学习首先应该是本国的，这是不错的。但随着我国社会主义建设的日益发展，世界各国间互助合作的日益发展，世界广大人民间的文化交流的日益频

---

① 　冯定.人生漫谈[M].长春:吉林人民出版社,1982:83.

② 　冯定.冯定文集(第1卷)[M].北京:人民出版社,1987:482-483.

③ 　冯定.冯定文集(第1卷)[M].北京:人民出版社,1987:483.

④ 　冯定.冯定文集(第1卷)[M].北京:人民出版社,1987:483.

繁,那么除了本国语文以外,一种以至数种的外国语文也将渐渐成为必要的常识了。在文化较高的国家里,不少学校里每个学生学习两三种外国语文,早已不是什么稀罕的事。也只有这样,将来在世界范围内实现社会主义时,才能将各色各样的民族语文,留长去短,逐渐形成最合理的、最丰富的、最美好的整个人类的统一语文。"①冯定还认为,除了语文,一定的自然科学知识和一定的社会科学知识也都必须具备,而且从其性质来说,二者是应该并重而不可偏废的;只是时间和精力的分配等,各人可根据各人的条件而有所不同。他强调自然科学知识和社会科学知识是相辅相成、同等重要的。一方面,只有自然科学知识,而没有社会科学知识,是不行的,因为这样就会产生单纯的技术观点,就会忽视政治观点和群众观点,这对社会主义建设将会有巨大的危害。他批判了"有了技术,走遍天下"这种观点,认为其不仅不正确,而且持该观点的人在政治上总会犯或小或大甚至不可挽回的严重错误。他提出:"现在,谁要是不知道社会主义取代资本主义,就是要解放生产力,不断提高劳动生产率,满足人民物质和文化生活的需要;不知道社会主义时期如何区分敌我矛盾和人民内部矛盾;不知道工业先进国科学技术和发展水平;不知道初等中学的文化科学知识;不知道社会主义、无产阶级专政、共产党的领导、马列主义毛泽东思想的基本知识,那就非常闭塞而妨碍实践了,至于被人嗤笑还是小事。"②冯定还指出:"青年为了具备自然科学方面和社会科学方面的必要常识,就得受过中等程度的教育。社会主义教育制度,实际上就是要将人类世世代代积累下来的知识,删繁就简,去误存正,结合社会主义建设的实际,而传授给每个人的。一般说来,受毕了普及的中等教育,就有足够的知识去继续升学或者开始参加工作而可以在工作中继续学习了。"③总体来说,冯定提出的关于青年既要学习自然科学知识和社会科学知识的重要论述和当前教育主张青年学生在具体的学习实践中既要学习文科又要学习理科的主张是一致的。习近平总书记在中央党校建校80周年

---

① 冯定.冯定文集(第1卷)[M].北京:人民出版社,1987:483.

② 冯定.冯定文集(第1卷)[M].北京:人民出版社,1987:485.

③ 冯定.冯定文集(第1卷)[M].北京:人民出版社,1987:484.

庆祝大会暨 2013 年春季学期开学典礼上指出:"我们的学习应该是全面的、系统的、富有探索精神的,既要抓住学习重点,也要注意拓展学习领域;既要向书本学习,也要向实践学习;既要向人民群众学习,向专家学者学习,也要向国外有益经验学习。"①

最后,冯定建议青年学习专门知识,并阐明了专门知识与常识的关系。冯定认为,社会是一步一步在前进的,为了就业,为了参加工作,为了改造世界,光具备常识是不够的,而必须在常识的基础上,再学习至少一门专业知识,才能在实践中因胜任或者至少能够急起直追而感到愉快。这一结论不是凭空捏造的,而是基于实践。他指出:"这从我国今天在社会主义建设中,无时无刻不感觉专门人才的缺乏,便可证明。"②冯定进一步指出,常识和专门的知识的中间,本来没有固定的界限,在社会发展的过程中,往往有些常识被淘汰了,而有些专门知识变成常识了。他列举了一系列实例来证明自己的观点。"比如,在古老的、宗法的、封建的中国社会里,许多有关宗教、祖先、礼节、仪式等等的东西,是被当做常识在传授的,现在基本上已被淘汰了……但是因为人类社会发展史的知识已经逐渐成为常识,于是象周口店这样的小地名,因为在那里发掘出来了古代猿人的遗骨遗迹而也成了常识。"③冯定用通俗易懂的话语告诉青年,不正确的和已经过时了的常识正在被淘汰,而有些专门知识正逐渐变成常识;这正是人类文明随着生产力不断向上而不断向上的标志。冯定还提醒青年,常识和专门知识的界限虽然不是固定的,但是在某一社会的某一时期,或者虽在同一社会的同一时期,而在不同的区域里,还是有相当的界限的;因而根据这个界限究竟是怎样划分的,也就可以窥测某一国家、某一民族以至于某一区域内的经济文化水平。在他看来,教育分普及和高等教育两种,大致就是基于常识和专门知识这两种知识。中等教育除了培养青年的德育和体育外,主要是在智育方面灌输必

---

① 习近平:在学懂、弄通、做实上下功夫[EB/OL].(2017-11-06)[2021-09-01].http:// www.dangjian.cn/djw2016sy/djw2016syyw/201711/t20171106_4477024.shtml.

② 冯定.冯定文集(第 1 卷)[M].北京:人民出版社,1987:485.

③ 冯定.冯定文集(第 1 卷)[M].北京:人民出版社,1987:485.

要的自然科学和社会科学知识。至于高等教育,主要的就是使学生除了掌握必要的常识,又能具备至少一门专门知识,因而使社会主义建设在各方面各部门的专门人才能够及时供应。这在冯定看来是极为重要的。

四、引导青年树立正确的恋爱观

关于青年恋爱观,冯定在《青年应当怎样修养》《平凡的真理》《共产主义人生观》中都有所涉及。如冯定指出,"青年恋爱时应以'两情相悦'为原则","除了健康是谈恋爱必要的因素以外,性格、趣味、知识和思想等也是必须因素,其中思想更重要"。① 这些论述对当代青年树立正确的恋爱观具有一定的参考价值。

首先,青年应该在互相理解和尊重的基础上展开恋爱。冯定认为,真正从恋爱出发而共同生活的人,他们的思想最多只能有量的差,不能有质的差。思想上要是有质的差首先就不会结合,结合了也要破裂;即使不破裂也必然是同床异梦、貌合神离,这实际上已经和破裂没有区别了。个体所持的恋爱观,会直接支配个体的恋爱态度和行为,甚至还会深刻影响个体对人生伴侣的选择,对未来婚姻、家庭的责任和义务的承担,决定着个体的人生幸福。对青年开展恋爱观教育则更为需要。一方面,随着生理的成熟和心理的发展,青年有着强烈的与异性交往的渴望;另一方面,青年虽然生理上渐趋成熟,但思想上不够成熟、心理还不稳定,相当多的青年对男女双方的恋爱困惑较多,部分青年还可能因此在心理上产生障碍,严重者甚至辍学或自杀。因此,树立正确、健康的恋爱观关系着青年的健康成长和人生幸福。冯定认为,要从实际出发,引导青年在理解和尊重对方的基础上开展高尚而文明的恋爱;青年恋爱应以两情相悦为原则。

其次,青年要培养与增强恋爱中的责任意识。冯定明确指出,青年谈恋爱的时候也要预估生活问题;青年要记住,人们一旦确定恋爱关系或者结

---

① 冯定.冯定文集(第1卷)[M].北京:人民出版社,1987:70.

婚,就不仅要承担物质上的责任,还要承担精神上的责任。每一个人在处理恋爱和婚姻问题时,都不仅要对自己负责,而且要对对方、对下一代、对未来家庭承担责任。按照冯定的观点,恋爱意味着更多的责任,意味着恋爱者内心深处的勇气和担当,即在任何时候都愿意与自己所爱的人之间相互信任、相互扶持、相互帮助,一起面对生活的坎坷、起落。单纯为了排解空虚寂寞或体验谈恋爱的感觉,甚或只要有与异性接触的机会,就马上设法追求,根本不考虑以后的生活问题,这是大错特错的,也是最危险的。盲目恋爱更是不负责任的表现,必然会给双方带来极大的伤害。冯定关于青年恋爱的重要论述,有利于强化恋爱责任教育,让青年男女清楚地认识到,不负责任地恋爱可能会造成严重的后果。

最后,青年不能把婚姻恋爱问题仅仅看成自己的事情,而应从共产主义人生观和革命观角度来加以分析。冯定强调,青春是可贵而美好的,不可浪费,而应该同真理、同社会革命与建设实践结合起来,把对异性之爱转移到对生活、劳动、斗争、理想的爱方面,并为理想实现而贡献自己的全部力量甚至不惜献身。实用主义是资产阶级哲学,建立在利己主义的经济基础之上,很容易麻痹青年的斗志,腐蚀青年的思想;实用主义导致某些青年因婚姻恋爱、生活方式选择等问题而苦恼。为此,冯定告诫青年:不要虚度年华,而应脚踏实地、埋头苦干,树立坚定顽强的共产主义理想,在自己的岗位上做出优异的成绩;不要片面追求精神的和物质的刺激,追求那些消极的、不健康的东西,追求新鲜玩意,而应该回到健康的生活方式中来。投入庸俗的处世哲学怀抱,青年的心灵就会涂上灰色的油彩;图一时的痛快,最终可能走向自暴自弃、玩世不恭、生活堕落。那么,青年怎么才能摆脱苦闷呢?冯定在《青年的苦闷从何而来?》一文中指出:"爱情和友谊固然使人感到美好,但是,它们毕竟不会始终保持在高潮中。只有具有事业内容的爱情和友谊,才会是经久不渝的热烈和永恒的。"[①]这就从人生观角度为青年如何辩证地审视婚姻家庭与社会事业的关系指明了方向,有助于引导青年在追求共产主义事业的过程中走出苦闷和彷徨,也为个体美好生活的实现增添了信心、勇气和力量。

---

① 　冯定.冯定文集(第 2 卷)[M].北京:人民出版社,1989:348.

第六章　冯定宣传、普及真理的主要方法

通俗化是马克思主义大众化的形式及方法表达，目的在于提升宣传马克思主义的成效和群众认同感。冯定在推进马克思主义理论大众化的实践过程中，探索出了一套独特的推进马克思主义大众化的方法路径。以保持马克思主义理论的科学性和完整性作为自己著述的前提，冯定整合并重构了马克思主义，形成了自己独特的学术风格，使马克思主义在中国得到广泛而又正确的传播。

一、内容贴近民众需要

"让马克思主义说中国话"是中国马克思主义理论者的学术理想和奋斗目标，其实质不仅是把马克思主义理论翻译成汉语，而且是根据中国民族特点和时代要求发展马克思主义。让马克思主义说中国化不仅是形式上、语言表达上的，更表现为内容上的丰富与发展以及发挥改变世界的作用。和群众相结合就是让马克思主义哲学以大众话语、大众思维来表达，满足大众生产、生活所需。"总而言之，真理是跟平凡的事物和平凡的群众分不开的"；"伟大的哲学家或思想家之所以伟大，是因为他们总是跟平凡的事物和

平凡的群众分不开的;否则其思想不是错误百出,便是荒谬绝伦,根本说不上伟大不伟大了".① 冯定认为,马克思主义必须和民众需要结合才能有生命力,也只有在中国化发展中才能保障理论的真理性。马克思主义作为一个关注和维护无产阶级利益的理论和学说,其本身就是具有世界性的,它的基本原理也普遍适用于整个世界。但是,马克思主义所反映的普遍规律只有寓于各国和各民族的特殊发展规律当中才能得到实现。没有成功的民族化、大众化,马克思主义就变成了悬在高空的一般道理,就失去了对各个国家和民族的实质性意义。因此,要想进行马克思主义教育,就必须将马克思主义民族化、大众化。而用本土的、民众喜欢的通俗语言表述理论,恰恰是理论更好实现民族化、大众化,广泛开展理论教育和推广的有效途径。黑格尔在给其友人的信中就高度肯定了将理论民族化的重要意义,"路德让圣经说德语,您让荷马说德语,这是对一个民族所作的最大贡献"②。这是因为,一个民族要想使其最优秀的东西真正化为财富,就必须用该民族自己的语言来习知。

冯定在宣传马克思主义的过程中,努力让马克思主义这一"反映了大众的利益和诉求,并以大众的利益为导向改变世界"的理论,"学会讲中国话,学会讲中国劳苦大众的话"。因为他明白,马克思主义再怎么正确和精辟,对于中国人民来说都是一种外来的思想,是一种用欧式语言写成的理论。冯定侧重对马克思主义哲学思想的宣传,而哲学虽然和生活有所联系,但毕竟是高度抽象思维的理论。因此,必须结合中国人民的思维表达方式和民族语言特点,考虑大多数受众青年的文化水平,将马克思主义转化为民众能够接受的明白晓畅、朴实无华的中国化的话语,只有这样才能真正使马克思主义为中国大众所接纳。

20世纪20年代,中国的革命知识分子就开始致力于将马克思主义中国化。1926年,李达在《现代社会学》一书中尝试用浅显的文言文"传译"马克思主义的基本原理。30年代,开始形成用通俗化的语言来"释义"马克思主

---

① 冯定.平凡的真理[M].北京:中国青年出版社,1980:4-5.

② 黑格尔.黑格尔通信百封[M].苗力田,译.上海:上海人民出版社,1981:202.

义的一个高潮，艾思奇的《大众哲学》、沈志远的《通俗哲学讲话》《社会科学基础讲座》、陈唯实的《通俗辩证法讲话》《通俗唯物论讲话》、李达的《社会学大纲》、胡绳的《新人生观讲话》等，都是这一时期中国先进的马克思主义者的代表作。这些哲学著作多是力求引起大众读者阅读兴趣的入门之作和普及读物，想要深入研究，还需要阅读高深的专业书籍。这些著作多从对客观世界的认识谈起，从认识论走向马克思主义的真理观，引导大众科学认识客观世界；还从实践出发谈人们的意志以及意志的修养，从私生活谈到社会生活、革命生活，进而谈如何提升修养；谈青年的教育和学业，谈生计问题，谈恋爱问题，谈政治问题，等等。这些著作内容丰富，并且都站在工农大众立场上，紧紧围绕广大民众的需要展开，从方法论视角告诉大众如何生活、择业、恋爱、学习，最终在大众中培植新世界观、新人生观。

在这样的浪潮中，冯定开始致力于将马克思主义从书斋引进现实世界。从第一部著作《青年应当怎样修养》开始，冯定就用中国大众所熟悉的通俗文字和语言来阐释马克思主义的基本原理。比如，在介绍"经济关系"的概念时，冯定就从百姓最熟悉的生活问题入手。他说，人和人之间的关系存在的形式千变万化，但其中最主要的就是为解决生活问题而发生的关系了。人类要想存在，就必须首先解决自己和后代的生活，那么如何解决呢？这时就需要彼此之间发生关系，这就是经济关系。① 再比如，冯定在解释"经济基础决定上层建筑"时，通过讲述不同时代结婚形式的不同来说明其和经济形式的关联，并做了形象的比喻：社会只有在经济基础的条件下才能盖起婚姻和家庭制度的华室，建造思想的花园，开着意识信仰的花朵和科学艺术的果实。② 此外，他还经常用"人上人""人下人"等耳熟能详的大众口语来生动描述剥削社会的人际关系，以此激发群众去参与反抗压迫的革命运动。用"大亨和小瘪三的对立"来生动阐释对立统一规律，也使社会不平等的矛盾冲突问题跃然纸上。

冯定向群众宣传马克思主义，推进马克思主义大众化和通俗化，但他没

---

① 冯定.冯定文集(第1卷)[M].北京:人民出版社,1987:13-14.
② 冯定.冯定文集(第1卷)[M].北京:人民出版社,1987:14.

晚年冯定在北大读报

有过度迁就群众及庸俗理论,而是坚持把马克思主义哲学的基本内容贯穿其中。"马克思主义哲学既然是完整而严密的科学体系,我们在学习时当然也就要完整、准确地领会它的基本原理。仅仅满足于背诵几段哲学语录,那是不足取的。"①对此,冯定著述力求涵盖的学科内容更加丰富。作为面向大众的通俗读物,胡绳《辩证法唯物论入门》、艾思奇《大众哲学》都是针对日常生活的经验和实践来讲哲学,相对来说更生活化,对读者的文化程度要求也不高,读过高小能达到初中文化水平的都能读懂。冯定的《平凡的真理》有所不同,其没有用深奥的哲学术语来介绍哲学,也没有引经据典作纯理论的论述,但该书涵盖的信息量很大,包含大量自然科学和社会科学的知识,还广泛吸纳了生理学、心理学、宗教学、社会学、教育学、语言学等学科的最新研究成果。因此,相对来说对读者的文化程度要求更高,可能要达到高中水平才能读懂此书。

从唯物史观角度看,群众是社会历史发展的主体。要在思想上改造世界,就必须让大众接受最先进的世界观和方法论,让马克思主义哲学变成他们的思想武器。但是,通俗的形式和浅显的语言只是实现哲学大众化的方法和手段,不能为通俗而通俗。大众虽然是历史发展的主体,但他们是接受

---

① 韩树英.通俗哲学[M].北京:中国青年出版社,1982:21.

新哲学宣传教育的客体,真正的主体应该是马克思主义哲学理论研究者和宣传者。尊重大众、争取大众、维护大众利益,不代表可以过度迁就大众的世俗要求。因而,还必须从新哲学的精髓、本质出发去传播马克思主义,否则就失去了马克思主义哲学传播的基本原则和纪律要求,就有可能导致新哲学走味、变样。对此,马克思主义学者必须做到独立思考,不跟风,不人云亦云,坚持真理的底线;要用渊博的知识、深厚的文化底蕴、扎实的理论功底和高超的驾驭文字的能力,包括精湛的演讲艺术来增强新哲学的吸引力。①那些形式的东西,搞怪、猎奇、刺激、讽刺的内容或语言,只会降低马克思主义真理的魅力。那些"高级黑,低级红"现象无不受形式主义的影响,也是哲学主体意识、自我意识不足所导致的偏差性理解。哲学工作者必须树立公共责任意识,不过度迁就群众、不随波逐流,才能真正站在公众立场维护公众利益。具体来讲,既要坚持哲学理论的内在结构完整性和基本发展逻辑,又要兼顾群众的思维逻辑和现实需要;既要讲透马克思主义的基本理论,还要让群众感兴趣、听得懂、用得上;既要坚持马克思主义哲学的党性原则并勇于同各种错误思潮作斗争,又要积极同各种社会思潮展开交流对话并积极给予理性引导。此外,在马克思主义哲学大众化、通俗化过程中,还应时刻关注保持马克思主义的系统性和完整性,防止为了通俗化而进行的形而上学解读。真理的支离破碎不利于全面深刻理解马克思主义的科学性,也难以在社会实践中实现高效率改造世界的目的。老一辈马克思主义学者多坚持辩证法思维,较好地处理了真理性和群众性等关系的尺度问题,在一定程度上防止了马克思主义教育与宣传中的形而上学问题。

二、语言风格质朴形象

语言能够传递情感,凝聚人心。多讲接地气的话,容易与群众打成一

---

① 冯宋彻.马克思主义大众化传播的学者路径[M]//马克思主义传播与大众化研究中心.马克思主义传播研究(第1辑).北京:中国传媒大学出版社,2014:104-113.

片。冯定在向民众宣传马克思主义理论的时候总是采用通俗易懂的语言风格，这也是其通俗哲学的一大特色。在宣传教育中，冯定总是努力做到用哲学思想吸引、鼓舞和指导大众，特别是用哲学思想帮助青年树立正确的世界观和人生观。他指出："社会的进展，原是辩证的"，"我们如果没有哲学的修养，那么就常常不会迎合新的环境"；"然而我们说的哲学，是活生生的哲学，是反映现实真理的哲学，是人生一刻不离的明灯，是解剖错综复杂社会现象的指针，决不会对青年们深闭固拒，使青年们摸不着头脑的"，因为"哲学是研究宇宙现象和社会现象的最一般和最普遍的法则的。哲学是各种科学所获结果的辩证综合，同时又对各种科学起领导和启发的作用"。①冯定认为，研究哲学一方面要认真看书学习、了解精神实质，掌握基本法则；另一方面，要深入实际，研究现实的环境和问题。宇宙和社会间的事物错综复杂，相互制约，各种法则交织着发挥作用，所以分析问题时，既要从整体上全面地去观察、研究，又要善于把握主要矛盾。冯定十分重视以马克思主义哲学理论指导自己的言行和一切社会实践。他在一生中诲人不倦地教育广大青年应用马克思主义哲学，树立起科学的世界观和正确的人生观，积极投入建设有中国特色的社会主义事业中。冯定在逝世前写的最后一篇文章《把马克思主义哲学送到人民手中——论哲学的普及》中提出："要全面开创社会主义现代化建设的新局面，把马克思主义的普遍真理同中国的具体实际结合起来，走自己的道路，建设有中国特色的社会主义，就需要运用马克思主义的立场、观点和方法去研究新情况，解决新问题。在较为年轻的朋友中，需要帮助他们学习历史和哲学，用无产阶级的世界观武装一代新人。广大干部也非常需要哲学的思想武器，以便更好地克服形而上学和主观主义。因此，大力开展马克思主义哲学的普及工作，使广大干部和群众中有愈来愈多的人能够掌握和运用马克思主义哲学武器去观察和解决问题，那就会对我们的改革、对社会主义现代化建设将有巨大的影响和作用。"②

哲学是一门需要高度抽象思维能力的严密科学，以便全面深刻地揭示

---

① 冯定.冯定文集(第 1 卷)[M].北京:人民出版社,1987:141.
② 冯定.冯定文集(第 2 卷)[M].北京:人民出版社,1989:529-530.

它的内在特征。多数哲学家都是用高深晦涩的词句来谈哲理,但这些抽象也是从具体的生活实践中得来的,哲学终究根源于生活。因此,冯定力图打破人们对哲学的神秘感,在日常生活的实践中努力清除神秘的要素。冯定清除哲学神秘感要素的方式,亦即推进马克思主义哲学通俗化的路径。马克思曾说:"理论一经掌握群众,也会变成物质力量。"①马克思主义哲学文本研究并非书斋之学,而是人民群众实践经验的科学总结,是人们认识世界、改造世界的思想武器。要想使马克思主义哲学成为广大人民群众手中的理论武器,转化为强大的物质力量,关键在于以老百姓喜闻乐见的语言表达抽象的哲学问题。哲学的大众化,是由哲学的通俗化开显出来的,没有哲学的通俗化,也就没有哲学的大众化。但是,通俗化和大众化并不完全是一回事,两者既有联系又有区别。哲学的通俗化,指的是用浅显的语言,讲解抽象的哲学范畴和原理,使群众看得懂、听得懂。哲学的大众化,比通俗化包含着更加广泛、更加深刻的意义,指的是哲学的群众化。具体地讲,就是结合大众熟悉的日常生活中的事例,深入浅出地讲解深奥的哲学道理,使哲学和人民大众的生活更加贴近。有些人对哲学通俗化表示担心,认为通俗化无论如何做不到,要通俗,就会流于庸俗。他们混淆了通俗化与庸俗化的根本区别。对于这些怀疑,《读书生活》半月刊主编李公朴于 1935 年 12 月在为艾思奇《哲学讲话》出版而撰写的《编者序》中,阐明了通俗化和庸俗化的根本区别,他指出:"把正确的理论通俗化,只要理论不歪曲、不错误,是决没有庸俗的危险的。'庸俗'两字的意思,本来是指流俗的、浅薄的、错误的见解,并不是说用语浅显,就会庸俗起来。"

1942 年 5 月,毛泽东在延安文艺座谈会上指出,马克思主义哲学必须面向大众,只有认真学习群众的语言,才能和人民群众打成一片。毛泽东善于运用群众鲜明而又质朴的语言传播马克思主义理论,说出来的话生动、形象。正是这些带有烟火气的大白话简单明了地启发了群众,阐释了深刻的道理。② 冯定擅长使用朴实通俗的生活语言来解释并不神秘的新哲学,他曾

---

① 马克思恩格斯全集(第 1 卷)[M].北京:人民出版社,1956:458.
② 王厚明.毛泽东的"大白话"[J].支部建设,2020(34).

这样形容旧哲学与新哲学："从前的哲学,好像鹏程大鸟一样,只是在人迹罕至的绝顶上回旋,不知道人间究竟如何,它高深、奥秘、不可捉摸,只供少数人玩弄,一般人不敢问津。而马克思主义哲学却不是那样。它是人类发展以来知识的概括和总结,是近代各种科学经过了'千锤百炼'而创造出来的'丹',又是领导科学继续前进的'明镜'。"①冯定曾说,"大话不能离开小话,小话不能离开大话"②。也就是说,对于知识水平比较高的人,可用与他们身份的相对深切的理论;对于知识水平比较低的人,尤其要与他们的生活相联系起来,使我们的话能在他们的实际生活中起影响。

面对哲学功底薄弱的读者群众,冯定坚持以通俗的语言表达马克思主义这一使其通俗化的必经之途。为了让读者更好地理解由具体到抽象的认识过程,冯定用浅显易懂的语言解释道:人在感性认识中,比如拿"红"来说,可以有光芒万丈的旭日的红,可以有枫叶、桃花的红,有火红、灯红柳绿等具体生动、多种多样的红。红还可从感性认识上升到理性认识,具体的红就变成抽象的红。如从红的感觉变成红的表象,已将旭日、枫叶等都抽调了,而是笼统的红了,不过这样的红还未完全脱离具体事物;而从红的表象再变成红的概念,于是将附属于红的任何具体细目全部抽掉,只保留最能表达红的本质的东西,且含有引申意义。③ 在《现阶段的中国青年问题》一文中,冯定在道明青年的出路时用形象生动的比喻阐述了"不能脱离社会"的观点:不要显出鸡群中的"鹤"的样子来,鹤是只能在虚无缥缈的半空中独自去飞的,最多也只有极少数的同类一起去飞的;至于鸡,那么只有鸡才能去领导,如果想要联合鸡去对抗防御疯狗,那么"鹤"就要说"鸡"样的话,做"鸡"样的事,过"鸡"样的生活。④ 冯定对"鹤立鸡群"进行拆分,将马克思主义的群众路线的基本观点呈现出来。在《哲学的应用》一文中,围绕研究新哲学的意义,冯定打了个比喻,指出如果不将哲学应用在现实生活上,就像他幼儿时

①　冯定.冯定文集(第 1 卷)[M].北京:人民出版社,1987:111.

②　冯定.冯定文集(第 1 卷)[M].北京:人民出版社,1987:126.

③　唐琦露琴,曾伯秋.冯定与马克思主义哲学的通俗化:以《平凡的哲学》为例[J].哈尔滨学院学报,2019(10).

④　冯定.现阶段的中国青年问题[J].自修大学,1937(1).

期的邻居"聋伯伯"一样,从一归一除直到九归九除,全都在算盘上打得滚瓜烂熟,然而几千铜钱,买了十几斤菜,多少钱一斤,始终还是算不出来。冯定借此强调了新哲学的精髓:理论脱离不了实际,实践离不了理论;方法不是死的,而且应该是应用的。在《平凡的真理》第一篇"真理和智慧"一文中论述现象与本质的关系时,冯定提醒读者注意:现象对本质来说,不仅是外部的、表面的、暂时的,有的甚至表现为相反的样子。就如同水流的性质总是"往下"的,可是在某些场合和条件下,也会出现"向上"喷射或形成泡沫、漩涡等现象。在阶级尚未完全消灭的社会中,阶级斗争现象是非常复杂的。钻进革命队伍中的叛徒、特务、反革命分子,往往像"三打白骨精"这台戏里的白骨精,总是表面上乔装好人,而在暗中搞阴谋破坏革命。在《平凡的真理》第三篇所收《特殊或一般规律都是既抽象又具体的》一文中,冯定指出:规律是抽象的,但又是具体的。比如拿人是要死的这个规律来说,这里只说明了人和死二者之间的关系,至于人是怎么样的,是大的还是小的,男的还是女的,美的还是丑的,甚至好的还是坏的,以及为何而死和怎样而死,等等,全部抽象掉了,所以是抽象的。但是这个规律,是只有通过千千万万具体的人和具体的死才表现出来。他进而补充:这就是说,离开了各色各样具体的人,离开了各色各样使人致死的特殊规律,这个规律也就成为空洞的而失去意义了,也就不能存在了,所以是具体的。

深入浅出地转述哲学原理并非一件轻而易举的事,不仅需要学者对理论与知识的娴熟运用,而且还需要其拥有丰富的生活实践以及对共产主义事业的极大热忱,才能把马克思主义哲学的普及工作做好。冯定凭借他深厚的哲学理论功底,摒弃了传统书斋里的哲学语言,用老百姓能听懂的语言,使广大群众对马克思主义哲学有了更多的正确认识。

在语言表达上,冯定通俗哲学力求用常识、群众语言而非政治语言或学术语言。冯定身兼革命家和理论家双重身份,因此他写的文章和著作没有一丝的学究气,论述的内容深刻、系统,不讲空话大话,有的放矢。阅读他的作品,仿佛在和一位长者或老朋友谈话,其诚恳却毫无教训的意味,细致入微却不嫌絮叨。阅读之后让人振奋,令人回味。

一种思想,要想广为人知、被人接纳并对人们的行为有所指导,就必须采取多数人乐于接受的表达方式。冯定的理论著述之所以能够在青年中广泛流传,通俗化的语言表达形式是关键。冯定经常运用生活语言、口语等。比如:"冰冻三尺,非一日之寒""寄生成性""活到老、学到老""捞一把""慈悲""地狱""吃得开""自命不凡""孤君寡人""过了一山又一山,过了一水又一水""吃一堑,长一智"等。在《青年应当怎样修养》一文中,冯定用直白平实的语言宣传党的抗战政策,教育青年要行动起来共同抗日。他在文中将不积极行动起来抗战的青年比作每天只会默诵经文的新教徒,只想不做。在中华人民共和国成立初期,为了帮助人民群众更好地理解和支持共产党"对于民族资产阶级既联合又斗争"的政策和策略,冯定在借鉴毛泽东发表的《新民主主义论》和《共同纲领》的基础上,用简明的语言剖析了国内资产阶级的特性。毛泽东在《反对党八股》一文中指出:"我们是革命党,是为群众办事的,如果也不学群众的语言,那就办不好。现在我们有许多做宣传工作的同志,也不学语言。他们的宣传,乏味得很;他们的文章,就没有多少人欢喜看;他们的演说,也没多少人欢喜听。……我们在写文章做演说时没有几句生动活泼切实有力的话,只有死板板地几条筋,像瘪三一样,瘦得难看,不像一个健康的人。"①看冯定的文章和演讲,其内容是丰富的,语言是通俗活泼的,论证是有理有据的。根源在于他抓住了群众的需要,真正做到了有的放矢。

冯定经常用举例子、讲故事的方式把抽象理论具体化,这些例子多是生活中或自然科学中的常识,故事也都是具有哲理性的小故事,读者在笑过的同时也悟透了深刻的哲学道理。比如,他以谷子的成长、社会制度的更替、文章的写作、革命的建设等为例,形象地谈了发展的主要规律之一即"否定之否定"原理;他以动物园里看老虎为例,强调既要整个地观察,又要具体地分析,指出"不要单听凭某一人的言论行为,也要考察一番大多数人的言论行为"②。这些举例或故事分析有很强的比拟性和影射性,先谈故事、动物等"他者",再谈人事、国家、社会等现实问题。因此,冯定的论证逻辑与认识逻

---

① 毛泽东选集(第3卷)[M].北京:人民出版社,1991:837.
② 冯定.冯定文集(第1卷)[M].北京:人民出版社,1987:114.

辑具有内在一致性,其出发点和落脚点都是满足接受对象的现实需要。

冯定擅长使用多种修辞手法来传授通俗哲学,体现出较强的吸引力和引导力。这些修辞手法的大量应用,使论证说理更有气势、感染力强。运用比喻的例子如:"唯心主义哲学是一朵不结果实的花,它是活生生的、果实累累的、强大的、全能的人类认识这棵活生生的树上的一朵不结果实的花。"①"我们必须用'快板'来奏完这一段旧世界和新世界间的'过门',接着更替我们儿孙们建立起'你呀,能做什么呀,就做什么吧! 你呀,要使什么呀,就使什么吧!'的前奏曲来。"②在对英雄作历史定位时,冯定也用了形象的比喻手法,把历史比作母鸡,把英雄比作能将蛋壳啄破的鸡雏,英雄的作用就是使社会恰当其时地诞生。举例论证也是冯定哲学的一大特色。比如:以布鲁诺、赛尔维特为例,说明科学发展道路的曲折性,是与统治阶级推崇的宗教或迷信思想不相容的;以小说《红岩》和舞蹈《艰苦的岁月》为例,论证无论环境多么艰苦,革命意志和革命理想都具有坚定性。事例法能够更加直观、亲切地传达意图。在《革命的人生是不朽的》一文中,冯定通篇以雷锋为例,向人们论述树立无产阶级革命世界观和人生观的方法和意义。设问能够引发读者静下心来深入思考,引导其寻求答案。比如:"人究竟为什么活着?""既积极而又正确的人生观是什么呢?"冯定还擅长使用象征手法,如:"未来世界虽然开着鲜花,结着美果在等我们去采,可是现实终究还是活生生的。""现实,也就是现阶段的中国,给与我们青年是什么呢? 不是别的,是压在心窝儿的一块石头,是碍手的链子和缠住脚跟的网。"③在使用比较法时,冯定常常从正反两个方面或从不同角度全面展开论述,长短正误立见分晓,因而也更有说理性。这也说明冯定宣传马克思主义理论不是强制要求被教育者接受,而是让教育者去选择是否一定接受。在以教育者为主体和中心的同时,冯定也坚持观点上的原则性,坚持用马克思主义基本观点批判其他非马克思主义观点的不合理性。冯定讲哲学不是布道,而是交流。修辞手法的

---

① 冯定.平凡的真理[M].北京:中国青年出版社,1980:164.
② 冯定.冯定文集(第1卷)[M].北京:人民出版社,1987:117.
③ 冯定.冯定文集(第1卷)[M].北京:人民出版社,1987:117.

灵活运用使被教育者感到亲切、形象,也有很强的感官冲击力。虽然形式上通俗、形象,但并不意味着内涵意蕴浅显,而是有着深刻的道理,在推理步骤和逻辑结构上也未丢失严谨性和科学性。在冯定那里,通俗哲学是一门严密的科学,是对表达方式的多元探索和灵活运用,是融吸引力与说服力于一体的科学。

从总体上看,冯定开辟的马克思主义哲学通俗化方向是成功的。辩证法唯物论的诸多深刻道理,经过他的阐释变得具体、形象、易懂,变成了大众喜闻乐见、易懂能用的哲理。而在作这种阐释的同时,他又成功地保持了马克思主义哲学的基本理论和基本精神,昭显了马克思主义哲学的批判性与实践性,而并没有使辩证法唯物论的阐释因通俗化而趋向庸俗化。

三、体系结构独特

冯定从事通俗哲学著述始于 20 世纪 30 年代中期,与艾思奇、胡绳大体属于同一时期。他们从事哲学著述都是为了向广大劳动人民特别是青年宣传和普及马克思主义哲学,但是与艾思奇、胡绳相比,冯定的著述又有自己的特点。

《平凡的真理》作为一本通俗哲学专著,着重论述认识论的内容,并通过讲人的认识而建构了一个真理论的体系。该书为使真理论讲得更加扎实、全面、贴近民众,又把唯物论、辩证法、唯物史观、方法论以及人生修养等内容贯穿其中。该书将以上诸多内容巧妙地融为一体,既突出了马克思主义最核心的认识论和真理论的内容,又对马克思主义哲学的基本理论做了全面的介绍,逻辑清晰连贯,各部分内容安排合理有序,使这一体系立得住、有特色。

著书立说而不引经据典,是冯定的一个鲜明特点。翻开冯定的两部文集,找不到一个注释,引文更是鲜有。这说明冯定不仅博闻强记,能把各个学科融会贯通,而且具有扎实的马克思主义哲学功底,对马克思主义基本原理烂熟于心,又不囿于传统的哲学体系,尤其是摆脱了当时被视为权威的斯大林的《辩证唯物主义与历史唯物主义》的束缚而自立体系,成一家之言。冯定著述不引证任何人的话,更鲜有陈言套话,完全根据自己的认知方式,用自己的语言来表达对马克思主义的理解。作为真理的坚守者,冯定始终以真诚的态度站在真理的一边,不说空话和套话,也想通过此方式让青年和大众不再盲从所谓的至高无上的"真理",引导他们对这些真理进行理性辨别和思考。

结合群众知识储备和认知能力特点,冯定在通俗哲学的体系设计上优先突出了认识论和真理论,最后落脚到人生观、价值观、历史观等内容,没有把认识论、人生观、辩证法、唯物史观割裂开来。艾思奇的《大众哲学》和胡绳的《辩证法唯物论入门》都是按照常规体例从唯物论、辩证法、认识论对马克思主义哲学进行概要的讲述,只在章节安排上顺序有别(艾本是唯物论、认识论、辩证法,胡本是唯物论、辩证法、认识论)。冯定没有遵循通常体例,而是着重讲述马克思主义哲学的核心内容——认识论和真理论。在当时的通俗读物中,除此书以外,再也没有专门的著述来详细介绍认识论和真理论了,这也是《平凡的真理》的独特价值所在。①

冯定把马克思主义哲学当成蕴含辩证法的真理,因而在宣传过程中常结合唯物辩证法去解读现实,以求提升民众的理性思维能力。冯定的真理观建立在唯物辩证法的地基上,辩证地解决了物质与精神的关系、矛盾转化等问题,对事物的矛盾性、联系性有独到见解。冯定的辩证法重点探讨了矛盾解决形式的多样性问题,区分了对抗性矛盾与非对抗性矛盾并灵活处理了二者之间的关系。曾经,冯定对唯物辩证法的灵活运用被指责为"用相对主义来否定马克思列宁主义普遍真理"。其实,冯定对马克思主义理论的阐释不但坚持党性原则,还反对把马克思主义绝对化,批判了机械唯物主义在认识论上的错误,坚持了实践论、辩证法、认识论的内在统一思想。因而,它不仅不是什么"相对主义"和"怀疑论",而且恰恰是相信马克思主义具有无

---

① 石仲泉.党的人民哲学家冯定同志:纪念导师冯定百年诞辰[M]//谢龙.平凡的真理非凡的求索:纪念冯定百年诞辰研究文集.北京:北京大学出版社,2002:24.

限生命力的表现。① 在《平凡的真理》一书中,他始终从具体条件、整体联系等辩证思维角度来深刻理解马克思主义哲学的真理性,从没有将马克思主义真理神秘化和绝对化。他辩证地分析了群众与领袖、革命与生活的关系,澄清了阶级矛盾与阶级斗争的具体条件性。总之,在他看来,坚持辩证法就是要做到实事求是、思想解放,反对断章取义、以偏概全、上纲上线。

冯定认为,人们认识真理的过程就是通过现象深刻把握本质规律的过程,体现了真理认识的过程性、层次性和阶段性,这也就是认识的辩证法。在冯定看来,这个过程是辩证发展的,现象与本质既相互依赖,又处于不同地位,存在一个反复和不断深化的发展过程。其中所蕴含的"一与多"的辩证关系,冯定认为可以作为民众运用辩证法看待世界和人生的重要思想武器;也正是在这种矛盾循环关系中,人们实现了认识的一次次飞跃。冯定曾讲:"学哲学要有这样的本事,从简单的东西看出复杂性,又能把复杂的东西看得简单起来,前者是'一'化为'多',了解事物的内部矛盾和外部关系;后者是'多'化为'一',从纷繁的现象中找出内在的规律。"②这就深刻而又形象地解释了唯物辩证法,从方法论上为青年学生学好哲学指点了迷津。因此,从唯物辩证法来看,真理的获取必须付出努力和辛勤探索,必须依赖一个个平凡的、实实在在的现象去一步步逼近。在马克思主义的认识论中,冯定辩证地运用矛盾的观点深刻地把握了认识的发展过程,看到了矛盾的联系性和对立性推动事物发展及提升人类认识水平的积极的一面。也就是说,冯定之所以能深入浅出地把马克思的真理观通俗化,关键在于其娴熟地运用了辩证法,真正把世界观、人生观、认识论与辩证法有机统一起来。"马克思主义哲学既是人生观,又是世界观;没有离开世界观的共产主义人生观,也没有离开人生观的马克思主义哲学。"③以中国人的思维特质来看,马克思主义的认识论离不开人生观问题,因为对自然界和人类社会的认识本来就是

---

① 李敏生,王晓强.评《平凡的真理》[J].国内哲学动态,1979(3).

② 章玉钧.对平凡真理的非凡探索:心香一瓣献吾师[J].西南民族大学学报(人文社科版),2003(7).

③ 谢龙.平凡的真理　非凡的求索:纪念冯定百年诞辰研究文集[M].北京:北京大学出版社,2002:590.

一种人生价值思考。不经人生观思考的人对社会和自然的认识也只能是非我的、抽象的,是对自我意识的否定。辩证唯物主义并不否定人的主观能动性,不否定人在认识和改造世界中的主体作用。因此,必须辩证地看待人的主观能动性问题,正确看待主客观之间的辩证关系。

冯定在矛盾斗争性及其现实应用方面具有创见,运用矛盾分析法推进了民众对社会主义社会矛盾的新认知。冯定肯定矛盾的斗争性,但反对把矛盾斗争绝对化,认为应该辩证地看待矛盾的斗争性和同一性。他指出,事物的绝对同一和绝对差别也都是有条件的,斗争在某些条件下也呈现出相对性,特别是在事物处于量化积累阶段时。从非对抗性矛盾来看,"斗争的形式,可以是剧烈的或形成冲突,也可以是比较和平的,这既要根据其性质,又要根据具体的条件,绝非一律的。斗争并非就是冲突或只有剧烈的形式,所以乱斗乱争,或者害怕和忌讳斗争,都是不对的"①。处理好非对抗的斗争也就能在一定程度上实现事物的稳定和谐,形成一种动态平衡。当然,斗争虽有必然性,但也具有暂时性,需要在平衡状态中积蓄斗争的能量。非对抗性斗争是斗争的一种形式,同样也能在潜移默化中对旧的东西进行破坏,进而推进事物的发展。因此,非对抗性斗争并没有彻底否定斗争的绝对性和长期性,反而是一种坚持。所以,不能一味地、片面地强调斗争,而不注重同一。当然,真理认识强调矛盾观点并不意味着仅仅强调"斗争",冯定恰恰是反对"以阶级斗争为纲"的观点,注重矛盾的和谐、促进的一面。在《关于掌握中国资产阶级的性格并和资产阶级的错误思想进行斗争的问题》一文中,他灵活运用唯物辩证法进行深入分析,指出在反击资产阶级进攻的同时,不要采取过激手段立即消灭资产阶级。他客观地分析了中国民族资产阶级的两面性,认为仅仅看到民族资产阶级的反动性是片面的,还要看到民族资产阶级的革命性,其能够在中国共产党领导下发挥积极作用。因此,无产阶级同民族资产阶级的关系应该是斗争与团结关系。在从唯物史观角度肯定资产阶级历史贡献的同时,他提出可以用和平方式改造资产阶级。在民族资产阶级接受国家和平改造政策条件下,工人阶级和民族资产阶级的对抗性

---

① 冯定. 冯定文集(第 1 卷)[M]. 北京:人民出版社,1989:442.

矛盾即敌我矛盾就可以转化为人民内部矛盾。冯定的"矛盾的和谐"思想在学理上突破了非此即彼的两极对立思维范式,在批判资本主义的同时肯定了其历史贡献及其在一定历史条件下存在的暂时合理性,辩证地解决了资本主义与社会主义如何并存的问题。此外,冯定并没有像斯大林所那样否认社会主义社会存在矛盾,而是认为矛盾具有永恒性;他看到了社会主义社会矛盾的特殊性即非对抗性,这是同以往阶级社会矛盾的重大差异。他还根据历史条件变化灵活运用辩证法分析现实问题,在思想上反击了"左"倾主义错误。

冯定始终坚持真理的客观优先性即社会存在决定社会意识的基本原则,但他也指出:"当人们的意识反映了客观的存在,或者说是主动摸索和寻找出来了社会发展的规律,那么人们的思想,通过有意识的行为,也就起加速和促进社会发展的作用了。……如不认识社会意识对社会存在的反作用,就是形而上学,也会犯很大的错误。"[①]在他看来,人的主观能动性和客观规律性是辩证统一且不可分割的,不提升理论修养和认识能力,是难以发现真理的。冯定在肯定社会存在决定社会意识及物质优先性的基础上,没有否定社会意识对社会存在及精神对物质的反作用,承认了意识的能动性和相对独立性,真正运用唯物辩证法对形而上学的片面性进行了批判。离开了唯物辩证法,人们对事物的认识就容易出现片面性、绝对化,这是有悖于科学原则的。形而上学的认识论恰恰不讲辩证法,不具体地分析事物,常常不问青红皂白,先贴标签,后一棒子打死。"文革"期间,"左"倾思潮就是犯了形而上学的认识论错误,把唯心主义与唯物主义过度对立化,只讲斗争不讲和谐,把学术探讨引向政治斗争。举个例子,冯定曾讲:"有宗教迷信或唯心世界观的人,在政治上不一定都是反动的。但是有了宗教迷信或唯心世界观,就会不好好运用手和脑子……这些,都最会使人丧失斗志和进取心,越想自由越不自由,对人生起极其消极的作用。"[②]这句话辩证地审视了有宗教信仰和唯心世界观的人,坚持了具体问题具体分析和实事求是的原则。

---

① 冯定.唯物辩证法的伟大胜利[J].前线,1959(2).
② 冯定.人生漫谈[M].长春:吉林人民出版社,1982:16.

但在形而上学者那里,冯定被扣上"只讲和谐,不讲斗争""缺乏原则性""反革命修正主义"的帽子。冯定对辩证法的科学运用反映了其唯物主义立场的坚定性,是把物质论真正同辩证法进行有机结合的表现。他使人们认识到,唯物论离不开辩证法,物质决定论是有条件的。如果无视或背离辩证法,唯物论就会在社会历史领域滑入唯心论,在自然界领域成为机械唯物论。因此,冯定反对机械唯物论的形而上学,反对人为地消灭事物间的内在联系、运动、转化及发展问题,这使其真理观既有唯物主义的根基,又充满辩证法的智慧。

冯定坚持用唯物辩证法来审视马克思主义理论的科学性。在宣传马克思主义理论过程中,他反对僵化的教条,反对为了实现大众化、通俗化而导致的把马克思主义简单化、庸俗化的取向,倡导传播一种能适应时代变化的、辩证的科学理论。所谓历史地、辩证地看问题,首先就是不否定矛盾,善于运用矛盾分析问题、解决问题。冯定认为,矛盾是事物存在的基本方式,也是事物发展变化的内在动力,因此不能片面地否定矛盾、回避矛盾,而要正确面对和解决好矛盾,积极创造条件并引导矛盾向有利于社会发展的方向运动。其次,用发展的、全面的态度来审视事物,肯定事物的具体性,坚持原则性与灵活性的有机结合。冯定在《哲学工作者的历史使命》一文中要求哲学工作者"研究客观事物的来龙去脉,研究它的历史与现状,从中找出规律性的东西,说明今天的现实,预见未来的趋势"①。冯定坚持了辩证法、世界观、人生观、历史观相统一的基本理念,认为人们对世界、人生和历史的认识与改造活动离不开辩证法,辩证法是世界、人生和历史客观存在的内在形态,违背了辩证法也就难以真正把握世界、人生和历史的内在本质、实际过程与运行规律。冯定不仅把辩证法看成马克思主义理论的珍宝,同时也视为他本人学习、宣传马克思主义的重要法宝,努力使自己的思维符合辩证思维,引导人们正确认识和使用辩证法。最后,冯定否定二元论,坚持一元论。冯定认为,马克思运用辩证法正确地处理了物质与精神、社会与自然、本质与现象等现实世界中的矛盾关系,把对世界的解释建立在对世界的改造即

---

① 冯定.冯定文集(第 2 卷)[M].北京:人民出版社,1989:301.

实践基础之上,超越了二元论、唯心一元论等认识论的局限性。冯定还主张把辩证法应用于研究工作中。他强调,应把学术观点同某种学术观点曾为某一政治集体服务区分开来,真理就是真理,真理不因被某一政治集体错误利用造成危害而被否定;政治立场和学术观点之间是有界限的,二者之间有时并无必然联系;应该从认识史角度来研究哲学,哲学应同政治保持一定距离;等等。① 这些都是他在遭受磨难后的心得体会,揭示了以往在政治影响下开展唯心主义、唯物主义两条认识路线斗争的危害性。

四、契合受众心理

任何一种思想的产生都是为一定的阶级服务的,马克思主义自诞生之日起就服务于广大的无产阶级和劳苦大众。因此,加快推进当代中国马克思主义的大众化,必须紧扣时代脉搏,服务群众,关注现实。

首先,冯定把高深的理论和自身体验运用到人生观问题探讨中,直面读者和受教育者的思想、生活、工作实际,便于实现哲学的大众化、通俗化、生活化。他曾说:"我不过是一个比较老的青年,受过比较长远和深刻的生活教育,根据我的苦经验,作为青年修养上的一种'借镜',总该是有益无害的吧。"②因此,冯定是站在读者、受教育者的角度以平等的态度循循善诱,阐释人生观问题,并结合他自己的生活经验亲切地谈人生问题,增强了通俗性,体现了生动性。这种现身说法的方式和平易近人的作风增强了他的论著和讲话的感染力、说服力,在思想和感情上都体现了"息息相通"和"自然而然"的传播特点。也正是在人生观研究中,他深刻地把握了理论的实践性本质,把理论看成与人类活动密切相联系的活生生的东西。而不是像黑格尔等西方哲学家那样看成客观的理论体系,当成必须严格遵守的绝对道德律令或行动指南。为学术而学术、为理论而理论,不是马克思主义研究的立场和风

---

① 冯定.冯定文集(第2卷)[M].北京:人民出版社,1989:354-355.
② 冯定.冯定文集(第1卷)[M].北京:人民出版社,1987:6.

格;马克思主义的学风就是理论联系实际,站在人民立场上为改造世界服务。一名合格的马克思主义学者,其立场必须是人民的、人类的,必须面向生活世界、实践活动,适应社会历史条件、对象的变化而对现实做出科学回答和合理解释,进而真正实现马克思主义的新发展。

其次,冯定的马克思主义大众化研究体现跨学科特点,能起到触类旁通的作用。冯定知识渊博,总是能够灵活运用教育学、社会学、心理学、生物学、历史学等多学科知识,深入浅出地阐释某个深邃的人生哲理。冯定很重视研究和借鉴社会科学与自然科学的最新理论成果,并把相关成果作为典型例子运用到其通俗哲学和人生观问题论述中。为此,他经常向其他学科的学者讨教,时常请北大的一些专家来给他上课。在他看来,哲学离不开其他学科知识的支撑,否则讲起来就会很抽象,一些基本观点和结论也难以有客观的现实依据。哲学虽然不能等同于科学,但哲学要依赖科学,科学有助于推进哲学的进步和发展,19世纪自然科学三大发现构成了马克思主义哲学诞生的自然科学基础。因此,哲学不能违背科学,否则哲学的抽象就变成了不着边际的空谈或歪理邪说。无论是自然科学知识还是哲学社会科学知识,冯定都积极吸收加以灵活运用,所以其哲学思想的内容是十分丰富的,体现出旁征博引的论证力量。

再次,冯定经常以读者回信的方式与青年互动交流,解答他们的人生困惑。中华人民共和国成立后,冯定在中国青年出版社出版《共产主义人生观》一书,引发了良好的社会反响。此后,青年也经常写信向他询问人生观问题,诉说自己的生活苦恼。冯定真诚回信予以解答,为此还专门出版了一本小册子《人生漫谈》,以谈话方式同青年人交流人生看法。在冯定看来,青年热衷谈人生,是一个非常现实的、难以回避的问题,同时也说明青年的人生观还不成熟,需要科学的人生观理论给予指引。他始终强调青年是民族的未来,必须关心青年健康成长,为他们答疑解惑,积极引导他们树立共产主义人生观。冯定的人生观理论有如下特点:一是坚持集体主义和共产主义人生观,反对个人主义人生观。他曾指出:"谈人生问题,很不容易,谈得不好,往往落入'个人'的罗网或圈套。"①因为谈人生观问题常常同个人价值选择密切相连,特别是在和平年代,个人面对的多是利益、志趣等具体事项,革命的人生观在青年人中很容易被淡化。因此,使青年摆脱个人主义人生观的影响成了冯定谈人生观的主要目的。二是在论证逻辑上,冯定不直接就人生观谈人生观,而是从抽象到具体,从世界观、历史观谈到人生观,凸显了人生观的思维前提。他指出:"将个人和社会、阶级分离开来谈人生,会比较抽象。……将个人和社会、阶级结合起来谈就会比较具体。"②针对有人否定"人有阶级性"的现象,冯定先谈人的社会性,再谈人的阶级性。无论是谈人的社会性还是阶级性,冯定都力求使马克思主义理论具体化。因此,从社会实践角度审视人生观问题会更贴近现实,契合了马克思主义人生观的本质要求。

最后,冯定在传播马克思主义理论过程中强调"小话"与"大话"的灵活运用。在《大话和小话》这篇文章里,他以救亡为例,指出"对那些不懂得大事的人,要是你要灌输救亡的知识,固然非先说小话不可;就是对那些懂得大事的人,也不可尽说大话,不带小话"③。在他看来,说的话要符合对方的身份,考虑对方的性格和兴趣,并能在他们的实际生活中发挥作用。可见,冯定在倡导通俗化的同时,反对只讲大话、套话、空话的庸俗化,强调言之有物,细致而不絮叨。冯定要求青年做事力戒浮躁,更不要搞形式主义。真理是深入浅出的,不是故弄玄虚或不知所云,不是把日常生活的事例随意贴上理论的标签,这容易把真理简单化、庸俗化。总之,在冯定看来,说服人首先要从小处着手,因为大事离不开小事,小事更形象,更贴近生活,同时也更具有感染力和说服力。也就是说,讲大道理也要从与日常生活密切相关的家常话入手,通过家常话渗透大道理。通俗化是一种积累、一种智慧、一种境界。冯定理论功底深厚,实践经验丰富,善于将理论与实际相结合,因此,在宣讲或写作中,他点亮了理论的光芒。在冯定那里,"家常话是对'世事'和

---

①　冯定.冯定文集(第1卷)[M].北京:人民出版社,1987:398.

②　冯定.冯定文集(第1卷)[M].北京:人民出版社,1989:401.

③　冯定.冯定文集(第1卷)[M].北京:人民出版社,1987:126.

'人情'深切体味后的概括。不仅仅是冯定宣传的风格、形式,它实际上是一种境界,是他理论娴熟、'世事洞明'、去留无意、宠辱不惊、大彻大悟的人生境界"①。

---

① 李存立.纪念冯定:一位杰出寓于平凡之中的学者[J].理论学习与探索,2002(3).

第七章 冯定推进马克思主义哲学 通俗化的基本特点

冯定反对纯粹的、教条化的书本哲学，他认为哲学应该走向大众，变为群众改造世界的思想武器。可见，冯定抓住了马克思主义哲学的真谛，理论联系实践地把哲学应用到政治、文化、经济、社会等领域。冯定积极运用马克思主义的基本理论、观点、方法等来解读具体的社会历史实践，从而推进了马克思主义的中国化、时代化、大众化发展。

《平凡的真理》《漫谈人生》《共产主义人生观》都是冯定在通俗哲学领域的重要贡献。冯定的通俗哲学写作遵循了以读者为主体的价值理念，并基于读者的认识能力和认识逻辑展开。冯定始终把人民群众特别是青年人当成他的主要倾诉者和服务对象，从他们的需求和生活出发来传播马克思主义理论。哲学的应用或哲学的通俗化，推进了哲学与实践的结合，使哲学理论获得再生与创新的契机。因此，在冯定看来，哲学的生命力和价值都在于应用，即服务大众，为青年人认识世界、改变命运提供支持。"认为通俗哲学或普及性哲学包括大学程度的公共课教材无学术内容，或可不反映学术前沿问题，这是不对的，也是它对理论教育与普及效果不佳的重要原因。"[①]通

---

① 谢龙.平凡的真理 非凡的求索:纪念冯定百年诞辰研究文集[M].北京:北京大学出版社,2002:601.

俗哲学表面上看浅显易懂、毫无深意,实则是深入浅出,用通俗的语言及表达方式说明深刻的真理。通俗哲学是在抽象理论认识和实践经验基础上的再创作,因而要比一般的哲学理论著作更难写,需要作者有娴熟地驾驭理论、具体地分析现实的能力,以及较高的语言转化能力与表达能力。

一、以民众为中心传播马克思主义哲学

冯定是忠诚的马克思主义战士,坚定地相信人民群众是人类历史的创造者和社会发展的推动者,他在《领导不能离开群众》一文中认为:"领导不能离开群众,这不仅是因为革命的理论正是总结了历代的、国际的群众斗争的经验而来的,而更因为就是这样的理论,假如不和实际结合起来,也就变成空洞的了;然而结合实际,就非倚靠群众不可。理论在提出一般的原则和指出大体的方针上,是有伟大的力量的;可是原则也好,方针也好,归根到底只有被群众在实践中接受并且有可能变成现实的时候,才有意义。"①他还强调了领导和人民群众的辩证关系,群众不能离开领导,领导也不能离开群众。领导经常征求和归纳群众的意见,用以检验原则和方针是否正确,补充和修改具体的斗争纲领和行动目标,然后再使群众接受,进而使之成为群众自己的东西。这也就是"从群众中来,到群众中去"。

第一,冯定强调了马克思主义传播必须密切联系群众的重要性。马克思的人民群众范畴包括:在数量上占社会成员的大多数;在阶级上是以工农联盟为阶级基础;在发展前景上,随着人类的解放,作为阶级的人民群众概念将退出历史舞台。当然,人民群众概念是不断地发展和完善的。马克思主义的群众思想发源地是德国。马克思的人民群众概念是无产阶级,无产阶级占社会成员的绝大多数,是最有革命前途的阶级。马克思主义的群众思想主要包括群众历史观、实践观和利益观三个方面。其中,马克思主义群众历史观主要体现在要尊重人民群众是历史的创造者地位;马克思主义群

---

① 冯定.平凡的真理[M].北京:中国青年出版社,1980:351.

众实践观主要体现在人民群众是推动社会进步和社会变革的决定性力量；马克思主义群众利益观主要体现在必须尊重人民群众的主体地位，坚决维护人民群众的根本利益。马克思主义群众思想作为唯物史观的核心组成部分，是一套完整的、科学的理论体系，它在真正意义上实现了理论与实践、认识论与方法论、价值观与群众观的统一。它真正体现了"以人民群众为主体"价值取向的精神实质，充分体现了中国共产党全心全意为人民服务的宗旨，它为冯定群众观的形成和发展提供了最直接的理论来源。

马克思主义认为，历史是人民群众创造的。人民群众是人类历史发展的创造者和推动者，是社会变革的决定性力量，这是马克思主义唯物史观的一个重要观点。马克思和恩格斯在《共产党宣言》中提出共产党的群众观点，即"没有任何同整个无产阶级的利益不同的利益"，这也是马克思主义的群众观。中国共产党人把历史唯物主义的群众史观与中国革命的实际相结合，创造出了具有鲜明的中国特色的马克思主义群众观和群众路线。

群众路线的基本观点，就是个人的智慧和力量总是不能超出群众的智慧和力量。冯定在《领导应该是集体的》一文中指出："一个人的智慧和力量，总是不能超出几个人的智慧和力量的。……工人阶级政党所以能起伟大的领导作用，正是因为这个政党一方面是和群众密切联系的，一方面在领导分子中又是发挥集体的智慧和力量的，而绝不是什么人在独断独行的。"①冯定肯定有智慧和力量的人的过人之处，但是这样的过人之处，并不仅仅归结于其智慧是天生的，或者其正确意见是光凭自己的脑子想出来、说出来的，关键在于在革命实践活动中贴近群众生活，将群众的意见作为原料，去其糟粕、取其精华而逐渐形成的。在集体的意见领导下，充分发扬民主作风，在相互商量中发现彼此意见的异同，经过讨论修改审议，集体的力量也就更具体地发挥出来了。因此，冯定指出："从前在中国人民中，常拿诸葛亮当作聪明人的代表，而拿'臭皮匠'当做没有什么学问的普通人，然而也说只要三个臭皮匠如果能够商量商量，也就能够抵挡一个诸葛亮了；这话是很有

①　冯定.平凡的真理[M].北京：中国青年出版社，1980：354.

意义的。"①

第二,冯定强调了马克思主义传播必须尊重群众实践的重要性。实践证明,经过革命斗争的曲折发展,群众中有着宝贵的财富,许多先进的思想、先进经验和真知灼见来源于群众,群众实践是领导机关取之不尽、用之不竭的源泉。任何实践都是群众的实践,群众的主体意义归根结底在于他们的实践性。尽管领导者对群众具有指导性意义,但这种指导性必须首先基于它体现了群众的实践要求。领导者凡在工作指导上出现误差、在决策上产生偏离,原因都可以追溯到违背群众的根本要求。实践证明,正确的决策并不是领导者头脑中固有的,而是直接或间接来源于群众实践的结果。高明的领导者能使决策真正符合群众的实践要求。因此,冯定认为领导不仅要尊重群众的意见,而且还必须经常注意在群众中出现的新事物。在《领导不能离开群众》一文中,冯定认为:"新事物在群众中初次出现时,往往总是个别现象,不但易为大家所疏忽,而且甚至创造新事物的人自己也可能是不自觉的,也是不会立即认识其意义的;然而这些新事物不论在开始时是那么不够完整和不够坚强,恰巧都是新的模型,新的方法,新的力量,因而领导上必须耳聪目明,以便及时发现,及时加以支持和培植。"②因此,领导者要把群众的实践要求作为制定决策的依据,克服主观武断,用群众的实践来检验决策的科学性;同时,要善于发现领导决策与群众实践的差距,及时纠正。冯定还在《实践决不违反最大多数人的利益》一文中梳理了资产阶级和无产阶级实践的概念差异:"对于实践,是只有劳动群众和革命者的行动,才能当之而无愧的。至于其他阶级和个人的行动,我们虽因阶级和个人的行动是随着历史的发展而在变迁的,所以不应将某一阶级、某一个人的行动,永远简单地、机械地说成是实践或者不是实践,但实践的意义,总必须将最大多数人的利益直至真正全体人类的利益估量进去,这是不可动摇的。资产阶级的行动,或者像他们所自命的也叫'实践',是和我们有大不相同的标准的;资产阶级总是希望体力劳动者和脑力劳动者去改造世界,而自己来享受改造

① 冯定.平凡的真理[M].北京:中国青年出版社,1980:354.
② 冯定.平凡的真理[M].北京:中国青年出版社,1980:353.

世界的果实。"①

第三,冯定强调了马克思主义传播必须虚心向群众学习的重要性。毛泽东十分重视群众的首创精神,强调党员要虚心向群众学习。在他看来,群众有着最丰富、最直接的知识与经验,共产党员要有"眼睛向下的决心",要有"放下臭架子、甘当小学生的精神",才能获得起码的知识。冯定充分肯定了这一点:"我们的领袖和导师毛泽东同志,当革命胜利之初,就很重视学习苏联;他一再指出,学习必须和我国的革命实际和建设实际结合起来,好的经验也不要死搬硬套。我们在学习中,既要注意经验,也要注意教训。"②冯定将善于向群众学习提高到关乎我国社会主义建设成效的程度来认识,他论证道:"我们不仅随时随地向又红又专的领导人和师长学,向朋友学,向同事学,向同志学,而且还要随时随地向群众学;因为只有这样,我们的知识才不会被无形的框子或者圈子束缚起来。"③虽然当时我国已经进行了社会主义革命,并开始了社会主义建设,但在冯定看来,我们并不能因此而扬扬得意,而对其他国家较之我国具有优越性的方面熟视无睹;我们学习的对象,可以是资本主义国家,也可以是社会主义国家乃至其他友好国家的人民,"虚心学习,是我们随时随地都应贯彻的"④。同时,冯定认为文化交流是学习的最好办法,他充分肯定了国内派出代表到友好国家访问、参观和演出,以及参加国际学术会议、举办展览会等活动的显著效果。

第四,冯定强调马克思主义传播的目的在于唤醒群众的斗争意识和人生觉悟。"人类不但在改造自然中需要斗争,而且在改革社会中也需要斗争。"⑤冯定认为,从整个社会、全部历史来说,生产力总是向前发展的,是谁也不能使其倒退和逆转的。然而新的生产力关系的形成,总遭到旧的统治阶级的顽固阻挠以至疯狂抗拒,为了消除这种阻挠和抗拒的力量,广大的人民,主要就是从事生产的被剥削、被压迫的劳动群众,就不得不进行阶级斗

①　冯定.平凡的真理[M].北京:中国青年出版社,1980:287-288.
②　冯定.冯定文集(第1卷)[M].北京:人民出版社,1987:496.
③　冯定.冯定文集(第1卷)[M].北京:人民出版社,1987:496.
④　冯定.冯定文集(第1卷)[M].北京:人民出版社,1987:496.
⑤　冯定.冯定文集(第1卷)[M].北京:人民出版社,1987:258.

争。"今天,社会主义国家的人民,正在发展中的许多国家的人民,以及全世界爱好和平、民主的广大人民,也是必须而且能够进行斗争,来遏止争霸世界的帝国主义这样的疯狂行为的。"①冯定坚信人民能够获得反帝国主义战争的胜利,整个人类和平幸福的生活总是要实现的。冯定在《认清情势,积极行动》一文中指明,中国共产党号召充实主力与扩展兵力,正是为了和平的实现。就和平与战争的辩证关系问题,冯定继而追问:既然我们为了和平的实现,为什么还要巩固和壮大武装力量呢? 他从三个方面诠释了这个问题。第一,在当时的现实状况下,冯定认为"不少地方敌人还没有放下武器,做出反击不但需要主力,而且更需要广大的人民武装和民兵","造成天罗地网,随时随地可以警备他们,搜索他们,消灭他们"。第二,冯定认为,法西斯主义可能会死灰复燃,而中国作为世界大国应该负有维持世界和平的责任,因此,中国必须有人民自己的常备军队。第三,解放区取得和平团结的局面,反动派是不会踏踏实实地让解放区的生产建设工作顺利开展的,只会企图加以破坏。冯定坚定号召人民群众积极自卫,保护自己的利益:"国内也好,国际也好,要和平只有依靠力量。因此,我民主解放区的各阶层人民,都要为此努力,大家积极行动起来。贫苦的群众,你们为要保持既得的利益,不再过从前国民党统治时代与敌伪统治时代的奴隶牛马生活,真正能够安居乐业,我们只有已经拿起武器的不放下武器,没有拿起武器的快去拿起武器,才使人不敢欺侮!"②

第五,冯定在马克思主义宣传教育过程中强调学习是群众的权利与义务。冯定在《学习是人民的权利也是人民的义务》一文中认为:科学文化知识对劳动人民向来是被迫不能享受的,"这不仅是因为反动统治阶级总是采取愚民政策,使劳动人民处在愚昧的状态中听其摆布和剥削,而且也是因为劳动人民的艰苦劳动,使其简直没有条件去进行学习"。③ 在资本主义社会,教育看似普及,但只是满足了资产阶级本身的利益。实际上,在阶级社会

---

① 冯定.冯定文集(第1卷)[M].北京:人民出版社,1987:262.
② 冯定.冯定文集(第1卷)[M].北京:人民出版社,1987:170.
③ 冯定.平凡的真理[M].北京:中国青年出版社,1980:306.

里,少数人垄断知识的不合理现象是持续存在的,即知识垄断权掌握在资产阶级手里,而工人阶级子女能够享受高等教育的机会并不多。因此,冯定强调:"工人进行和领导的革命,为的是使劳动人民不仅能够获得在政治上、在经济上的应有权利,而且也能够获得在科学文化知识上的应有权利。"①当学习或者受教育的权利已经从反动统治阶级那里转交给人民时,冯定认为从人民自己管理国家的意义上来说,此时学习的权利反过来也是义务本身。冯定指出:"既然社会已经或者将要再不存在剥削制度,那么个人的利益和整个社会的利益基本上已趋一致,因而个人对社会所负的责任就和在有阶级社会里大不相同。这就是说,现在,个人是能够从社会那里获得一切应有的权利的,因而个人对于社会也是应该付与一切应尽的义务的;而为了实践,为了继承并发扬前人的优良劳动传统,为了替后人树立更美好的更幸福的生活基础,为了有效改造世界,学习或者受教育就成为对国家和社会的义务了。"②同时,冯定强调了学习对推动社会主义建设的重要性,他在《大家学习才能实现社会主义共产主义》一文中分析道:"我们现在还是通过大家学习的办法,认清我们的根本任务已经由解放生产力变为在新的生产关系下面保护和发展生产力。现在我国生产力发展水平还很低,远远不能满足人民和国家的需要。要把我们这样一个人口众多、底子很薄的不发达的国家,建成繁荣富强的现代化的社会主义强国,其任务是很艰巨的。但是,只要大家学习不懈,寻找解决我们面临的各种新问题的各种好办法,总是可以战胜困难,使我们的国家始终沿着社会主义道路前进。"③

二、特别重视对青年群体的引领

冯定是我国早期的哲学家和伦理思想家、教育家。他一直格外关注青

---

①　冯定.平凡的真理[M].北京:中国青年出版社,1980:306.

②　冯定.平凡的真理[M].北京:中国青年出版社,1980:307.

③　冯定.平凡的真理[M].北京:中国青年出版社,1980:316.

年的健康发展和青年的人生教育问题。从青年时代起,他就发表了大量有关青年修养的文章(《青年应当怎样修养》《共产主义人生观》《人生漫谈》《平凡的真理》等),引导青年走上革命的道路。他的思想和著作中包含了丰富的有关青年教育的理论,其关于青年人生观的重要论述影响了几代青年人。党的十八大以来,习近平总书记始终高度重视青年工作,始终强调青年要树立正确的世界观、人生观、价值观。冯定关于青年人生观的重要论述及其实践对引导当今青年群体的健康发展仍有启发和意义。

冯定作为党的人民哲学家,一生都致力于向人民群众宣传和普及马克思主义哲学。冯定的马克思主义大众化思想以马克思主义为统领,坚持从中国的实际出发,从中国青年人的实际出发,既剖析了国家和民族等重大问题,也阐释了青年的私生活等小话题。既积极引导中国青年正视自身、面对世界,又教会青年如何做人与做事。冯定的思想理论为青年人开始自己的瑰丽人生提供了一个鲜明有力的坐标体系,不啻为青年实现良性发展的导航仪。首先,冯定向青年传播马克思主义哲学的目的在于人生启蒙、解惑而非知识灌输。1932年返回上海后,冯定开始以"贝叶"为笔名在一系列进步刊物上发表文章。他针对当时国民党统治区的青年群体所存在的思想问题,依循青年的思路,以生动的语言介绍马克思主义新的世界观和人生观,用马克思主义的观点解释人的道德修养问题,鼓励青年树立正确的人生观,奋发图强,担负起未来社会的责任。同时,他还将深奥的马克思主义哲学用通俗的语言表达出来,让普通大众了解哲学,并能运用哲学改造世界。其次,冯定通过各种方式始终同青年保持密切联系,成为广大青年的良师益友。在战争时期,冯定在新四军工作期间就经常到连队给战士们讲政治课,讲哲学道理;在华中党校给学员讲哲学课;在江淮大学给师生讲授世界观的相关课程;等等。在中华人民共和国成立后,冯定也始终坚持这种作风。在"大跃进"和人民公社化运动期间,北大哲学系师生为响应号召,下放到北京郊区的大兴县,与广大社员同吃、同住、同劳动,并进行教育改革。冯定不顾年老体弱,坚持到大兴县给师生讲课、作报告,还要求北大的师生利用这个机会向广大社员宣传普及哲学。他本人更是走家串户,访贫问苦,常常召集老乡一起谈天说地讲哲学。在冯定的号召和带动下,同学们共同编写了两本普及哲学的小册子——《说三国 讲哲学》《说水浒 讲哲学》，将"三国"和"水浒"中一个个能说明哲学的小故事编写出来，说一事讲一理，使广大社员听得懂、记得住，并能在日常的劳动、工作和生活中更好地运用。在《说水浒 讲哲学》这本书中，同学们将智取生辰纲的故事与用计和巧干的道理相结合，将宋江大破连环马的故事与主要矛盾的知识相结合。从这两本书中可以看出同学们为传播哲学所做出的努力，他们将哲学与中国传统文化联系到一起，将古典名著读出另一种韵味，而且用哲学解释古典名著不仅生动形象，也有利于哲学在大众中的传播。这也说明冯定的启发性教学方法是成功的。党的十一届三中全会以后，冯定继续同他的学生、广大青年和群众保持联系，并希望学生能继续做好宣传和普及哲学的工作。可以说，他的一生都致力于用各种方式把马克思主义原理通俗化，让人民群众和青年朋友更加积极主动地去了解和认识马克思主义，并能够运用马克思主义改造世界。

陈瑛在《平凡蕴含真理 真理指向高尚——冯定关于人生观问题的论述》中指出，冯定在坚持社会存在决定社会意识的基础上，主张调动多种科学理论知识，综合解决人生观问题，并在紧密联系实际、深入青年的现实生活之中，进行人生观的教育。[①] 冯定的学生苏振富在《人生就是不断进击——冯定师人生哲学思想初探》中提出，冯定的人生哲学思想紧紧围绕"人活着到底为什么""人生的目的是什么""人生的意义又何在？"这三个根本问题，深入阐明如何正确选择人生道路、应该怎样对待人生；并抓住"劳动、斗争和理想"这一革命人生观的"核心"，深刻论述坚定意志、熏陶感情和成就事业的关系，强调要自觉加强道德修养，提升人们的思想情操和精神境界，实现人生的价值追求和理想抱负。[②] 朱传棨在《弘扬冯定同志关于人生观的理论》中提出，冯定关于人生观的思想理论有两大显著特点，即：鲜明地将人生观和世界观结合起来，从世界观的高度阐述人生观；特别注重对青少年进行人

---

① 陈瑛.平凡蕴含真理 真理指向高尚：冯定关于人生观问题的论述[J].湖南师范大学社会科学学报,2002(4).

② 苏振富.人生就是不断进击：冯定师人生哲学思想初探[M]//谢龙.平凡的真理 非凡的求索：纪念冯定百年诞辰研究文集.北京：北京大学出版社,2002：354-369.

生观教育。"在纪念冯定百年诞辰之际,应该深刻学习、研究他对马克思主义及其中国化的非凡求索的高尚精神和理论品格,继承和发扬他特别关注并且积极践行对青少年进行马克思主义世界观和人生观教育的实践精神,在全社会倡导爱国主义、集体主义、社会主义思想,反对和抵制拜金主义、享乐主义、极端个人主义等腐朽思想,以造就一代又一代有理想、有道德、有文化、有纪律的青年人,激励他们为振兴中华不懈奋斗。"① 石仲泉认为,冯定将伦理问题与青年教育巧妙结合起来,主要表现在:立足于马克思主义哲学理论讲伦理,放眼世界大势向青年讲人生修养,具有宏观视野;最为关注的是青年人生观问题,积极帮助青年解答人生疑惑,被誉为青年的知心朋友;在中华人民共和国成立后,冯定仍然致力于青年的共产主义人生观教育,努力帮助青年以正确的态度和方式处理社会生活中的一些重大人生问题。② 许启贤认为,冯定的教育思想突出实践。从抗日战争时期一直到社会主义建设时期,冯定反复强调青年一定要很好地解决人生观问题,并能结合当时的社会背景和青年的接受能力而有所调整。冯定谈人生观问题时,非常注重实践。他认为,青年光是认识人生是不够的,必须实践,实践是人的诸多行动中最有意义的。③ 姚惠龙也认为,冯定在用哲学思想武装青年时,坚持哲学的实践性并提倡哲学的应用性。④ 邢贲思指出,冯定把世界观和人生观结合起来,打破了过去一度把世界观和人生观区分开来的观念;冯定从哲学的高度谈人生观,用伦理学的视角研究人生观,注重培养青年的人生观和思想品德教育。在冯定看来,把人生观和世界观结合起来是很自然的。冯定在其写作初期就有了将青年的人生观和思想品德教育联系起来、把人生观和

---

① 朱传棨.弘扬冯定同志关于人生观的理论[M]//谢龙.平凡的真理 非凡的求索:纪念冯定百年诞辰研究文集.北京:北京大学出版社,2002:318-324.

② 石仲泉.党的人民哲学家冯定同志:纪念导师冯定百年诞辰[M]//谢龙.平凡的真理 非凡的求索:纪念冯定百年诞辰研究文集.北京:北京大学出版社,2002:10-33.

③ 许启贤.论冯定为社会主义伦理学作出的主要贡献[M]//谢龙.平凡的真理 非凡的求索:纪念冯定百年诞辰研究文集.北京:北京大学出版社,2002:334-339.

④ 姚惠龙.冯定的哲学风格及其鲜明特征:为纪念冯定百年诞辰而敬作[M]//谢龙.平凡的真理 非凡的求索:纪念冯定百年诞辰研究文集.北京:北京大学出版社,2002:251-266.

世界观教育相结合的理念。① 黄枬森、陈志尚认为,冯定所倡导的人生观就是人生价值或意义,是指导人的一生的行为准则。共产主义人生观也是冯定一生所努力追求的人生观,它解决了"人为什么活"的哲学问题。冯定的人生观是以历史观和世界观为指导的,冯定很注重科学,认为没有历史观作指导的人生观是不符合客观规律的,是不能经受住实践和时间的检验的。历史是发展的,人生观也是发展的。共产主义人生观的直觉能动性说明了其与时俱进的特征。科学的人生观也是与时俱进的,共产主义人生观采取积极的人生态度,既是对马克思主义的坚持又是对人生观的发展。冯定在马克思主义初到中国后便能以简单通俗的语言表达出其丰富的内涵,他所阐述的共产主义人生观更是指引青年不断进步的航标。② 章玉钧认为,冯定是满腔热忱的教育家,并且有坚定的党性,淡泊名利。无论是当领导还是当老师,他都能很快融入角色环境。在一线的教学过程中,冯定把青年的道德教育当成学校教育的首要任务。③ 夏征农等将冯定的伦理学贡献概括为:重视人生观教育、推陈出新、批判创新、重视伦理德目建设。④

正如宁波大学陶志琼教授在《冯定青年教育思想研究》一书中指出的,作为一名马克思主义哲学家,冯定的坚定信仰令人钦佩;作为一名马克思主义伦理学家,冯定为人类幸福勾画的理论蓝图令人敬仰;作为一名马克思主义教育家,冯定为加强青年修养而呕心沥血的精神令人崇敬。⑤

---

① 邢贲思.重读《平凡的真理》[M]//谢龙.平凡的真理 非凡的求索:纪念冯定百年诞辰研究文集.北京:北京大学出版社,2002:195-202.

② 黄枬森,陈志尚.共产主义人生观的基本特点和当代价值:重读冯定关于共产主义人生观的论著[M]//谢龙.平凡的真理 非凡的求索:纪念冯定百年诞辰研究文集.北京:北京大学出版社,2002:300-317.

③ 章玉钧.我心中的冯定师[M]//谢龙.平凡的真理 非凡的求索:纪念冯定百年诞辰研究文集.北京:北京大学出版社,2002:96-111.

④ 夏征农,舒文,苗力沉,等.论冯定同志的理论贡献[J].学术月刊 1994(4).

⑤ 陶志琼.冯定青年教育思想研究[M].杭州:浙江大学出版社,2019.

三、立足民众生活开展人生观教育

冯定坚定地站在人民乃至人类立场上探索真理。他把平凡的真理看成人民群众用以认识世界、改造世界和增强共产主义理想信念的精神食粮。这也是我们判断马克思主义通俗化成败的标准。说到底，就是正确回答马克思主义通俗化发展最终为了谁、发展过程依靠谁的问题。既要发动群众积极参与到马克思主义哲学的学习和通俗化探索中来，又要让马克思主义哲学通俗化的成果与民共享。为了让广大群众真正理解和掌握马克思主义哲学，冯定坚持把马克思主义的真理观予以通俗化阐述，根据教育对象、时代环境的差异进行再解读。在 1950 年底北大实行开门办学时，冯定就经常组织学生下乡，鼓励学生放下架子接受劳动教育和思想改造。站在人民的立场探讨真理，就必须回到群众的生活世界，运用分析和综合的方法，把对世界的认识与改造同对人生、社会的认识与改造统一起来。在此意义上，冯定所探讨的马克思主义真理观也就变成了人民群众的真理观，是广大群众用以把握事物本质和现实世界运行规律的真理观。冯定的真理观不否定人在认识世界中的主观能动作用，并且强调把对世界的认识同对人及其思维的认识统一起来，研究人的认识活动和改造活动。冯定虽曾强调集体主义和个人主义的对立性，但并没有完全否定个人的特殊性和能动作用，也从未主张限制个人的自由发展。他始终认为，马克思主义所追求的人是全面自由发展的人，是有个性的人，也是未来共产主义社会所追求的理想人格。可见，尊重个人、个性并不意味着与集体主义相对立，关键看个体行为是从个人利益出发还是从集体利益出发；特别是当个人利益同集体利益相冲突的时候，过度强调个人主义不但损害国家利益，还会助长个人的私欲并导致享乐主义的盛行。当然，强调个人的主体意识，有利于促进社会启蒙和思想觉醒，改变逆来顺受的奴才意识，形成革命精神。而极端的集体主义也具有很大的危害性，要么形成集体沉默，要么陷入集体膨胀的暴力恐怖之中。冯定谈个人和集体，都是结合起来辩证阐述的，既反对极端的个人主义，又反对极端的集体主义。

冯定在马克思主义大众化传播方面持有坚定的理想信念和责任意识。要想让群众接受马克思主义，就必须深入群众，和群众打成一片，就必须有面对各种困难和挫折的勇气，把追求真理和传播真理作为"天职"。如同韦伯所言："之所以献身科学，是在'为科学而科学'，而不只是因为别人可以利用科学，取得商业成果或技术成果，可以吃得更好，穿得更好，照明更好，统治得更好。"①冯定正是在投入探索马克思主义真理、为广大群众献身中实现了自己的人生价值。冯定认为，马克思主义就是最接近群众、为群众说话的真理，因此应该把向群众传播马克思主义真理当成自己锲而不舍的人生使命。马克思主义的真理性之一就是群众性，离开群众也就难以真正寻觅到真理。真理之所以是朴素的、平凡的，正因为它贴近群众，能以喜闻乐见的形式得到广泛传播。一方面，冯定竭力探索马克思主义理论的平凡意蕴，在追问真理的道路上永不止步；另一方面，他又致力于探索马克思主义理论传播方式的通俗化路径。在此意义上，冯定把对马克思主义真理的传播同对马克思主义真理的求索都植根于群众之中，从而奠定了其真理观的群众基石。在冯定看来，真理永远同劳动人民在一起，保持真理性应做到不浮夸、不狂热、不盲从。对真理的求索需要人们保持清醒的头脑和朴素的态度，需要自觉和群众站在一起。

冯定坚持群众唯物史观，反对个人崇拜。在他看来，社会主义事业是全体人民群众的事业，广大群众是发展生产的主力军，只有把群众利益、个人利益、国家利益协调好才能调动每一个劳动者的积极性。他指出："政治挂帅，实际上就是使一人的利益和大家的利益结合起来，近暂的利益和远大的利益结合起来。……我党领导的英明，就是经常能够解决一人和大家之间的矛盾，近暂和长远之间的矛盾，而使群众积极创造性充分发挥起来。"②因此，他在肯定个体能动性的同时又反对作为领袖的个人凌驾于群众之上，反

---

　　① 韦伯，等.科学作为天职[M]//李猛.韦伯与我们时代的命运.北京:生活·读书·新知三联书店,2018:18.

　　② 冯定.唯物辩证法的伟大胜利[J].前线 1959(2).

对把领袖神化。他认为不应过度夸大个人特别是英雄领袖的作用,因为这不仅会助长领袖犯独断主义的错误,还不利于提高群众觉悟,更难以充分发挥他们的创造性。晚年的冯定还提出,用社会主义法制和党内民主集中制的方法解决由社会公仆变为社会主人的问题。① 这都是冯定目睹"文革"时期民主和法治遭到破坏后的深刻感受,体现了强大的理论勇气和革命精神。

冯定的群众观主要体现为从理论教育层面和宣传领域推进马克思主义哲学的大众化发展。在《平凡的真理》一书中,冯定多次强调真理是平凡的,因为真理是同平凡的事物和平凡的群众联系在一起的,平凡中孕育着真理。具体来讲,马克思主义哲学不是远离群众的少数知识分子掌握的理论,而是立足群众、为了群众、激励和发动群众的理论,因而其主体必须是群众,且必须通过大众化手段实现哲学的现实应用。不通过群众,马克思主义的理论现实性就难以彰显,这是马克思主义理论同其他理论的一个重要区别。少年冯定家境贫寒,他对底层老百姓的生存困境和社会的不平等性有深刻感受。他同情中国最广大的劳动人民,试图通过学习和宣传马克思主义理论来启蒙和发动群众,用科学理论拯救中华民族。他曾说:"越写得生动越好,否则就是内容正确,可板起脸孔说大道理,别说青年,就是老年也只能勉强听,甚至也未必听得进去。"②在他看来,马克思主义大众化的道路既是依靠群众的道路,又是理论与实践相结合并产生改造世界力量的道路。鉴于群众的理论认识能力的有限性,理论工作者必须对马克思主义理论进行转化,用通俗的语言向民众特别是青年传播社会历史发展的规律,剖析并批判旧社会的种种弊病,这样才能使马克思主义理论真正成为群众头脑中的思想武器。冯定特别重视青年群体,因为青年是中国革命和建设的中坚力量,也是最有激情并能改变现实世界的一群人。他深入青年群体,勉励青年人要自立、自强,正确对待人生,为改造社会及建设新世界贡献自己的力量。他研究哲学的目的不仅仅是学术发展及获得真理性知识,更重要的是将之传递给青年朋友。正如毛泽东所讲,作为一个革命者,"当你写东西或讲话的

---

① 任吉悌.冯定与西方哲学讨论会[J].学术界,2002(4).

② 冯定.冯定文集(第1卷)[M].北京:人民出版社,1989:145.

时候,始终要想到使每个普通工人都能懂得,都相信你的号召,都决心跟着你走"①。为了让更多的人掌握并运用真理,冯定积极探索马克思主义理论大众化传播的路径。为群众服务是冯定进行马克思主义哲学研究和教育的主要目的与学术追求,让哲学回到人间并实现"以人为本"是冯定哲学教育的基本原则。冯定一生都在探索把马克思主义从理论哲学转化为实践哲学,坚持用实践的思维范式、研究范式把握马克思主义理论。

冯定哲学是同群众的日常生活相联系的,但又高于日常生活。一方面,冯定善于从日常生活现象中把握社会的基本矛盾和运行规律,用已有的马克思主义理论分析和解读这些现实问题,基于自身的理论修养对现象进行概念性总结。另一方面,冯定总是结合日常生活中的现象及群众的现实需要来讲解马克思主义哲学,运用通俗易懂的日常生活语言即劳动人民的语言,深入浅出地传播真理。他反对把马克思主义仅仅当成书斋里的学问去研究,认为马克思主义理论具有群众属性,只有回到群众中并在实践中加以应用才能彰显自身的真理性。这也是马克思主义哲学同以往唯心主义哲学和旧唯物主义哲学的重要差别,它使哲学实现了从认识论向实践观的重要转变。在此意义上,马克思主义哲学也是生活哲学,马克思主义哲学的中国化发展也理应坚持"从群众中来,到群众中去"的群众路线。以群众为中心的马克思主义哲学在一定意义上也被称为大众哲学,这种哲学用通俗语言讲群众日常生活中的事例,把深奥的理论通俗化,便于群众接受。当然,这里的语言不仅包括文字语言,还包括表情语言。费孝通认为:"语言本是用声音来传达的象征体系。""要使多数人能对同一象征具有同一意义,他们必须有着相同的经历,就是说在相似的环境中接触和使用同一象征,必有他们特殊的语言,有许多别种语言所无法翻译的字句。"②因此,创造出一种适合大众口味的哲学,需要马克思主义学者有大众情怀和民族担当意识,能放低姿态,用大众熟悉的语言和生动的故事深入浅出地讲明深刻道理。哲学的大众化和通俗化使马克思主义哲学真正走向民众,根据不同对象、不同场合

---

① 毛泽东选集(第3卷)[M].北京:人民出版社,1991:843.

② 费孝通.乡土中国[M].南京:江苏文艺出版社,2011:16-17.

而通俗易懂地进行传播,不断彰显着自己的平凡特质。只有用马克思主义的新世界观代替以往的旧世界观,才能从根本上改变不合理的社会面貌。因此,马克思主义哲学的大众化也是马克思主义哲学的时代化,是在牢牢把握群众所处时代现实需求基础上的再加工、再创作。同时,马克思主义哲学不是远离尘世和现实需要的玄学,而是具有很强实用性的大众科学。在冯定看来,为群众所应用是新哲学同旧哲学的重要差别。他对此有过形象的比喻:"从前的旧哲学,好像鹫,只在人迹罕至的绝顶回旋着,可不知道人间究竟是什么东西。所以旧的哲学也就变成了好像是高深的、秘奥的、不可捉摸的,只配少数特别是聪明的人去玩弄的一种学问。……新哲学是人类历史发展以来知识的总汇,是近代各种科学经过'千锤百炼'而制造出来的'丹',同时又是领导科学继续前进的'明镜'。……新哲学并不是保险箱里的珠宝,而是'法币',不但可以应用,并且应用得极其广泛。"①哲学理论既是世界观,又是方法论,而马克思主义在一定意义上也是指导社会实践的方法论原则。

需要强调的是,在推进马克思主义哲学大众化、通俗化的同时,要避免出现庸俗化和形式主义的问题。哲学的大众化和通俗化并不意味着摒弃哲学的基本原则和精神理念去盲目迎合大众口味,否则哲学真理就有可能变成不合时宜的谬误。马克思主义哲学的大众化和通俗化也不能一味求热闹而大张旗鼓或到处制造声势,其前提是要真正弄懂马克思主义哲学基本原理并能熟练应用,否则就难以把握马克思主义的真谛,导致形式化、简单化。马克思主义哲学的大众化不能玩文字游戏、生造概念,而是要体现马克思主义的现实批判精神②,特别要对现实世界的不合理性展开无情地批判,或从理论角度批判现实,或通过理论宣传唤醒群众的自觉意识,进而使马克思主义真正成为群众批判现实及改变现实的思想武器。

---

① 冯定.冯定文集(第1卷)[M].北京:人民出版社,1987:111.
② 郭建宁.马克思主义哲学大众化的当代思考[J].河北学刊,2008(3).

四、注重马克思主义哲学的实际运用和宣传教育

冯定非常关注马克思主义哲学的普及和应用,认为这是马克思主义哲学始终能够保持真理性和人类性的重要依据。在冯定看来,现代新哲学与旧哲学的差异在于是否重视应用,旧哲学是少数人玩弄的高深的学问。冯定的哲学又被称为应用哲学或通俗哲学。严格来讲,冯定不是一个深耕书斋的专业哲学家,而是一个深入实践的理论宣传者,但他非常认真地、实事求是地研究学问。他曾说,"我们是在行军打仗中一步一步认识马克思主义和中国实践的"①。在莫斯科中山大学学习时,王明以宗派主义把持党内生活,打击异己,引起冯定的悲愤和思考,觉得应该去寻求真理来解释现实生活中的种种问题。他研究哲学是为了解决现实中的困惑,他的应用哲学是为了让民众消除生活中的苦恼,引导民众做社会所需要的人。冯定既告诉人们关于世界的客观真理,又坚持把马克思主义哲学应用于人生观指导,告诫人们应该走怎样的路,应该怎样选择自己的生活方式。

马克思主义发展传播以马克思主义经典作家、无产阶级革命领袖为主要代表人物,马克思主义发展传播的主要内容是他们的思想的发展传播。这是因为,马克思主义的主要特点是理论与实践的统一,无产阶级领袖人物在领导人民群众革命、建设和改革的实践中不断发展马克思主义,与时俱进,并以他们自身的深刻思想、洞彻的理论、巨大的威望和感召力、崇高的人格魅力在人民群众中传播着马克思主义。但是,马克思主义的发展传播并不局限于无产阶级领袖的著作和思想,还包括职业的或专业的马克思主义学者、理论家的著作和思想。因为马克思主义作为一个完整严密的科学体系,其建立、发展和传播无疑离不开专业的马克思主义学者的劳动。基于此,马克思主义产生以后,特别是在无产阶级取得政权的社会主义国家,一个职业化的马克思主义学者和理论家的队伍便应运而生。这个队伍的任务

①　冯定.人生漫谈[M].长春:吉林人民出版社,1982:164-165.

不仅在于宣传马克思主义,而且在于使马克思主义进一步系统化、精密化,并在新的历史条件下进一步丰富和发展。由于今天所处的时代及面临的任务和解决的问题与马克思、恩格斯创建崭新的科学理论体系时期大不相同,专业的马克思主义学者的这一作用尤为突出。因此,整个的马克思主义发展传播理应包括专业的马克思主义学者所做的贡献,包括广大的马克思主义理论工作者的奉献。马克思主义理论家不仅包括少数无产阶级革命领袖,还包括广大学者群体。这个群体应当包括所有精通、信仰马克思主义并能够运用马克思主义去解决重大实践问题和重大理论问题,对坚持和发展马克思主义有所作为、有所创新的实践者、研究者和宣传者。

在思考和解答"中国向何处去"的时代问题的过程中,中国的先进知识分子最终选择了马克思主义,这是时代的必然,也是历史的必然。但马克思主义作为救国救民的科学理论,应当成为群众的思想武器,这就需要对马克思主义进行宣传与普及,而这一过程是漫长和艰难的。因为,马克思主义理论的"传"仅仅是一起点,而如何理解并"用"好才是落脚点。如何使作为外来哲学的马克思主义理论适合中国的国情而被运用,就成为一个重大的理论和实践问题。在中国共产党的历史上,曾有诸多理论家致力于此,冯定就是其中之一。正如石仲泉在《冯定:大力宣传普及马克思主义哲学》一文中所言,"在我们党内的著名哲学家中,从事马克思主义哲学中国化、大众化、时代化者,主要有三位重要人物:艾思奇、胡绳和冯定",而冯定的"通俗哲学著述推出较早且成就卓著"。①

冯定生前很注意并努力开展马克思主义哲学的普及工作,他认为马克思主义哲学的普及工作开展得越好,对我国的改革开放和社会主义现代化建设事业就越发起到积极作用,并且能让用哲学武装起来的人民群众以极高的热忱投入改革、促进建设。正如冯定在《把马克思主义哲学送到人民手中——论哲学的普及》一文中指出的:"大力开展马克思主义哲学的普及工作,使广大干部和群众中愈来愈多的人能够掌握和运用马克思主义哲学武器去观察和解决问题,那就会对我们的改革、对社会主义现代化建设将有巨

---

① 石仲泉.冯定:大力宣传普及马克思主义哲学[N].人民日报,2015-08-13.

大的影响和作用。"①他进而对哲学普及工作提出了具体要求:"从事哲学的普及工作,并不是一件轻而易举的事情。它需要有深厚的马克思主义理论基础,需要有丰富的生活实践,还需要有对共产主义事业的极大热忱,才能使普及工作做得更好。哲学的普及工作是一项极其严肃的工作。我们所说的通俗,并不是意味着降低质量,也不是流于庸俗,而是把哲学的科学原理,用准确、精练、好懂的语言文字阐述清楚。并且善于联系我们党的当前政策和任务,联系群众的思想动态,把基本原理赋予时代相关的生命力,使得群众乐于接受,有所共鸣,得到启迪。"②可见,冯定对马克思主义哲学的普及工作非常重视,并能具体地指出做好普及工作的指导思想、工作途径、工作方法和重要意义。

　　首先,冯定应用哲学坚持了做学问与做人要一致的中国传统文化理念。"为学做人,其道一也",治学必须考虑人的需要,对人的发展有指导意义。为此,研究哲学不能止于探索真理,而要强化应用,并在应用过程中推进哲学理论的创新。做好马克思主义哲学的应用和普及工作,并不是一件容易的事,"需要有深厚的马克思主义理论基础,需要有丰富的生活实践,还需要有对共产主义事业的极大热忱"③。应用哲学首先要研究哲学、懂哲学基本理论,同时善于结合现实,这也是马克思主义新哲学的重要特点之一。正如马克思在《关于费尔巴哈的提纲》中所讲的那样,"哲学家们只是用不同的方式解释世界,问题在于改变世界"④。作为新哲学的马克思主义哲学是顺应时代发展需要的产物,且始终与变化了的客观现实相结合的。同时,马克思主义哲学的现实应用不能是直接的、拿来的应用,而是具体的、辩证的应用,要有严格的理论支撑和科学的逻辑论证,能用概念准确地给予解读和阐释。马克思主义哲学理论工作者需要自觉改造自己,要开动脑筋,碰了钉子不要怕,在教育宣传过程中总结好普及经验。马克思主义哲学的现实应用也是

　　① 　冯定.冯定文集(第 2 卷)[M].北京:人民出版社,1989:530.

　　② 　冯定.冯定文集(第 2 卷)[M].北京:人民出版社,1989:530.

　　③ 　姚惠龙.冯定应用哲学的主要特征[J].北京大学学报(哲学社会科学版),1993(2).

　　④ 　马克思恩格斯选集(第 1 卷)[M].北京:人民出版社,1995:57.

一种创新,是结合现实条件,对马克思主义理论融会贯通之后的再加工、再创作。

对于哲学与实践的关系问题,在中华人民共和国成立后学界也有过争论。哲学离不开实践甚至源于实践,实践构成了哲学发展的动力和目的;同时,哲学也应回到实践并指导实践,在接受实践检验中获得长足发展,而不能仅仅成为书斋里的"死"学问。冯定在哲学应用中坚持从具体的实际出发,反对哲学应用过程中的庸俗化、教条化倾向,勇于同形而上学与"左"倾错误思想作斗争。比如,在对待民族资产阶级的问题上,冯定没有以偏概全,而是从历史发展、利益冲突、阶级两面性等方面进行分析。他指出,各国兄弟党都有自己的民族特色,必须用特别细心、艰苦的商量和谈心的方式,才能在提高理论中达到团结的目的。① 陆学艺曾指出:"冯定先生这样全面地历史地分析问题,有理有据,很有说服力,真正做到了以理服人,这是我们应该学习的。"②因此,冯定对现实问题的分析坚持了唯物辩证法,始终能从理论角度全面系统地分析现实问题。马克思曾讲:"理论只要彻底,就能说服人。"③这里的彻底,就是全面系统、深入浅出,能真正做到理论的深刻透彻与实践的客观有据。

冯定强调,要在基层中学哲学、用哲学。他对学生讲:"知识分子应该和工农大众相结合,教育要同生产劳动相结合,不要认为大学生参加体力劳动就降低身份,不要认为党员工作了几年再去劳动就吃了亏。"④他让学生放下架子,以普通劳动者身份参加劳动,虚心向群众学习。他多次鼓励学生参加社会调研,多到农村等最艰苦的地方进行锻炼。在北大开门办学期间,冯定要求学生把社会调研和社会实践看成一门大学问,学好、用好马克思主义哲

---

① 冯定.关于掌握中国资产阶级性格并和资产阶级的错误思想进行斗争的问题[J].学习,1952(4).

② 陆学艺.学习冯定先生理论联系实际的学风[M]//谢龙.平凡的真理 非凡的求索:纪念冯定百年诞辰研究文集.北京:北京大学出版社,2002:394.

③ 马克思恩格斯选集(第1卷)[M].北京:人民出版社,1995:9.

④ 章玉钧.对平凡真理的非凡探索:心香一瓣献吾师[J].西南民族大学学报(人文社科版),2003(7).

学,切实提升认识社会、参与社会实践的能力和水平。

冯定一生从事应用哲学研究,同样坚持了学术性与应用性的统一,即使在政治运动中被打倒,也坚持真理不动摇。20 世纪 60 年代学界对冯定展开的所谓学术批判,深受政治运动影响,实质是政治批判,也就难以有真正的学理性和科学性。在冯定那里,他的应用哲学或通俗哲学不是政治哲学或政治灌输,哲学大众化、通俗化服务的对象是群众,从来不是服务并屈从于政治的。因此,哲学的应用性不能等同于哲学的政治性,哲学应有自己的底线、原则。就如同中国实践道路的选择一样,在以马克思主义为指导的社会主义国家,马克思主义哲学的中国化、大众化既有政治需要,也有学术需要,但应辩证地审视二者间的界限,既要有政治需求的理解,也应有学术发展路径的理解,否则马克思主义就难以在学理和思想指引上为马克思主义哲学的现实应用做支撑,其发声、发言也难以形成强大的社会影响力和学术影响力。同理,我们不能否定冯定从学术角度对马克思主义大众化所做的重要贡献,在教育和宣传领域的马克思主义中国化、大众化都是以学术研究创新为前提的,都是对照本宣科的否定。冯定提出的社会主义建设时期应重视个人、否定阶级斗争等主张,正是其马克思主义哲学的中国化探索,是结合中国实践提出的,也带有中国传统文化烙印。"中国传统思想中中庸的精神潜移默化地影响着冯定的学术研究,导致他在待人处事和著述论文中均呈现出宽厚和包容的特点。"[①]他的马克思主义中国化探索既有原则性,即真理性、群众性、党性,又提倡多元包容性,反对一元化的马克思主义中国化研究,更反对使马克思主义中国化、大众化、通俗化研究成为替政治代言乃至政治斗争的工具。根据需要研究、发展和传播马克思主义是冯定哲学研究的重要思想原则,其应用哲学真正抓住了马克思主义实事求是的精髓。一个马克思主义学者也只有坚持了这些原则,才能在挫折和逆境中矢志不渝、不卑不亢,才能以开放发展的态度对待马克思主义。

冯定在推进马克思主义改革方面非常重视对实践的研究。他认为马克

---

① 刘晶.时代变迁与道术变幻:中国当代哲学家共同体的形成、分化与重组[D].哈尔滨:黑龙江大学,2017:277.

思主义哲学中的认识之所以科学、具体,是因为这些认识都要用于实践并接受实践检验。否则,认识将会是抽象的、空洞的。也只有从实践出发才能凸显新哲学同以往哲学的根本区别和创新之处。因此,马克思主义哲学不仅是世界观和认识论,也是人生观和方法论。学哲学就是要指导青年人学会认识世界、学会做人以及在改造世界的过程中服务社会。这一点也充分说明马克思主义哲学中国化实现了马克思主义哲学同中国哲学的契合,即哲学不是建构一套抽象复杂的理论体系,而是指导实践,正确处理人与人之间的关系。这既符合中国哲学所探求的人生观意蕴,也符合马克思主义哲学改造世界的价值追求。马克思主义哲学中国化的这一过程既体现了冯定等老一辈马克思主义学人在中国文化软实力提升方面所做的贡献①,也标志着中国人面对外来文化冲击所做出的应对之道具有吸收、整合、创新的强大创造力。

五、不拘一格地推进马克思主义理论时代化创新

冯定对马克思主义哲学理论体系合理化做出了重要贡献,为革除苏联教科书的弊端提供了重要参考,推进了 20 世纪 80 年代的教科书改革。冯定坚持从实际出发,具有独立探索的治学态度,从不人云亦云,而是敢于破陈规,立一家之言,这也是其观点与改革开放后的学术前沿依然能够顺利对接的主要原因。在研究过程中,冯定对马克思主义哲学理论体系进行了探索创新。首先,他逐步摆脱苏联教科书哲学体系的影响,从中国现实出发来审视马克思主义哲学,从广大群众特别是青年的心理需求出发来解读和宣传马克思主义理论。在谈到《平凡的真理》一书的写作结构时,冯定指出:"我觉得从具体的思维器官开始,从出现现象至心理现象再至社会现象,这使读者对于辩证唯物主义的认识论的接受,有了坚实的基础。这种基础,既

---

① 路克利.海外马克思主义中国化研究[M].北京:人民出版社,2016:243.

便于作者的继续叙述,也便于读者的继续领会。"①这样的逻辑结构体现了认识的客观物质性和循序渐进性,兼顾了作者叙述和读者领会的内在统一性。冯定同时指出,把历史唯物主义和具体实践问题引入真理探讨中是很有必要的,这突破了旧唯物主义者在认识论上的局限性,使辩证唯物主义与历史唯物主义融为一体。在《人生漫谈》小序中,冯定强调以世界观、历史观为经,以有关人生的具体问题为纬,再归总谈人生观,这样,"溶辩证唯物主义和历史唯物主义于一体,溶哲学和伦理学于一体,把世界观和人生观、自然科学知识和历史社会知识紧密结合起来,形成了一个独创的体系"②。冯定、李达等也继承了列宁的哲学思想,把对立统一看成哲学基本的、核心的概念并作为一条红线贯穿于整个体系,达到世界观、认识论、方法论统一的科学体系。③《平凡的真理》一书也遵循了对立统一规律,展示了事物认识和事物发展相统一的基本运动过程,并在对立统一中深化和丰富了对"真理""平凡"等基本概念的认识。该书从真理与智慧、真理与谬误、真理与规律、真理与实践四个方面构建人类探索真理的客观历程,旨在帮助青年更好地把握真理、改造世界。在此,认识论问题与人生观问题就构建了密切的联系,从而有利于使真理的客观性与主观性、客观真理与主观真理实现内在统一。许全兴认为,冯定把"认识真理和遵从真理"作为《平凡的真理》的中心,辩证地处理了物质与精神、主观与客观、认识世界与改造世界的关系,强调了从认识论角度讲本体论和历史唯物论的原则。冯定的哲学体系论证在逻辑上始终遵循矛盾分析的原则,坚持了认识的客观物质性前提,因而是唯物辩证法在理论分析和学术建构上的展开。

　　改革开放以后,冯定打破苏联教科书模式,为探索马克思主义哲学教材体系改革做出了重要贡献。他强调新教科书要以实践为基础并贯穿始终,并提出把唯物论同辩证法结合起来。在冯定看来,自然观、历史观、认识论

---

①　冯定.关于"平凡的真理"[J].读书月报,1957(2).

②　夏征农,舒文,苗力沉,等.论冯定同志的理论贡献[J].学术月刊1994(4).

③　苗力沉,褚静宇.冯定的哲学和伦理学思想探讨[J].北京大学学报(哲学社会科学版),1993(2).

的唯物主义论证都离不开辩证法,坚持唯物论就必须坚持辩证法,因而马克思主义的辩证法就是唯物辩证法。陈唯实同志也曾强调,"马克思主义哲学的唯物论与经验主义也不同,并且坚决地和彻底地反对经验主义"①。防止把唯物论当成经验主义,就必须运用辩证法去把握,"把辩证唯物论的论点扩展于社会生活、社会历史的研究上,扩展于政治以及无产阶级政党的实际活动上"②。此外,冯定突出了历史唯物主义的中心地位。他在北大主编的哲学教科书的提纲中,共设计书稿 24 章,其中有 11 章是历史唯物主义问题,居于全书中心地位。他反对把对自然的认识直接转移到社会实践领域,凸显了人的主体性和社会领域的特殊性。③ 其实,冯定对马克思主义哲学教材体系的探索继承了《平凡的真理》的哲学体系改革思想。他在破除苏联教科书体系影响的同时,力求从中国现实出发重新审视马克思主义哲学,从理论体系改革角度推进了马克思主义哲学的中国化发展。在 1959 年末北京大学哲学系辩证唯物论与历史唯物主义研究室编写马克思主义哲学教材时,担任主编的冯定就倡议按照辩证唯物论和历史唯物主义融为一体的框架撰写,并亲自撰写绪论。在 1978 年召开的"芜湖会议"上,哲学界专家学者首先就西方哲学史的性质、哲学史中的两条路线斗争、关于西方哲学史的分期、哲学史研究的方法等问题进行了深入探讨。冯定也应邀参加并在讨论会上做了主题为"哲学工作者的历史使命"的学术报告,受到与会者的热烈欢迎。冯定参与的这次学术讨论体现出哲学学术性的回归,逐步克服以往把哲学史仅看作社会政治状况的直接反映以及以社会形态或阶级属性作为分期标准的简单化倾向,被称为"我国现代外国哲学研究的一个转折点"。④ "芜湖会议"还凸显了人的价值、人的主观能动性,推进了学界由直观反映论向能动反映论的认识转向。20 世纪 80 年代在学界掀起的哲学教科

① 陈唯实.陈唯实文选[M].广州:广东人民出版社,1986:129.

② 陈唯实.陈唯实文选[M].广州:广东人民出版社,1986:132.

③ 章玉钧.对平凡真理的非凡探索:心香一瓣献吾师冯定[J].西南民族大学学报(人文社科版),2003(7).

④ 参考国家哲学社会科学规划办公室 1977 年编写的《哲学社会科学各学科研究现状与发展趋势》。

书改革,很重要的一个特点是考虑到了改造世界的主体问题,开始从社会历史领域而不仅仅从自然界领域思考世界的物质性和客观性。于是,在哲学体系建构上,冯定等学者充分考虑到了被教育者或宣传对象的实际状况,这种逻辑体系既符合事物本身的客观规律,又符合被宣传者认识世界和改造世界的特点。

冯定的马克思主义哲学理论体系变革体现了从世界观到认识论、从理论到实践、从世界观到人生观的逻辑关系。《平凡的真理》一书把哲学看成真理,从认识论角度来看哲学,即把马克思主义哲学当成人类认识史。这与苏联教科书仅仅把哲学看成世界观有很大不同,冯定把哲学既看成世界观,也看成认识论。陶行知有句名言,"生活即教育"。在冯定那里,"生活也是哲学"。哲学是真理,但不是神秘的、神圣的真理,而是贴近生活的、平凡的真理。为此,马克思主义新哲学在理论体系上必须体现从抽象到具体、从原理到生活、从神圣到世俗的逻辑。从根本上讲,自然现象及其规律与社会现象、精神现象及其规律都具有内在统一性,对人来讲不能片面地割裂自然界与人类社会。冯定在马克思主义哲学研究中批判了机械反映论,肯定了能动的反映论。所以,他讲真理与智慧、真理与谬误、真理与规律、真理与实践等,充满了辩证法的智慧,是从社会与自然统一的角度,而非仅仅从自然的角度来审视社会性的人及其活动。冯定在自然与社会、人生观与世界观的辩证关系中探索马克思主义新哲学,强化了认识世界与认识自我的辩证关系。为此,冯定讲有关世界的道理,始终离不开人的人生选择及社会实践活动,哲学在一定意义上充当的是人类认识自我、社会、自然界的工具。不能脱离认识主体谈认识客体,在二者间的辩证关系中谈或许更符合现实;也不能以自然科学思维来审视自然界,因为对人而言,认识世界才有意义,马克思主义者应该在人化的自然中探讨世界的客观性问题。冯定把世界观与人生观、认识论相结合的理念,在一定意义上推进了 20 世纪 80 年代哲学教科书理论体系的改革。

冯定以认识论为起点,积极构建了马克思主义哲学大众化体系。从中国的马克思主义哲学大众化发展史的角度看,艾思奇最早规范了中国马克思主义哲学体系的基本形态。艾思奇对辩证法唯物论的阐发是在对张东荪

晚年冯定

和叶青哲学思路和思维方法批判基础上展开的,并在《大众哲学》中沿用了这一论证思路,引领了马克思主义哲学大众化研究的基本方向。就哲学构造而言,艾思奇将本体论、认识论、方法论分为体系和方法两大类,本体论和认识论作为一个整体属于哲学体系的内容和框架,方法论则属于方法,而体系与方法二者对立统一,即马克思主义哲学主张体系与方法相统一:马克思的辩证法附着于唯物论体系,是唯物论的辩证法;马克思主义也有自己的本体论即方法论,这就是辩证法的唯物论。因此,艾思奇在《大众哲学》中以本体论、认识论、方法论的思路建构辩证法唯物论体系,以本体论为根本,认识论和方法论以此为展开;同时,指出马克思主义哲学——辩证法唯物论就是三者的有机统一,这就从正面回答了马克思主义哲学有没有本体论这一基本问题,并对规范中国马克思主义哲学的基本形态提供了很好的范本。如果说艾思奇的《大众哲学》为辩证法唯物论体系的探索提供了思路,并在以后的很长一段时间规范了中国马克思主义哲学的基本形态,那么,冯定的《平凡的真理》的不平凡之处则体现在他为马克思主义哲学体系的改造提供了有益启示。与艾思奇将马克思主义哲学本体论解释为马克思主义哲学最为重要的内容,并在此基础上进一步阐发认识论和方法论以及三者作为一个整体的有机统一性不同的是,冯定在《平凡的真理》中将认识论和真理论作为核心,对马克思主义哲学体系进行了重新编排。《平凡的真理》并不是讲狭义的认识论,而是将广义的认识论作为哲学研究的对象,通过讲人的认识来建构一个真理论体系,同时将唯物论、辩证法、方法论、唯物史观以及人生修养等问题贯穿其中,每一篇都讲真理的认识,每一篇又贯穿其他内容。《平凡的真理》将诸多内容融为一体,既突出认识论和真理论的内容,又对马克思主义哲学基本原理做了全面介绍,逻辑清晰,层次分明,自成一家之言。冯定对哲学体系的编排符合哲学的本义。物质和精神的关系问题是哲学研究的基本问题,这一问题既包含何者是第一性的问题,也包含精神是否能反映物质的问题。因此,与其说物质和精神的关系问题是本体论问题,不如说其是认识论问题。哲学的使命就是教会人如何去认识世界和改造世界,同样,广义的科学认识论不仅要研究如何认识世界,还要研究如何改造世界即认识真理和遵从真理。因此,把认识论作为哲学研究的中心,既没有取消传统的本体论,也没有取消历史唯物论,相反,科学的认识论本身就以本体论和历史唯物论为基石,这与艾思奇在《大众哲学》中勾画的中国马克思主义哲学以实践为基础的知识型本体论框架不谋而合。

第八章　冯定推进马克思主义哲学
通俗化的当下借鉴

冯定为推进马克思主义的大众化做出了诸多有益的探索，为我们留下了宝贵的思想财富。尽管今天我们所处的时代背景、大众化的具体对象、目的和任务情况和冯定所处的时代相比已经发生了很大的变化，但究其大众化的本质内涵和基本功能，仍然是一致的。因此，我们要学习和借鉴前人给我们留下的宝贵历史经验，为加快推进新时代马克思主义在中国的大众化努力奋进。可能有些人对哲学通俗化工作存在认知偏见，认为大众化、通俗化可能削弱了马克思主义哲学的学理性、科学性、系统性。但是，对于非哲学专业的普通大众而言，哲学大众化、通俗化还是要有人去研究、去传播的，也是最接地气、最具有社会影响力的工作。

一、时代发展与民众需要是马克思主义哲学创新的源泉

冯定总是立足于中国的具体实际来开展马克思主义哲学研究，充分彰显了马克思主义哲学理论创新的内在实质。我们常讲，"哲学是时代精神的精华"。时代精神既内在地蕴含了时代的理论问题、理论任务，也内在地蕴含这个时代民众的精神需求和民族个性。因此，立足于中国具体实际开展

马克思主义哲学研究,是中国马克思主义哲学研究应有的方法论原则。所谓中国的具体实际,至少有两层含义。其一,中国的具体实际是中国马克思主义哲学研究应有的出发点。恩格斯指出:"原则不是研究的出发点,而是它的最终结果;这些原则不是被应用于自然界和人类历史,而是从它们中抽象出来的;不是自然界和人类去适应原则,而是原则只有在符合自然界和历史的情况下才是正确的。这是对事物的唯一唯物主义的观点。"①对于中国马克思主义哲学研究来说,要做到既体现马克思主义哲学的基本精神又具有中国特色,就必须从中国的具体实际出发。其二,中国的具体实际也是中国马克思主义哲学研究应有的落脚点。马克思主义哲学研究目的是帮助人们更好地处理与客观世界的关系,特别是为人们改造世界的实践提供理论指南。立足于中国的具体实际开展马克思主义哲学研究,实质上就是要把马克思主义哲学中国化。毛泽东曾说:"共产党员是国际主义的马克思主义者,但是马克思主义必须和我国的具体特点相结合并通过一定的民族形式才能实现。马克思列宁主义的伟大力量,就在于它是和各个国家具体的革命实践相联系的。对于中国共产党说来,就是要学会把马克思列宁主义的理论应用于中国的具体的环境。成为伟大中华民族的一部分而和这个民族血肉相连的共产党员,离开中国特点来谈马克思主义,只是抽象的空洞的马克思主义。因此,使马克思主义在中国具体化,使之在其每一表现中带着必须有的中国的特性,即是说,按照中国的特点去应用它,成为全党亟待了解并亟须解决的问题。"②马克思主义哲学中国化就是把马克思主义哲学与中国的具体实际相结合,即把马克思主义哲学运用于中国的具体环境,使马克思主义哲学带有中国的特性,按照中国的特点去应用马克思主义哲学,使马克思主义哲学在中国具体化。

马克思主义哲学在中国的具体化,包括两方面内容:一是把马克思主义哲学与中国的文化传统相结合;二是把马克思主义哲学与中国的当前现实相结合。冯定主要致力于后者,也就是运用马克思主义哲学考察和分析中

---

① 马克思恩格斯文集(第 9 卷)[M].北京:人民出版社,2009:38.
② 毛泽东选集(第 2 卷)[M].北京:人民出版社,1991:534.

国当时的现实,从中提炼出具有时代性和普遍性的哲学问题,并通过对这些问题的创造性问答,指导中国当时的实践,推进马克思主义哲学的发展。首先,冯定立足于中国的具体实际开展马克思主义哲学研究,这是马克思主义哲学的本质要求。列宁把马克思主义哲学的这一本质要求概括为"具体地分析具体的情况"的原则,并根据这一原则明确提出了马克思主义民族化的思想。他说:"对于俄国社会党人来说,尤其需要独立地探讨马克思的理论。因为它所提供的只是总的指导原理,而这些原理的应用具体地说,在英国不同于法国,在法国不同于德国,在德国又不同于俄国。"①马克思主义哲学中国化就是马克思主义哲学民族化的重要表现形式之一。也就是说,只有坚持马克思主义哲学与中国的具体实际相结合,立足于中国的具体实际开展马克思主义哲学研究,才能真正体现马克思主义哲学的本质要求。其次,冯定立足于中国的具体实际开展马克思主义哲学研究,是中国社会发展的客观需要。正如毛泽东所说:"中国人向西方学得很不少,但是行不通,理想总是不能实现。多次奋斗,包括辛亥革命那样全国规模的运动,都失败了。国家的情况一天一天坏,环境迫使人们活不下去。怀疑产生了,增长了,发展了",直到"十月革命一声炮响,给我们送来了马克思列宁主义。十月革命帮助了全世界的也帮助了中国的先进分子,用无产阶级的宇宙观作为观察国家命运的工具,重新考虑自己的问题"。②

立足于中国的具体实际开展马克思主义哲学研究,实际上是毛泽东等中国的马克思主义者早已确立了的中国马克思主义哲学研究的方法论原则。冯定切实践行这条方法论原则,从下面几个方面着手。

第一,冯定坚决反对各种形式的教条主义。立足于中国的具体实际开展马克思主义哲学研究的方法论原则,要求我们从中国的具体实际出发,用马克思主义哲学的立场、观点和方法研究中国社会发展过程中的各种问题。正如冯定所说:"教条主义的过错,不在从事理论,而在硬套空洞的教条。理论,不论是国内的或者国外的,不论是自然科学的或者社会科学的,如果是

---

① 列宁选集[M].北京:人民出版社,1975:274-275.
② 毛泽东选集(第 4 卷)[M].北京:人民出版社,1991:1470-1471.

从人类的实际经验中总结起来的,是必须学习的。但是,只知学习理论,而不知运用理论,或者不管时间地点和条件而硬套理论,那么理论就脱离实际而变成空洞的教条了;不仅无益,而且有害。"①因此,作为马克思主义哲学创始人的马克思和恩格斯一贯都反对把他们的理论当成教义、教条或现成的公式并"按照它来剪裁各种历史事实",要求人们把他们的理论与各国的具体实际结合起来。冯定也曾明确表示:"真理从来不是抽象的,而是具体的;这就是说,任何公式和原理,或者任何规律,都是必须在具体的事物中表现出来的;事物是多种多样的,因而表现也不得不是多种多样的。"②他也总是教导学生,无论是做人还是求学问,都不得有半点虚假,不要有镀金或苦熬一阵子的投机思想。可见,冯定在做人和研究上都彰显了求实作风,符合合格马克思主义者应有的品格。他不但做真学问,还做真人,真真正正地做一个马克思主义学者。

第二,冯定将教条主义和经验主义相比较,辨析其异同,强调理论结合实际的重要性,而不能偏颇其一。从认识论意义上来说,冯定认为经验主义的错误不在于从实践中获取经验,而在于刻板套用狭隘的经验。在《经验主义的过错就在死搬狭隘的经验》一文中,冯定指出:"从事实际的人而轻视理论或者忽视理论,将个人的一时一地的实际经验当做是至高无上的东西,那么实际就受了限制而经验也成为狭隘的了。狭隘的经验,如果不问时间地点和条件而去死搬,结果是无益有害的。"③因此,冯定认为教条主义和经验主义的共同点就是脱离实际。从这一共同点牵引出来教条主义和经验主义的辩证关系,正如冯定所说:"教条主义是范围广大的经验主义;因为教条主义者在死套教条时,总是不仅说,这是某人某人的理论,而且还要说,这是某国革命的经验等等,经验主义是范围微小的教条主义;因为经验主义者在硬搬经验时,虽多半是只知如此这般,而说不出道理来,但也尽有将狭隘的经验归纳为几条鸡零狗碎的东西,甚至归纳为较有系统的几条而形成理论的

---

① 冯定.平凡的真理[M].北京:中国青年出版社,1982:168-169.
② 冯定.平凡的真理[M].北京:中国青年出版社,1982:169.
③ 冯定.平凡的真理[M].北京:中国青年出版社,1982:172.

样子的。"①

第三,冯定主张马克思主义哲学研究的学术性与现实性之间要保持必要的张力。马克思主义哲学研究立足于中国的具体实际必然包括中国的当前现实,而教条主义却阻隔了马克思主义哲学与各国具体实际相结合。冯定强调:"知识分子容易犯教条主义的错误,这是因为知识分子先从书本上获得知识,而不深知书本知识必须到实际中去考验和去充实的缘故。……在教育中或者在研究中的书本知识,总是和无限丰富无限复杂的实际有些距离的。"②在此之前,恩格斯也曾对教条主义的这一错误进行批判并声称:"马克思的整个世界观不是教义,而是方法。它提供的不是现成的教条,而是进一步研究的出发点和供这种研究使用的方法。"③冯定认为:"理论和实际,正象理性知识和感性知识一样,是在人们的实践过程中相互促进和提高的;也只有这样,才不会犯或者少犯教条主义或者经验主义的过错。如象马克思列宁主义中有关革命和社会主义建设的理论,那是再'天经地义'也没有了,但也还是必须和实际相结合的。……注意理论,但又不忘某一国家,某一民族乃至某一地区、某一部门的具体情况;注意实际,但又不忘总的原则和整个社会的发展方向;这是防范教条主义或者经验主义必不可少的。"④

第四,冯定坚决反对唯心主义。首先,唯心主义一度成为资产阶级手中有力的武器,而用唯心主义指导科学更具误导性。冯定认为资产阶级的一些学者不仅拿唯心主义去指导自然科学,而且当自然科学对客观物质世界有新的发现和有更进一步正确认识的时候,总是要进行曲解。冯定以物理学为例补充道:"物理学日新月异的成就,本来使人对于物质的认识是更加丰富和更加深刻了,然而资产阶级的学者却有意喧喧嚷嚷表示高兴,好象唯心主义竟因此而得救了。原子的破裂,说明我们认识了比原子更小的物质颗粒,好象我们不仅认识整个的核桃而且还能够劈开核桃而认识其中的仁

---

① 冯定.平凡的真理[M].北京:中国青年出版社,1982:173.

② 冯定.平凡的真理[M].北京:中国青年出版社,1982:171.

③ 马克思恩格斯全集(第39卷)[M].北京:人民出版社,1974:406.

④ 冯定.平凡的真理[M].北京:中国青年出版社,1982:173.

和仁上的衣一样；可是反动学者却说物质消灭了，好象现在没有消灭的只有灵魂和精神了。"①其次，冯定认为反动统治阶级虽然不会有唯物主义的思想体系，但是反动统治阶级为了巩固其统治，也并不是完全排斥唯物观点甚至个别辩证观点的。冯定在《反动统治阶级并非一点唯物观点也没有的》一文中指出："反动统治阶级对革命者并不怕其没有物质躯壳的精神，而怕的正是其具有物质躯壳的精神；所以越是当其无法维持统治的时候，就越是对革命者的人体实行疯狂的消灭了。……反动统治阶级辱蔑群众，然而也不是完全不知道群众的觉悟和接受了革命的真理就会变成不可阻挡的力量的；这种力量可不是虚无的，而是和群众的存在同样真实的；这就是反动统治阶级总不惜功本有时在愚弄人民有时又在煽动人民的道理。"②因此，冯定强调作为马克思主义者不能单纯将反动统治阶级和唯心主义者设想成蒙昧无知且完全没有唯物或者辩证观点，与此同时，冯定提醒道："必须注意他们的主观主义正因多少总是有些客观现实当做倚靠而格外表现出来了死硬和顽固的态度，否则我们就会轻敌，就不能'知己知彼、百战百胜'，因而就会在国内国际的尖锐斗争中而蒙受损失。"③最后，冯定认为，要想彻底粉碎唯心主义就要有高度文化。"高度文化"在冯定的语境里，并不是说每个人在有为人民服务的精神前提下都成为各领域的杰出专家，而是说当人类社会进入共产主义社会后，体力劳动与脑力劳动的本质差别被消灭了，同时，在科学技术的不断推进下，包括辩证唯物主义和历史唯物主义在内的科学知识成为家喻户晓的东西。

总之，冯定始终强调真理的获取及传播必须走群众路线，通过汲取群众的实践智慧发展哲学，通过向群众传播真理使群众掌握改造世界的思想武器。冯定待人真诚，他在人生观中强调要尊重人，尊重群众的意见，经常关注群众中出现的新事物。马克思主义人生观强调人的平等性和人的尊严。冯定认为这既是一条对待他人所应有的常识，又蕴含着深刻而伟大的人生

①　冯定.平凡的真理[M].北京:中国青年出版社,1982:153.
②　冯定.平凡的真理[M].北京:中国青年出版社,1982:160.
③　冯定.平凡的真理[M].北京:中国青年出版社,1982:161.

哲理,因而闪烁着人性的光辉。冯定总是秉着对青年负责的态度从事马克思主义理论教育,把努力帮助青年人树立科学的人生观当成他做人的职责和使命。冯定尊重他人的不同意见,勇于接受群众的批评并进行自我批评。他强调"不仅必须尊重群众的意见或者群众中多数人的意见,而且也还必须尊重群众中少数人的意见"①。可见,他不以人数多少来判断意见是否正确,而是坚持以客观真理为标准。他的群众史观也蕴含着辩证智慧,不盲目认为大多数人所赞同的就一定是真理,而是认为真理也同样可能掌握在少数人手里。他还倡导真理探索离不开百家争鸣和自由讨论,反对唯我独尊、自以为是的狭隘独断作风。因此,他反对论资排辈,反对根据人数多寡来判断意见的真理性,而坚持一视同仁,鼓励青年人打破常规,力求做到思想解放和理论突破。他的人生观教育试图唤醒群众的自我意识,提醒群众要敢于对领导人物进行批判,而不是搞个人崇拜并把领导人物偶像化或神化。特别是在社会主义社会,群众应重视自己的力量,反对个人崇拜,而不是处于消极被动的地位。否则,社会主义事业就会有巨大的危害或损失,也不符合集体主义的思想原则。② 这些都是冯定尊重他人创造性和人生选择的重要体现,肯定了群众和个人的自觉意识和主观能动性。

如同毛泽东说讲的,"从孔夫子到孙中山,我们应当给以总结"③,冯定等近现代中国学人关于如何推进马克思主义哲学中国化、大众化、通俗化方面的经验,我们也应当认真总结。从中找出一些成功的规律和失败的经验教训,多元地、包容性地审视他们的努力探索,而不是以"事后诸葛"的心态或不可超越的心态来看待。从成功之处看,"有分析地吸取和改造中国传统文化的优秀成分(特别是中国传统哲学的精华),使马克思主义具有中国人喜闻乐见的形式,是马克思主义中国化的必然要求"④。这也就是说,推进马克思主义中国化必须具体到民族化、通俗化,以中国人的文化储备和认知能力

---

① 冯定.冯定文集(第1卷)[M].北京:人民出版社,1987:535.
② 冯定.冯定文集(第1卷)[M].北京:人民出版社,1987:546.
③ 冯定.平凡的真理[M].北京:中国青年出版社,1980:68-69.
④ 陶德麟.马克思主义哲学中国化研究的方法论问题[J].马克思主义哲学研究,2005(1).

为条件。同时,把马克思主义具体运用到中国具体实践中,解决中国的现实问题,在运用中检验马克思主义。正如韩树英在《通俗哲学》中所讲的:"学习马克思主义哲学,可以帮助我们用科学的世界观作为观察国家命运的工具,更好地认识社会发展的规律,把握历史前进的方向。"①

从元哲学角度看,推进马克思主义哲学中国化、大众化、通俗化,必须根据时代变化推进哲学观变革。首先,要做到思想解放,继续推进思维方式变革,用不断发展着的中国特色社会主义实践推进马克思主义哲学创新。既反对"只谈马克思列宁主义哲学的一般原理,而忽视毛泽东同志对马克思列宁主义哲学的贡献",又反对"脱离马克思列宁主义哲学的一般原理,或对马克思列宁主义的一般原理还没有搞清楚,就任意用贴标签的方式,空谈毛泽东同志对它的发展"。② 其次,马克思主义哲学创新的问题不仅是一个理论创新问题,也不仅是一个实践创新问题,而且是理论创新与实践创新如何有机衔接的问题。因此,在内容上,要敢于打破常规,以实践为根基来提炼系列新观点。在思维上,打破以往非此即彼的二元思维局限性,树立实践观点的思维方式,避免在哲学大众化、通俗化过程中把马克思主义哲学简单化、机械化,而是力求做到思想性、现实性、理论性的内在具体统一。具体而言,既做到理论观照现实,又要使现实激活理论;既要使马克思主义指导中国,又要在中国发展马克思主义;既要对马克思主义做经典的、整体性理解,又要对马克思主义做时代性、民族性阐释。此外,还要推进马克思主义同其他社会思潮、其他自然科学或社会科学进行对话。③

二、提升马克思主义哲学的民众认同须做好通俗化运用

冯定研究和传播马克思主义人生观的目的就是发挥马克思主义对人民

---

① 韩树英.通俗哲学[M].北京:中国青年出版社,1982:16.

② 艾思奇.哲学与生活[M].北京:煤炭经济出版社,2017:223-224.

③ 孙正聿,王海锋.用理论照亮现实:马克思主义哲学中国化的百年回顾与展望[J].社会科学战线,2021(1).

群众的人生指导作用,提升个人修养和认识能力,调动群众积极性,推进革命和社会主义建设事业的发展。在他看来,哲学虽然是抽象的,但具有普遍性,对科学探索和社会发展能发挥指导作用。当然,这种指导只能是原则、方法、思维方式的指导,而不是教条的、结论性的指导,因此,应该具体地、历史地、辩证地审视哲学的应用和指导作用。新民主主义革命和社会主义现代化建设都是广大人民的事业,马克思主义哲学必须在思想上发挥指导作用,坚决同个人主义、实用主义、拜金主义、利己主义等西方人生观作斗争。冯定的应用哲学强调人生观研究、教育、培育都应与社会主义建设的实践相结合,离开具体的、历史社会实践,人生观就是抽象的,也容易蜕变为唯心主义人生观。因此,冯定的人生观研究是同历史唯物主义相结合的,是在一定的历史条件和社会需求中谈人生。人生观的多样性和变化性最终由变化的中国实践所决定,也是在诸多历史条件或社会系统作用下相互作用的结果。马克思主义的人生观研究必须结合中国实践,根据中国现实需要和中国社会条件来推进。冯定人生观的主体依然是群众,其推崇的人生观是满足群众需要的人生观。只有把马克思主义理论送到人民手中,才能使更多的干部群众运用理论去分析与解决现实问题。

若想"传"好、"用"好马克思主义理论,就要使其易于被理解和接受,通俗化就成为必然途径之一。纵观冯定一生,其可谓对这一途径进行了自觉探讨和遵循,这既是对马克思主义理论内在要求的顺应,又是对现实具体要求的回应。

第一,通俗化是马克思主义理论的内在要求。马克思主义理论是无产阶级的世界观和方法论,"人民群众创造历史"乃历史唯物主义经典原理,"实践本性"是马克思主义与一切旧思想相区别的根本标志,人民群众是实践的主体。马克思曾说:"理论只要说服人,就能掌握群众;而理论只要彻底,就能说服人。"①毛泽东也曾指出:"马克思列宁主义来到中国之所以发生这样大的作用,是因为中国的社会条件有了这种需要,是因为同中国人民革命的实践发生了联系,是因为被中国人民所掌握了。任何思想,如果不和客

---

① 马克思恩格斯文集(第 1 卷)[M].北京:人民出版社,2009:11.

观的实际的事物相联系,如果没有客观存在的需要,如果不为人民所掌握,即使是最好的东西,即使马克思列宁主义,也是不起作用的。"①然而,广大劳动人民不可能自发地接受和掌握马克思主义理论,无产阶级极少有机会接受系统的文化教育,马克思主义理论对于当时大部分人民群众来说,是高深晦涩、抽象难懂的,这决定了我国的马克思主义学者在宣传和传播马克思主义哲学的过程中,必须做好马克思主义哲学的大众化、通俗化工作。这正是冯定将马克思主义哲学变为"平凡的真理"的内在要求,因此才有了《平凡的真理》一书的问世。其目的就在于使马克思主义哲学原理从深奥艰涩变为通俗易懂、由理性抽象转为具体生动,更好地为广大人民群众所掌握。改革开放以后,韩树英主编的《通俗哲学》就通俗易懂。② 该书在结构上既保障了马克思主义哲学的系统性和完整性,又在形式上彰显灵活、简明的特点,里面还配有具有讽刺意味的漫画,令大众在轻松诙谐之中领悟马克思主义哲学的真谛。

　　第二,通俗化是马克思主义哲学大众化进程的前提和手段,进而为马克思主义哲学的时代化与中国化助力,使适应时代变革的马克思主义哲学被广大人民群众所接受、理解并运用。"思想根本不能实现什么东西。为了实现思想,就要有使用实践力量的人。"③在马克思主义话语体系中,"使用实践力量的人"主要就是掌握理论的人民群众。人民群众不仅是马克思主义教育的接受者,而且是马克思主义理论的宣传者,其积极主动性对于马克思主义大众化起到了有效的推动作用。所以说,将马克思主义哲学通俗化,提高人民的思想觉悟,使更多群众掌握其理论,是作为外来哲学的马克思主义哲学在中国"站稳脚跟"的现实需要与必然要求。这就需要一批有教养的人即知识分子来对群众进行宣传引导,而冯定的《平凡的真理》即是顺势而为之作,其能给读者一种指引,为马克思主义的传播和普及提供了一些流行而又通俗、易于被不同阶层群众所熟悉的途径,有力推进了马克思主义哲学的大

①　毛泽东选集(第 4 卷)[M].北京:人民出版社,1991:1515.
②　韩树英.通俗哲学[M].北京:中国青年出版社,1982.
③　马克思恩格斯全集(第 2 卷)[M].北京:人民出版社,1957:152.

众化。《平凡的真理》采用通俗易懂的方式向群众宣传马克思主义哲学,帮助广大青年树立了正确的世界观和人生观,将马克思主义内化为人们的信仰,为人民群众改造世界提供了强大精神动力。许多处在徘徊中的青年受到冯定思想的影响,走上了革命的道路。在通俗化的具体做法上,首先,要创新马克思主义内容的解读方法。将马克思主义与人民群众的生活实践相融合,使抽象化、理论化的马克思主义更加具体化、生活化。冯定是马克思主义学说的忠实拥护者,本着对马克思主义的坚定信仰并希望用自己的知识造福社会的深厚情怀,他将"向青年普及能够引领其通向幸福彼岸的马克思主义"作为自己终身的奋斗目标。从 20 世纪 30 年代后期开始,冯定就投身马克思主义理论的宣传和普及工作当中。他在不同场合和不同时间向广大群众和青年宣讲马克思主义,促进马克思主义融入百姓生活,使马克思主义基本原理能够成为一种人人都知道并有所了解的社会常识。冯定自始至终坚持用马克思主义来分析活生生的现实,并在活生生的现实中去活生生地应用。他强调马克思主义理论的应用性,即在群众生活实际中的运用。他认为人民群众只有在日常生活中切实感受到马克思主义的实践性和科学性,才能减少对马克思主义的错误认识,人民群众和马克思主义的距离才会拉近。其次,在宣传形式上要特别注重与大众文化特别是老百姓喜闻乐见的语言表达方式的融合,立足中国的历史发展和文化习俗。在不失马克思主义严谨性的论述中凸显出中国的文化特色,让马克思主义具有中国作风和中国气派。最后,在时代性上要把马克思主义同中国特色社会主义的时代特征结合起来,大胆吸收世界上优秀的文明成果,借鉴世界各国优秀文化的精髓,把中国化的马克思主义变为民族性和世界性相统一的、兼容并包的马克思主义。

第三,用通俗的、简单的、大众化的语言来诠释抽象理论。文风反映着作风、体现着党风,文风的优劣将直接关系人民群众的接受程度。冯定文章的语言表达通俗易懂,风格生动活泼,因此,他的作品在当时广受大众尤其是青年喜爱。在新的历史条件下,我们要认真研究并总结冯定的语言表达技巧和理论宣传方法,与群众拉近距离;要善于把大道理变成百姓乐于接受的小道理,让群众深切感受到马克思主义理论的独特魅力。马克思曾经说过，"理论在一个国家实现的程度，总是决定于理论满足这个国家需要的程度"①。20 世纪 30 年代，正值中华民族生死存亡的危急时刻，面对人民水深火热的生活，年轻的冯定开始探索马克思主义在中国的出路。他阅读大量书籍，涉猎内容和学科十分广泛，尤其对马克思主义的相关著作进行了深入的研究，积累了扎实的理论基础。但是通过对现实生活的了解和实践，冯定逐渐意识到马克思主义不能只是成为书斋里的科学，它应该面向现实、着眼脚下，回答并解决广大人民群众最为关心和迫切需要解决的现实问题。在此背景下，冯定加入了中国共产党并开始以"贝叶"为笔名在一系列重要刊物上发表适应当时革命斗争需要的通俗读物。针对广大青年和群众的思想实际，回答和解决了他们最为关心和困惑的问题，使得一大批进步青年在冯定的影响下开始学习马克思主义理论。

近些年来，学术界中出现了部分学者的语言表达越来越晦涩难懂的情况。他们不屑于对马克思主义进行通俗化表达，认为通俗化就等同于庸俗化，一旦把马克思主义通俗化了，他们就失去了学者的高深风范。这不仅给学术界带来一股不良之风，严重阻碍了马克思主义大众化、通俗化进程，而且导致一部分学者在实际工作中开始脱离实际、远离群众，故作高深，使广大人民群众学习理论的热情受到打击。其实，通俗化更加考验一个学者是否真正理解了马克思主义的本质内涵。它不但要求学者精确把握马克思主义的相关理论，而且还要求学者结合时代要求，与时俱进地对理论发展的趋势作出一定的预测，赋予马克思主义以新的时代内容。

毛泽东曾指出："什么叫做大众化呢？就是我们的文艺工作者的思想感情要想和工农兵大众的思想感情打成一片。而要打成一片，就应当认真学习群众的语言。"②冯定的成功经验表明，采取什么样的方式在很大程度上决定着百姓接受马克思主义的程度。要想人民群众更加喜爱和欢迎马克思主义理论，就必须采取人民群众喜闻乐见的方式，用通俗化的、大众化的表达方式来阐明深刻的马克思主义理论。比如，尽量少用书面语言或专有名词，

---

①　马克思恩格斯选集(第 1 卷)[M].北京:人民出版社,1995:11.

②　毛泽东选集(第 3 卷)[M].北京:人民出版社,1991:851.

多用口语和日常用语;题目要新颖别致,能吸引读者;内容要结合读者现状和需求,多一些大众关注的话题(特别是人生选择的困惑),深入浅出地展开详细分析;在论述中,要讲理,说理透彻,不断彰显论证的力量,而不是强词夺理;多些鼓励和指引,少些挖苦、讽刺和抨击,多些理解,少些独断。只有让理论走出书斋,变成改造现实的力量,理论才能真正融入百姓的生活实际并获得常青。

当前,虽然民众的知识水平已较过去有较大提高,但马克思主义哲学的宣传教育工作成效依然离不开大众化、通俗化等方式。特别是对于非哲学专业的民众来讲,马克思主义哲学依然还是比较抽象的。让哲学智慧变成生命智慧依然不能仅凭哲学概念、体系,还需要深入浅出地融入广大群众的日常生产和生活,并在现实中生发出符合中国国情的、具有民族特色的概念及理论。这些概念或理论体系应当是具体的、现实的,而不是抽象的、空洞的。不与大众发生作用、不被大众理解的哲学,也就失去了创新的生命源泉。只有同中国国情及大众活动相结合,马克思主义哲学才能获得具体生命力,才能在与大众生活对话中激活自身的潜力,也才能使真理通过人类活动实现出来。拉家常也好,谈心也好,都是实现哲学大众化传播的具体方法。这些通俗化方法既彰显了马克思主义哲学平易近人的姿态,也说明中国人看待哲学的民族习性。在这个意义上,马克思主义通俗化、大众化是同马克思主义中国化同向同行的,是现象与本质、手段与目的、部分与整体的关系。

三、积极探索新时代青年马克思主义
理论教育的多元路径

马克思主义理论的宣传实效不仅在于形式的创新,更在于内容的创新。与形式创新相比,内容创新更难,更具有根本性。为此,马克思主义理论教育必须以思想创新为基础,必须建立在时代性和实践性基础之上,从而形成深入系统的研究。具体来讲,就是要熟悉马列经典,不断深入生活,深入了解哲学史背景,融合"中、西、马"。当然,从一定意义上讲,中国特色社会主义理论体系也是马克思主义哲学中国化的重要理论成果,但主要是从党和国家战略、策略高度的论证和阐释,亟待从学理上、思想上给予深化解读,亟待从中国发展道理和现代化新模式中提炼、升华出无愧于时代的哲学理论作品。当前,我们既要学习老一辈马克思主义理论家的传播风格、传播方法,还要结合新兴媒体探索马克思主义大众化、通俗化的当代路径,不断提升马克思主义在当代中国传播的实效性。

第一,增强针对性,做到精准传播。针对性是马克思主义理论传播的重要方针,能够针对不同对象、不同情景,运用不同语言和不同手段、形式,宣传具体内容,从而切实提升传播成效。具体而言,在方法和手段上,要结合时代发展特点,做好调研,摸准教育宣传对象的价值利益诉求。现代信息技术为我们了解受教育者提供了重要保障,可以通过大数据分析、网上问卷、网络访谈等更好地知悉人民群众对待马克思主义理论及教育宣传活动的态度,找出问题和不足之处,收集他们在这方面的想法和需求。多结合群众在生产生活中积累的经验谈马克思主义理论,多从群众的切身感受出发来传播理论。针对多元化时代和人民群众的多元化需求,马克思主义理论传播必须改变"大水漫灌"的境况,以受众为中心,带着为群众答疑解惑的服务态度开展教育传播活动;与群众工作、生活相结合,结合群众熟悉的例子和群众日常生活工作中可能遇到的疑惑来讲解马克思主义理论;将整体传播与个体传播有机结合,在公开宣讲的同时,做好个体答疑辅导和说服教育,针对教育对象的具体情况,对传播教育内容进行及时调整和修订。总之,马克思主义理论的精准传播,要能显著提升群众的理论学习水平,不断增强他们理性阐释和现实运用马克思主义理论的能力。不是让群众把马克思主义理论仅仅当成客观的理论知识强行记忆,而是要把马克思主义理论进一步转换成群众认识世界和改造世界的思维方式和具体运用方法。

第二,马克思主义传播要突出可读性。可读性建立在针对性的基础之上,即根据受众群体心理特点和现实需要来提升可读性,具体表现为通俗化。概言之,马克思主义理论的通俗化包括传播语言、传播内容、传播方式的通俗化。在传播语言上,要善于用群众语言特别是日常生活语言宣传理论,用平易近人的"大白话"讲深刻而又系统的马克思主义的理论知识,把抽象的哲学语言、学科语言转换成大众语言,多用口语、俚语、成语、谚语、格言等传播。为此,一方面,理论研究者和宣讲者要善于研究群众语言风格,学会群众语言表达,探索抽象理论的群众表达方法。另一方面,要坚持马克思主义理论的真理性不动摇,要坚持党性原则不动摇,不能因通俗化而改变理论的内涵和本质。在传播内容上,重点谈哲学的现实应用,最好结合人生观来谈哲学,从而消除民众对哲学的疏离感和神秘感。结合社会热点事件和群众日常生活,多举例子,灵活用成语、寓言故事、经典案例,深入剖析抽象的理论,切实增强理论的时代气息和强烈的现实感。在传播方式上,多推出一些形式多样的、优秀的普及读物和通俗读物。多用故事讲解、书信、日常谈话等体裁进行传播,要讲道理、打比方、摆事实,而不是摆架子。总之,提升马克思主义理论可读性的目的就是使一般的人民群众能够听懂、看懂,理解它、接受它。

第三,增强平等互动性,改变自上而下的单向传播方式。在教育传播过程中,教育宣传者要摆正姿态,放下架子,做到平易近人。不可以理论灌输者或理论权威者自居,要有敢于向人民群众学习的谦卑心态。要调动和发挥人民群众参与互动讨论的积极性和主动性,做好信息交流互动,从而使理论探讨成为传播者和受众的桥梁和媒介,探索并形成有效的互动沟通机制。通过收集群众意见和建议,不断改进和提升马克思主义理论宣传方式和手段,真正以群众满意度作为评估教育宣传成效的重要依据。对群众的提问、疑惑要有包容心态,结合具体例子认真作答,在互动中赢得人民群众的信任,逐步培养他们对理论的敬畏之心。艾思奇、冯定等常以回复读者来信的方式来宣传马克思主义理论,在写作中具有很强的读者意识。大众化的哲学应该以读者为中心,而非以专家学者为中心;要主动争取读者或听众意见,哪怕是严厉的批评;不仅要给予群众话语权,而且群众有话说,能够说上话。在理论传播中与人民群众对话,是马克思主义理论工作者的一种重要修养,切实彰显了以人民为主体的写作观和宣传观。

第四,发掘和培养一批民间的群众宣讲员。马克思主义理论群众宣讲员在身份上有利于拉近群众距离,在表达上更能接近群众语言,在传播内容上更容易与群众生产生活和感兴趣的话题相结合。群众宣讲员的马克思主义理论宣传较少带有意识形态部门的官僚气息，也较少带有学者型宣讲员的书生气息，更少了冠冕堂皇或盛气凌人。马克思主义理论研究和宣传要多些启发，少些训诫；多些引导，少些控制。马克思主义理论研究者和宣讲员要有平民情怀，也就是要在理论研究和宣讲中立足群众立场，坚持群众路线，关注人民群众的需要。对于理论基础较好和宣传热情高的群众，要适时给予关注和重点培育，充分发挥他们的群众身份、群众立场优势，积极推进马克思主义理论的民间化。通过培训等多种方式提升马克思主义理论宣讲者素质，增强他们真学、真信、真懂、真用的热情和能力。马克思主义理论大众化专家要主动肩负起联系、研究、培养群众宣讲员的责任，积极探索互补、互动的理论宣传民间宣讲员成长新机制。要把哲学从哲学家的书斋里解放出来，就必须培养一批宣传和普及马克思主义哲学的终身奋斗者。

第五，加快建立一支强大的网络马克思主义大众化专业队伍。当前，网络上出现各种负面思潮，严重冲击着民众特别是青年群体的价值观，亟须建立一支政治理论水平高、思想觉悟高、具有强烈的责任感的马克思主义专业化队伍，以净化网络环境。作为一名网络马克思主义大众化理论宣传的工作者，首先必须坚定马克思主义的立场不动摇，同时要不断学习，提高政治理论水平。其次，要及时了解并掌握意识形态领域出现的新情况、新问题，随时关注人民群众亟须解决的难点、热点问题。最后，面对当前国内外一些非马克思主义者和反马克思主义者对网络阵地的抢夺日益激烈的现状，我国网络马克思主义大众化理论宣传的工作者不仅要有坚定的理想信念、深厚的政治理论水平和敏锐的社会洞察力，还要具备强大的计算机操作能力，能娴熟运用网络技术来打击反动阵营，协助开辟马克思主义大众化理论新的阵地。

马克思主义理论宣传者要善于在宣讲传播中提升人民群众的理解能力和欣赏水平。宣传者要相信群众，相信群众对马克思主义理论的理解力是可以通过各种方式培养出来的。这就必须提高群众参与，在促进理论通俗化、时代化的同时，提升群众的理论素养。首先，做好理论基本概念的解读，把握和打通理论难点、重点，弄清楚理论的推理过程和逻辑结构，提升群众的抽象思维能力。艾思奇、冯定、陈唯实等人的大众哲学一般采用从生活到哲学,再从哲学到社会的叙述逻辑。在他们看来,生活、哲学、社会三者是并列、并行且相互贯通的,不可相互抑制。通过哲学理论实现个体生活同社会的内在统一,推进个体的社会化与社会的人化相统一。在叙述中,要把个体生活理想、需要同社会矛盾、困境结合起来引发受众思考,让哲学理论去理顺个体困惑与疑问。通过传播中的哲学生活化,实现受众的生活哲学化。当然,也可以根据群众的理论基础和思维能力编写一批马克思主义理论的大众化读物,提升群众的理论学习能力,训练他们的化抽象思维为形象思维以及实现两者互换、互助的能力,逐步形成科学、严密、深刻的理论思维能力。要让群众多学一点马克思主义哲学,从而以哲学思维而非现象思维来认识世界、改造世界。其次,做好理论通俗化工作,从群众生活视角解读理论,用漫画、图片、视频等形式使理论生活化、形象化,提高群众的经验归纳能力和演绎推理能力。最终,在做到理论观点明确、结构清晰明了、形式声情并茂的同时,提高群众理论联系实际的能力,提高他们运用理论指导实践并有效改造主观世界的能力。再次,要教给群众学习和运用马克思主义理论的方法。"授人以鱼,不如授人以渔。"提升群众学习马克思主义理论的能力关键在于方法对路,也就是要培养群众立足现实发现问题的能力,从而将马克思主义理论与现实问题有机结合,带着问题去学理论,在理论指导下解决现实问题。所以,群众学习马克思主义理论不是简单的理论背诵和理论考试,而是活学活用,最终才能实现真懂、真信。为此,要把马克思主义理论中的思维方式、方法论问题提炼出来,介绍给群众,成为他们思考和解决问题的理论基点。

第六,充分发掘新兴媒体作用,改变教科书哲学的传播方式。冯定的马克思主义哲学著述之所以产生广泛的社会影响,是与他善于利用媒体提升宣传策略密不可分的。民国之后,随着报纸、杂志的大量创办,大众传媒的宣传优势日趋显著。由此,马克思主义理论在上海、北京等大城市得到快速推广,为向广大青年提供马克思主义理论启蒙教育提供了便利。冯定充分利用这些新兴的传媒手段,发表了大量文章,有效地推进了马克思主义理论的大众化和通俗化传播。新时代的马克思主义理论教育,首先要积极探索和创建讲好马克思主义理论故事的网络平台,努力推进讲述者和接受者在以上平台进行即时的互动。尝试运用动画、短视频、场景再现等方式增进感性体验和情感共鸣。网上传播马克思主义理论既要形式多样,还要坚持"以人为本",充分尊重受众的接受习惯,调动他们的积极性和主观能动性。① 因此,最好采用活动载体进行渗透,或者用辩论、讨论等方式在畅所欲言中论证马克思主义理论的真理性,进而增强马克思主义理论在新时代的认同感。唯有如此,才能有效改变以往占主流地位的教科书哲学传播方式,变机械传播为有机传播,变单向传播为多向传播。其次,积极探索马克思主义大众化的网络传播平台、品牌建设。充分利用网络平台传播优势,多推出一些通俗化、大众化的马克思主义哲学节目或影视作品。在社会各界或大众日常生活中强化马克思主义哲学的方法论指导地位,不断彰显马克思主义哲学的科学魅力。比如,《苏菲的世界》等畅销书架起了一座真理和群众沟通对话的桥梁,未来的网络作品生产也应以这类精品为主攻方向。当然,在此过程中不可像有些同志所讲的那样,"把马克思主义融入受体的网络休闲中,使受体在网络休闲娱乐中感悟马克思主义。把马克思主义融入受体的网络购物中去,使受体在网络购物之中沐浴马克思主义"②。这样的传播表面看是扩大了范围,也彰显了隐性传播优势,但容易使马克思主义理论被庸俗化、娱乐化,也容易使马克思主义理论失去党性原则以及所具有的真理性和权威性。

第七,立足群众,争取群众,牢牢把握马克思主义理论网络阵地的主导权。江泽民同志在 2000 年 6 月 28 日中央思想政治工作会议上所作的重要讲话中就着重突出了互联网在思想政治工作中所起到的重要作用。"大量事实证明,思想文化阵地,马克思主义、无产阶级的思想不去占领,各种非马克思主义、非无产阶级的思想甚至反马克思主义的思想就会去占领。从上

① 吕治国.略论新媒体环境下马克思主义大众化的传播路径[J].思想理论教育导刊,2011(9).
② 吴毅君.网络文化与马克思主义中国化、时代化、大众化[J].马克思主义与现实,2010(4).

到下的一切思想文化阵地,包括理论、新闻、出版、报刊、小说、诗歌、音乐、绘画、舞蹈、戏剧、电影、电视、广播、网络等,都应该成为我们宣传科学理论、传播先进文化、塑造美好心灵的阵地,决不能给违反四项基本原则、违反改革开放政策、违反党的方针政策的错误观点,以及危害人民特别是青少年身心健康的东西提供传播渠道。"①一方面,提升马克思主义理论话语权,增强马克思主义理论的现实说服力。通过教育宣传等多种方式,让人民有更多的机会和途径去接触并了解中国特色社会主义理论和马克思主义的相关理论,提高人民群众对共产党的思想理论的认可度。另一方面,提升公共文化和理论服务的满意度。为人民群众通俗了解马克思主义理论提供权威而又专业化的网络平台,主动听取人民群众对理论研究、宣传、教育状况的呼声,切实提升他们的知情权和满意度。理论宣传部门及时了解群众的思想困惑,及时向人民群众答疑解惑。通过启蒙人民群众,增强民众的责任感,提高民众参与理论研讨、宣传的热情,增强民众捍卫中国特色社会主义和马克思主义理论的主动性。运用网络平台,推进不同意识形态的国家之间马克思主义研究、宣传的交流对话,反对狭隘的马克思主义理论,倡导马克思主义理论的多元化发展,从而使马克思主义理论成为为全人类、全世界各个国家和地区谋福利的科学的世界观和方法论。

当前,必须把提升马克思主义在网络意识形态领域的指导地位作为理论宣传工作的重中之重,同时要扩大社会主义意识形态网络宣传阵地。马克思主义理论宣传要有阵地意识,要敢于在社会思潮的交锋中争夺群众。一方面,根据国内外局势,增强我国马克思主义理论网络阵地建设意识并加大投入力度。特别是要做好软件开发和思想创新工作,充分彰显马克思主义理论现代化、中国化的思想魅力。另一方面,提高我国网民的马克思主义理论水平、网络意识形态安全意识,培养他们正确运用马克思主义理论认识和批判各种社会思潮的能力。在面对各种负面思潮的冲击时,要引导他们坚定政治立场,增强明辨是非善恶的能力,对马克思主义理论的科学性不怀疑,对共产主义的理想信念不动摇。

---

① 江泽民文选(第 3 卷)[M].北京:人民出版社,2006:97.

参考文献

一、冯定本人的主要论著

冯定.冯定文集(第1卷)[M].北京:人民出版社,1987.

冯定.冯定文集(第2卷)[M].北京:人民出版社,1989.

冯定.抗战与青年[M].上海:上海光明书局,1937.

冯定.青年怎样谈修养[M].上海:上海生活出版社,1937.

冯定.关于掌握中国资产阶级的性格并和资产阶级的错误思想进行斗争的问题[M].北京:人民出版社,1952.

冯定.工人阶级的历史任务[M].上海:华东人民出版社,1953.

冯定.中国共产党怎样领导中国革命[M].上海:上海人民出版社,1952.

冯定.有关中国民族资产阶级的某些问题[M].北京:人民出版社,1956.

冯定.共产主义人生观[M].北京:中国青年出版社,1956.

冯定.平凡的真理[M].北京:中国青年出版社,1956.

冯定.人生漫谈[M].长春:吉林人民出版社,1982.

冯定.怎样学习哲学[M].北京:中国青年出版社,1985.

冯定.青年在这个时候应该干些什么？[J].国民周刊,1937(2).

冯定.大话和小话[J].国民周刊,1937(4).

冯定.英雄和英雄主义[J].自修大学,1937(4).

冯定.谈新人生观[J].自修大学,1937(5).

冯定.新人群的道德观[J].自修大学,1937(6).

冯定.哲学的应有[J].自修大学,1937(7).

冯定.现阶段的青年问题[J].自修大学,1937(8).

冯定.脑子还得磨砺[J].译报周刊,1938(3).

冯定.哲学工作者的历史使命[J].安徽劳动大学学报,1978(4).

冯定.树立共产主义世界观,走历史的必由之路[J].红旗,1979(6).

冯定.让共产主义道德深入人心是理论工作者的神圣职责[J].北京大学学报,1980(4).

冯定.列宁对我们今天的启示[J].江淮论坛,1980(5).

冯定.吸取人类思想文化中一切有价值的东西:兼谈研究外国哲学的态度和方法[J].外国哲学 1980(1).

冯定.怎样学哲学[J].文史哲,1981(5).

二、研究冯定及其思想的论著

谢龙.平凡的真理 非凡的求索:纪念冯定百年诞辰研究文集[M].北京:北京大学出版社,2002.

陶志琼.冯定青年教育思想研究[M].杭州:浙江大学出版社,2019.

孙婧.冯定思想政治教育力量研究[M].南京:东南大学出版社,2014.

彭素虹.真理的力量:冯定非凡的求索之路[M].宁波:宁波出版社,2021.

陈徒手.故国人民有所思[M].北京:生活·读书·新知三联书店,2013.

王东.哲学创新的北大学派:李大钊、冯定、张岱年、黄枬森列传[M].长春:吉林人民出版社,2019.

常哲.对 21 世纪哲学、伦理学创新给予的启示:评析冯定学术理论贡献综述[J].哲学研究,2003(1).

陈徒手.冯定:大批判困局中的棋子[J].书城,2012(8).

代立梅.冯定与北京大学马克思主义传统[J].北京教育(德育),2015(12).

冯宋彻.冯定的矛盾辩证法思想[J].北京大学学报(哲学社会科学版),1993(2).

冯宋彻.马克思主义大众化传播的学者路径[J].现代传播(中国传媒大学学报),2012(6).

黄枬森,陈志尚.评1964年对冯定的《共产主义人生观》的批判[J].北京大学学报(哲学社会科学版),1980(4).

黎德扬.评冯定的主观唯心主义的实践观[J].江汉学报,1964(8).

马克思主义传播与大众化研究中心.马克思主义传播研究(第1辑)[M].北京:中国传媒大学出版社,2014.

苗力沉,褚静宇.冯定的哲学和伦理学思想探讨[J].北京大学学报(哲学社会科学版),1993(2).

唐琦露琴,曾伯秋.冯定与马克思主义哲学的通俗化:以《平凡的真理》为例[J].哈尔滨学院学报,2019(10).

王伟光.马克思主义哲学是伟大而平凡的真理:在宁波江北慈城冯定故居"探寻真理之行展现真理力量"活动上的讲话[J].马克思主义哲学,2021(2).

夏征龙,舒文,苗立沉,等.论冯定同志的理论贡献[J].学术月刊,1994(4).

张文儒.冯定哲学学术思想初评[J].北京大学学报(哲学社会科学版),1985(3).

章玉钧.对平凡真理的非凡探索:心香一瓣献吾师冯定[J].西南民族大学学报(人文社科版),2003(7).

谢振声.真理的探索者:纪念著名学者冯定百年诞辰[J].中共宁波市委党校学报,2002(3).

许全兴.《平凡的真理》的启示:兼谈哲学体系的改造[J].北京大学学报(哲学社会科学版),1993(2).

姚惠龙.冯定应用哲学的主要特征[J].北京大学学报(哲学社会科学版),1993(2).

石仲泉.冯定:大力宣传普及马克思主义哲学[N].人民日报,2015-08-13.

陈经璋.冯定:毛泽东亲自提名的北大教授[N].社会科学报,2015-08-27.

张华."新哲学"大众化运动研究[D].扬州:扬州大学,2011.

李乐.冯定思想政治教育方法研究[D].天津:天津工业大学,2016.

曾伯秋.冯定对马克思主义哲学中国化的贡献[D].湘潭:湘潭大学,2020.

刘晶.时代变迁与道术变幻:中国当代哲学家共同体的形成、分化与重组[D].哈尔滨:黑龙江大学,2017.

郭德钦.延安时期知识分子与马克思主义大众化研究[D].西安:陕西师范大学,2012.

胡艺华.建国后十七年马克思主义哲学大众化研究[D].长沙:湖南师范大学,2014.

刘艳.20世纪早期中国马克思主义哲学大众化研究[D].呼和浩特:内蒙古大学,2010.

王真.延安时期马克思主义哲学理论创新研究[D].西安:西北大学,2016.

三、其他与冯定相关的论著

马克思恩格斯文集[M].北京:人民出版社,2009.

列宁.唯物主义和经验批判主义[M].北京:人民出版社,1960.

列宁.哲学笔记[M].北京:中共中央党校出版社,1990.

毛泽东选集(第2卷)[M].北京:人民出版社,1991.

江泽民文选(第3卷)[M].北京:人民出版社,2006.

艾思奇.大众哲学[M].北京:人民出版社,2009.

艾思奇.哲学与生活[M].北京:煤炭工业出版社,2017.

冯友兰.人生哲学[M].北京:中国国际广播出版社,2016.

李达.实践论、矛盾论解说[M]北京:生活·读书·新知三联书店,1979.

陈唯实.陈唯实文选[M].广州:广东人民出版社,1986.

陈先达,杨耕.马克思主义哲学原理(第 3 版)[M].北京:中国人民大学出版社,2010.

陈先达.人哲学与人生[M].北京:中国青年出版社,2018.

韩树英.通俗哲学[M].北京:中国青年出版社,2011.

王伟光.新大众哲学[M].北京:中国社会科学出版社,2014.

王宗昱.苦乐年华[M].北京:北京大学出版社,2004.

周全华.马克思主义中国化学术史[M].广州:广东人民出版社,2018.

胡为雄.马克思主义哲学在中国传播与发展的百年历史[M].南昌:百花洲文艺出版社,2015.

韦正翔.大众化的马克思主义[M].北京:中国社会科学出版社,2012.

郭湛波.近五十年中国思想史[M].济南:山东人民出版社,1997.

李金和.马克思主义价值理论与和谐社会价值观建设[M].北京:知识产权出版社,2016.

李玲.马克思实践范畴的人本价值研究[M].北京:中国社会科学出版社,2015.

李明山,左玉河.当代中国学术思想史[M].开封:河南大学出版社,1999.

李文成.人的价值[M].郑州:河南人民出版社,2011.

黄枬森.马克思主义哲学史[M].北京:高等教育出版社,1998.

马俊峰.马克思主义价值理论研究[M].北京:北京师范大学出版社,2012.

石云霞.新中国成立以来中国共产党思想理论教育历史研究[M].北京:中国社会科学出版社,2007(6).

石仲泉.我观党史二集[M].北京:中共党史出版社,2008(2).

孙琴安,李师贞.毛泽东与著名学者[M].北京:人民文学出版社,2003.

唐保林.马克思主义在中国 100 年[M].合肥:安徽人民出版社,1997.

陶德麟,何萍.马克思主义哲学中国化的理论与历史研究[M].北京:北京师范大学出版社,2011.

杨凤城.中国共产党的知识分子理论与政策研究[M].北京:中共党史出版社,2005.

杨耕.马克思主义历史观研究[M].北京:北京师范大学出版社,2017.

杨河.马克思主义哲学的传入与研究[M].福州:福建人民出版社,2006.

任俊明.新中国马克思主义哲学 50 年[M].北京:人民出版社,2006.

勒庞.乌合之众:大众心理研究[M].戴光年,译.北京:新世界出版社,2011.

奥伊肯.人生的意义与价值[M].张蕾,译.北京:新星出版社,2013.

奥伊肯.新人生哲学要义[M].张源,贾安伦,译.北京:中国城市出版社,2002.

曹柏峰.探索哲学通俗化的道路:《通俗哲学》[J].中国社会科学,1982(5).

陈瑛.平凡蕴含真理 真理指向高尚:冯定关于人生观问题的论述[J].湖南师范大学社会科学学报,2002(4).

陈占安.建国之初的理论学习活动与马克思主义大众化[J].学校党建与思想教育,2009(28).

陈志良.从《大众哲学》到《通俗哲学》[J].读书,1983(11).

段志文.马克思"人的本质"思想与大学生人生观教育[J].北京教育(德育),2009(3).

高清海.中华民族的未来发展需要有自己的哲学理论[J].吉林大学社会科学学报,2004(2).

侯其锋,房亮.信仰博弈与马克思主义人生观的确立[J].理论导刊,2014(10).

胡爽.马克思人生观思想及其方法论启示[J].学理论,2018(12).

胡为雄,赵文丹.20 世纪 30—40 年代马克思主义哲学的大众化:以艾思奇、胡绳、陈唯实为例[J].中共浙江省委党校学报,2010(6).

胡为雄.高语罕:推进马克思主义哲学大众化的先驱[J].哲学动态,2012(2).

胡为雄.胡绳对马克思主义哲学"大众化"的贡献[J].东岳论丛,2012(11).

黄国秋.论马克思主义人生观的核心及其基本要求[J].山东社会科学,2001(3).

黄芝鹏.党员干部必须牢固树立马克思主义人生观[J].宿州教育学院学报,2002(3).

蒋明敏.论延安知识分子与马克思主义哲学中国化[J].求实,2014(11).

金远近.马克思主义的人生观马克思[J].内蒙古民族大学学报(社会科学汉文版),1985(1).

李燕.网络时代马克思主义人生观教育的几点思考[J]毛泽东邓小平理论研究,2002(2).

李泽华.论延安时期张如心对马克思主义中国化的探索与贡献[J].党史文苑,2007(8).

刘子群.马克思人生观理论解读[J].新西部,2016(9).

卢毅.新启蒙运动与新民主主义文化思想的形成[J].长白学刊,2008(1).

潘宇鹏.论马克思主义哲学实践的人生观及其社会功能[J].内蒙古民族大学学报(社会科学版),2015(4).

任吉悌.冯定与西方哲学讨论会[J].学术界,2002(4).

尚莹莹.马克思主义大众化传播:类型、历程与影响——以党的大众化理论读物出版为考察对象[J].印刷文化(中英文),2021(2).

孙临平.用马克思主义塑造大学生的人生观价值观[J].中国高校社会科学,1996(5).

汪信砚,张晓燕.对马克思主义哲学大众化的重要探索:李达的《辩证法的唯物论问答》探论[J].江汉论坛,2016(12).

王立胜.论中国马克思主义哲学大众化:基于百年进程的回顾与展望[J].中共中央党校(国家行政学院)学报,2021(5).

王千迁.唯物的人生观对马克思主义人生观的早期传播[J].广东党史与文献研究,2019(1).

王妤.马克思主义生态自然观对倡导低碳人生观的意义[J].学理论,2011(10).

魏传光.马克思人学人生观照的生存视界[J].大连大学学报,2008(5).

武东升.应重视对马克思主义人生观的理论研究[J].伦理学研究,2006(2).

辛拓.为哲学通俗化奋斗终生的陈唯实[J].国内哲学动态,1985(11).

臧峰宇,朱梅.从思想到生活:马克思主义哲学大众化百年述要[J].中国高校社会科学,2021(4).

张传龄.马克思主义世界观是当代大学生正确人生观的基础[J].思想教育研究,2007(5).

张华,祖勤.基于新媒体视阈下高校青年马克思主义人生观培育路径略谈[J].文化创新比较研究,2018(25).

张岩,乔中国.用马克思主义人生观化解当代大学生的道德困惑[J].理论界,2010(2).

朱平.马克思的人生观及对其世界观创立的影响[J].阜阳师范学院学报(社会科学版),2002(2).

李玉非.成仿吾:中国共产党高等教育事业的开拓者[N].中国教育报,2011-06-06.

徐昂.沈志远:马克思主义理论的卓越播种者[N].中国社会科学报,2021-09-07.

姜兴.艾思奇早期马克思主义人生观研究[D].石河子:石河子大学,2014.

附　录

强化思想淬炼　提升干部培训实效

——基于江北区冯定"马哲教育"干部培训平台的
实践探索与思考*

　　中共中央印发的《2018—2022 年全国干部教育培训规划》指出,干部教育培训应以坚定理想信念为根本,以全面增强执政本领为重点,突出政治训练、政治历练,把提高政治觉悟、政治能力贯穿全过程,强调了党性修养更扎实,突出了理想信念更坚定。强化党员干部的理想信念和使命担当就必须坚持理论同实际相结合,悟原理、求真理、明事理,不断坚定对马克思主义的信仰、对中国特色社会主义的信念。

　　江北区组织部在打造好"环云湖红色印记群"市级党员教育示范基地的基础上,继续深入挖掘区内红色资源,扎实开展新一轮干部培训"鹰·燕"计划,实施了"四景式"学习法,启动了"走进马哲"系列活动,打造了激励广大

---

　　* 本文系笔者于 2020 年为宁波市江北区委组织部撰写的年度培训工作报告,重点总结了江北区以冯定马克思主义哲学为依托而开展的面向基层干部的系列马哲教育宣传活动。江北区充分发掘冯定家乡地域优势,把理想信念教育和马克思主义理论教育进行了有机结合,积极探索具有地域文化特色的干部培训品牌。

党员干部深入学习马克思主义理论,深入践行习近平新时代中国特色社会主义思想的基层样板,在提升干部培训的针对性和实效性方面做出了实践探索。本课题以此为研究样本,全面调研经验做法、短板不足和意见建议,为进一步推动党员干部培训高质量发展寻找答案。

一、开展马克思主义哲学教育的背景和意义

(一)背 景

2020年1月,习近平总书记在云南考察艾思奇纪念馆时指出:"新时代坚持和发展中国特色社会主义,需要大批能把马克思主义中国化讲好的人才,讲人民群众听得懂、听得进的话语,让党的创新理论'飞入寻常百姓家'。"①这一指示为党的理论宣传和干部教育工作提供了方法指导和根本遵循。和艾思奇相媲美的马克思主义理论家冯定同志,在马克思主义大众化、通俗化领域做出了卓越贡献。冯定同志是宁波慈城人,是马克思主义哲学大众化的推动者和实践者,走出了一条让哲学走向人民群众思想深处、走向普通大众生活现实的道路,为研究和宣传马克思列宁主义、毛泽东思想付出了巨大努力,留下了宝贵精神财富。特别是他的《平凡的真理》一书,曾在广大青年和干部中产生过广泛而良好的影响。为此,宁波市江北区依托冯定故土资源优势,努力发掘冯定马克思主义哲学大众化元素,力求打造全国马克思主义哲学教育基地、干部党性教育和党员教育培训基地。

(二)意 义

习近平总书记曾指出,"学习马克思主义基本理论是共产党人的必修课"②。重温经典能深刻感悟马克思主义的真理力量和魅力,能够坚定马克思主义

---

① 习近平论坚持和发展中国特色社会主义[EB/OL]. (2020-10-14)[2021-09-01]. http://xcb. shnu. edu. cn/1a/18/c607a727576/page. htm.

② 学习马克思主义基本理论是共产党人的必修课[EB/OL]. (2019-11-16)[2021-09-01]. https://baijiahao. baidu. com/s? id=1650303881145947844&wfr=spider&for=pc.

信仰,能够提高党员干部运用马克思主义哲学解决实际问题的能力和水平。冯定为推进马克思主义哲学大众化、通俗化做出了重要贡献,坚持了人民立场,充满了人类解放情怀,为我们认识世界、改造世界,树立科学的共产主义人生观提供了强大思想武器,为如何实现社会价值指明了方向。宣传和学习冯定及其马克思主义哲学思想有助于江北区党员干部"走进马哲",争做新时代马克思主义学者,争做马克思主义大众化的自觉实践者,争做马克思主义的坚定信仰者和优秀传播者。对组织部门来讲,学习冯定的论著并研究其教育宣传活动经历对提高干部培训实效具有重要借鉴意义和启发意义。

(三)原则、目标与特色

江北区组织部始终坚持知行合一、学以致用、理论与实践相结合的原则。具体来讲:一是要在新时代坚守马克思主义意识形态宣传教育的主阵地,使马克思主义哲学占领党员干部及群众头脑,进而使他们树立正确的世界观、人生观、价值观;二是要秉承民众情怀和民族立场,坚持真理的实践本质和现实应用,启迪民众生产与生活智慧,使中华民族辩证思维方式和思想创新能力达到新高度;三是要重视青年党员干部的价值观改造和信仰塑造。始终把培养合格青年干部看成培训工作的重要任务,常抓不懈,让马克思主义哲学为青年干部解惑、引路。

宣传教育马克思主义哲学的目的不仅在于提升青年党员干部的马克思主义理论修养和忠诚信仰,也力求推进马克思主义哲学、习近平新时代中国特色社会主义理论进基层,使群众听得进、听得懂,能够引导他们坚定马克思主义理想信念,在各自工作岗位上争当"重要窗口"模范生。

本模式将故居旅游资源优势同红色文化宣传、干部真理信仰培育有机结合,充分发挥了名人效应和政治导向作用,有利于打造宁波推进马克思主义理论宣传教育的名片。冯定资源让江北党员干部群众备感亲切,有利于拉近冯定及马克思主义哲学理论与他们的心理距离;冯定资源让江北党员干部群众备感自豪,有利于他们继承同乡遗志,把马克思主义哲学大众化、通俗化事业发扬光大。冯定资源照亮了江北历史文化的鲜红底色,使故乡闪烁着真理与智慧的光芒。

二、江北区党员干部马克思主义哲学教育的基本模式

面向党员干部开展马哲教育是江北区干部培训"鹰·燕"计划的主要内容,是提高江北区党员干部的政治素质和干事创业能力的重要举措。主要围绕江北区慈城冯定故居资源开展多种方式的马克思主义哲学大众化宣传教育和干部培训,通过搭建"四景式"学习平台,探索"四景式"学习方法,打造一批可看、可听、可互动、可体验的精品项目,不断提升干部培训的针对性和实效性。

(一)依托冯定故居主体建筑,建立冯定纪念馆

将现有的慈城人、革命家、教育家、理论家四个展区有机串联起来,通过展示冯定生前使用的物品、手稿、珍贵照片,老一辈领导人陈毅、陈云、陆定一的珍贵历史资料,以及中央电视台《冯定·1957》视频资料等,从不同维度全方位展示冯定"进击的人生"。冯定纪念馆重点面向党员干部、青年党员、学校师生等群体开放,让不同群体可以从冯定的生平中汲取不同的力量。

(二)积极推进"马克思主义哲学"大讲堂品牌建设

在冯定纪念馆会议中心内开辟"马克思主义哲学"大讲堂,主要用于授课演讲、讨论交流,同时承接党员干部教育课程培训、支部活动等。除常规的专题讲座之外,还安排了现场教学和交流。通过冯定纪念馆文物及史料展示,让参训干部近距离感受马克思主义哲学理论的深邃与魅力。江北区委党校积极展开深入调研,力求通过开发干部培训精品课程,打造干部培训优质工程,逐步形成基层干部培训品牌效应及影响力。

(三)组织举行多期"走进马哲"区管干部马哲轮训班

培训主要采用"参观实践+微视频党课+专题授课"的方式,以冯定通俗哲学思想为主题,在理论联系实际中启发参训干部学而信、学而思、学而行的自觉意识,零距离感受"平凡的真理"力量。整个培训力求用马克思主义理论武装干部头脑,通过理论创新和实践彰显马克思主义的真理力量,为

冯定纪念馆展厅（沈国峰摄）

冯定纪念馆展厅（沈国峰摄）

培养知行合一、担当作为的新时期高素质干部做了有益探索,巩固并强化了马克思主义哲学在领导干部素养提升中的指导地位。

(四)组织开展"马哲青春宣讲团"竞赛活动

全区 51 名优秀青年干部立足工作实际,以继承和发扬马克思主义哲学

冯定纪念馆门牌（沈国峰摄）

为主题，从不同维度分享了对马克思主义哲学中国化的思考与理解，生动形象地展示了新时代马哲继承者的青春风采。这次宣讲竞赛活动赋予马克思主义哲学理论以时代内涵，体现了马克思主义理论宣传在传播手段和话语方式等方面的创新，壮大了正能量，有利于推进习近平新时代中国特色社会主义思想真正"飞入寻常百姓家"。

（五）强化知行合一，推进信仰落地

在对党员干部开展马克思主义思想理论教育的同时，江北区还通过一系列实践活动强化信仰落地。比如：持续开展"温暖星期五"活动，组织党员志愿者团队走访基层党员献爱心；开展"中国好家风"宣传，组织党员干部通过"江北党校"微信公众号宣讲伟人家风故事。这些活动增强了党员干部的参与感，培育了责任担当情怀，也以图文并茂、音频的形式向党员群众宣传了"平凡的真理"。

（六）采用"四景式"教育培训方法

为了提高党员干部的学习兴趣和实效，江北区党校坚持知行合一原则，努力开发打造"情景课堂""全景讲堂""实景学堂""愿景论坛"，努力让学员真正参与到教育活动中，提升他们在教育中的主体意识，不断增强他们的情景体验和感受。

（七）深入发掘冯定通俗哲学在干部教育中的培根铸魂内涵

江北区结合培训要求对冯定资源进行了时代创新，深化和拓展了冯定马克思主义哲学大众化的育人内涵。一是发掘和宣传冯定独立的人生品格、求真务实的精神和悲天悯人的情怀，以人格魅力感染学员，以理论志业启迪学员。二是结合冯定对哲学的现实应用，注重培养学员深入浅出地用马克思主义哲学理论分析现实问题的能力。用哲学解现实之惑、引人生之路、树救世之志，是冯定通俗哲学思想的鲜明特色，也构成了对党员干部开展马克思主义哲学教育的重要目标。三是结合青年马克思主义宣讲活动，深化对冯定推进马克思主义哲学大众化、通俗化的认识，深入阐释了马克思主义哲学的实践立场和理论与生活结合的理念。四是结合马克思主义哲学的当代宣传普及，探索冯定推进哲学大众化、通俗化的宣传教育方法，启迪培训导师及策划组织者运用谈心的方式、生动的语言引导青年党员干部树立共产主义人生观。五是结合党员干部的服务理念培育，深入发掘了冯定的民本思想，将马克思主义哲学真理创新与宣传同服务广大民众需求进行了有益结合。六是结合党员干部政治信仰塑造，深入探讨了冯定及其哲学思想所具有的鲜明党性立场，有助于教育党员干部成长为忠诚于党和人民的共产主义战士。

三、冯定通俗哲学教育对提升党同干部素质
及人格修养的启示

从冯定著述和其宣传教育经历来看，党员干部培训必须做到"理直气壮"。"理直气壮"方显责任担当，才能使党员干部立场坚定、信仰忠贞、光明磊落。学习和运用马克思主义哲学始终要面向人的素质培养，始终不能遮蔽民族自信和文化自觉的底色。因此，马克思主义哲学大众化教育也是人生观教育，是民族文化、民族精神彰显的重要形态。

（一）党员干部教育要"讲理"

党员干部培训不是以上压下，不是靠权威地位灌输理论，而是要平等交流、推心置腹、"有理说理"。首先，教育内容要丰富而深刻，深刻的理论要有哲理性，要能彰显智慧魅力。理论入木三分才能直通人心，真理只有平凡才能走进大众。在一定意义上讲，马克思主义哲学是共产党人改造世界、发动群众的"心学"。讲理也又要坚持群众路线，做到深入浅出，用通俗语言、群众语言讲深刻道理，才能以理服人，走进干部群众的内心深处。其次，讲理要有理论逻辑，论点鲜明、论据充分、论证有力，真正向党员干部展示理性思考的魅力和理论思维的力量。说理的逻辑有时也表现为循序渐进、娓娓道来、潜移默化，有助于在党员干部培训中充分发挥好隐性教育的渗透功能。在新时代，增强党员干部教育和群众工作实效性的关键在于理论能抓住并打动人心。因而，我们要继承冯定通俗哲学的讲理风格和民主作风，把学哲学、用哲学当成淬炼党员干部思想、解决现实问题、做好群众工作的重要武器。

（二）党员干部教育要"接地气"

冯定面向群众宣传马克思主义哲学真正做到了通俗化，他非常注重占领群众头脑的方式方法。无论是《平凡的真理》，还是《共产主义人生观》，都是对真理和人生的漫谈。在他看来，党员干部教育要接地气，就必须把哲学

真理看成平凡的真理,看成面向现实世界、面向民众的理论。因而,他非常强调在哲学理论的普及宣传中放低姿态,强调哲学的生命力和创造力在于现实应用。注重理论与实践的结合是马克思主义理论的品格,用马克思主义真理指导实践是党员干部培训的重要目的。广大党员干部只有走进基层去接近和感悟平凡的群众和平凡的事物,才会发现和认识真理。因此,哲学理论只有"食人间烟火",方能引领并武装党员干部和群众,变成他们认识世界和改造世界的思想武器。坚持问题导向,面对问题敢于发声、勇于担当,要求党员干部具有独立人格和胆识,推进思想的自我改造和理论的否定性创新。

(三)党员干部教育要做到"广专结合"

冯定在教育青年的过程中提出了广专结合法,这也是他的著述之所以能深入浅出、深得人心的关键。一方面,党员干部要有广博的知识。这就要求党员干部培训呈现广泛而丰富的内容,积极开展通俗教育,创造条件让党员干部多读书,全面把握基础知识和多种材料。另一方面,党员干部教育也要一门深入,最好能和自己的业务结合起来,要花真功夫,终生苦心孤诣、精琢细磨。如果说"腹有诗书气自华"是党员干部修养提升的重要表现,那么业务精湛便是其刻苦钻研的结果。若能两者兼备,则能让群众敬仰。

(四)党员干部教育要有中国风格、民族气派

冯定等老一辈马克思主义哲学宣传家在推进马克思主义哲学中国化、本土化过程中做出了重大贡献,也渗透了民族精神和民族智慧。因此,马克思主义哲学教育干部培训模式探索不是简单地采取拿来主义,而是要结合现实需要对冯定资源进行创新性发展和创造性转化。无论是"知行合一",还是把理论运用于实践,都充满了民族传统智慧,这是我们对马克思主义哲学进行创新的重要底蕴。中国优秀传统文化是马克思主义中国化创新的重要土壤和资源,蕴含着中国人把抽象哲学通俗化、生活化的重要思维方式。坚定理论自信离不开马克思主义理论的中国化发展,离不开党员干部和群众的广泛参与和宣传,为此,要不断探索马克思主义哲学真理同我国民族智慧、民族思维的结合点。在党员干部培训中,既要坚持党性原则、民族立场,

又要兼容并包,在积极吸收其他民族哲学思维、哲学思想中创造中华民族自己的马克思主义哲学理论和哲学智慧。

四、马克思主义哲学教育干部培训模式面临的突出问题

当前,我国正进入新发展阶段,正处在实现中华民族伟大复兴的关键期,党和人民对各项工作都提出了高质量发展要求。高质量发展必须有高素质干部队伍相配套。对此,当前的培训应不断培养信念坚定、思想纯洁、担当务实的清廉干部,从而为加快推进学习型政党和学习型社会建设,为切实提升党员干部的治理能力和治理水平提供保障。对照以上高标准,江北马克思主义哲学教育干部培训模式还必须在人才建设、资源整合、理论研究、活动组织等方面进一步系统筹划,不断提高培训的实效性。

(一)策划宣讲人才不足,品牌知名度有待提升

干部培训必须有一支理论修养深厚、业务能力精湛、专兼结合的高素质师资队伍,这是提升干部培训实效的重要支撑。目前,江北区马克思主义哲学教育的师资来源相对单一,主要是聘请宁波市委党校教师,宁波大学和浙江海警学院个别教师虽也有参与,但相对较少;更缺乏真正有学术影响力和社会影响力的马哲理论专家、红色文化宣传设计专家及高级别领导走进马哲课堂。与北仑区张人亚纪念馆的宣传力度相比,冯定纪念馆的社会关注度、存在感和影响力明显不足。高级别的设计人才、师资人才、组织策划人才的缺乏,制约了冯定纪念馆的宣传及马克思主义哲学教育的实效。

(二)教育宣传内容还不丰富、宣传手段创新不够

当前的活动以报告讲解为主,互动交流少,案例较少。虽配有视频教学和场景教学,但内容都相对单一,学员体验还不深,走马观花的现象比较普遍,存在为培训而培训、为考核而学习的现象。

(三)培训机制有待加强,课程教材研发还须推进

当前,江北区干部培训的课程开发还缺乏系统规划,还没有形成可供学

员自由选择的课程套餐,包含课程目标、课程内容、课程设计、考核评估等在内的培养方案及教学大纲还有待完善。缺乏考核评估机制,无法跟踪调查培训成效。对课程的研究还不够,没有形成适合党员干部培训及让百姓活学活用的课程与教材。因此,亟待开发一系列以冯定通俗哲学研究为题材的马克思主义哲学大众化、通俗化读本,让学员快速掌握学哲学、用哲学的要领。

五、提升马克思主义哲学教育干部培训实效性的对策

习近平总书记非常重视各级党员干部学习和运用马克思主义哲学,他强调共产党人要掌握马克思主义哲学这个"看家本领"。因此,要着重培养他们的理论判断力、辨别力和思考力,提高知、信、行合一能力,提高他们运用马克思主义哲学分析和解决实际问题的能力。这为江北区继续开展马哲教育干部培训指明了方向。

(一)强化平台支撑,打造多元统筹的师资队伍

与政府部门、党校、高校、科研机构合作建立高级别的干部学习调研基地、爱国主义教育基地、红色文化教育宣讲基地、马克思主义哲学通俗化研学基地等平台。要不断扩大与区域外省市党建研究会的合作,尤其要同北大马克思主义学院对接建立长期深入合作机制。成立冯定通俗哲学研究中心和冯定马克思主义哲学通俗化研究会,联合北大等高校的马克思主义学院定期召开相关学术论坛或学术年会,结集出版论文集,设立研究项目。聘请国内知名专家学者、领导干部不定期到马哲课堂讲学、作报告、进行理论宣讲。在青年党员干部中选拔并培育一大批兼职的马克思主义哲学理论宣讲人才,在基层打造一支马克思主义哲学理论民间宣讲队伍。

(二)主动打造浙江红色文化资源联盟,提升省内外知名度

通过寻求文旅部门支持和内部资源合作,嵌入宁波乃至浙江的红色名人故居文化旅游宣传序列。比如:在宁波市内同张人亚故居合作,在省内同

金华义乌的陈望道故居、冯雪峰故居等结盟,共同探索红色名人故居资源开发宣传的有效路径。总结冯定推进马克思主义哲学大众化、通俗化的理论贡献和历史价值,加强同艾思奇纪念馆的合作,提升冯定在大众哲学领域的影响力。加强同宁波市内高校马克思主义学院、中学的合作,使冯定的生平事迹及其通俗哲学思想走进课堂。邀请专家团、顾问团到冯定纪念馆参观指导、授课评课,采取研讨会、座谈会等形式将最新的研究成果通过冯定纪念馆进一步宣传推广。积极向省市行政领导或部门提供干部培训调研报告,争取更多领导的批示、关注和支持。

(三)创新教育内容方法,提升培训机制实效

冯定纪念馆的展览内容还须进一步拓展和发掘。比如:增加中国马克思主义哲学大众化、通俗化的相关内容,增加中国马克思主义理论宣传发展史的相关内容;深入发掘冯定在宁波求学、上海商务印书馆工作、莫斯科中山大学留学、盐城抗大理论宣传、北京大学工作等经历内容;发掘整理冯定日记、手稿、书信等内容。冯定思想教育宣传方式要通俗化、艺术化,增强吸引力和竞争力。比如:探索"用艺术讲政治""用艺术强信仰"的干部教育培训方式。以冯定人生经历和作品为依托,创作一批舞台剧、话剧等,组织干部教育培训班的学员观看,并逐步到高校、剧院演出,向青年学生、普通群众广泛推介,扩大知名度和影响力。

在具体方法上,继续探索和发挥"四景式"教育手段优势,增加研讨内容和环节,通过比赛、角色扮演增进模拟体验,探索增强学习的娱乐性和趣味性的方法。满足干部个性化、多样化、差异化需求,在纪念馆内开辟马克思主义哲学通俗读物展览专区,定期面向干部群众举办读书会、读书沙龙等活动。完善学习考核评估与奖惩机制,不断增强培训制度的权威性和执行力度,真正做到培训制度的"硬指标"与培训文化的"软约束"有机结合。

(四)开发马克思主义哲学通俗化、时代化、大众化课程体系

制定课程体系建设中长期规划,围绕冯定故居及马克思主义哲学通俗化等红色资源,开发一批面向基层普通党员、机关党员、党务工作者、两新党员等不同群体的特色课程。邀请相关专家开发"冯定与平凡的真理""冯定寄语:青年应当如何修养""冯定谈共产主义人生观""冯定人生漫谈"等"冯定系列"课程。组织专家编写冯定马克思主义哲学通俗化干部培训教材和大众读物,赠予各级各类图书馆收藏借阅,并作为哲学公共课教学参考读物赠予大中小学。与中央党校、省委党校对接,建立合作关系,积极申报省级文化研究工程项目,联合宣传部门编写宁波市红色文化乡土教材。要通过研究冯定通俗哲学的民众情怀、语言风格、论证方式推进教材编写的通俗化。联合国内知名专家打造干部培训在线精品课程,借助"学习强国"App、微信公众号等平台进行展示宣传,不断扩大培训课程的使用范围和影响力。

后　记

　　进入 21 世纪，哲学界对马克思主义哲学大众化、通俗化的研究越来越少。一是经典著作少。真正具有社会影响力的经典著作依然只有 1949 年前出版的艾思奇的《大众哲学》《哲学与生活》、冯定的《平凡的真理》和改革开放初期出版的韩树英的《通俗哲学》等几部。二是马克思主义哲学大众化、通俗化哲学家的研究较少。除对艾思奇、李达等人物及作品的研究外，学界对冯定、陈唯实、胡绳、高语罕的通俗哲学、大众哲学研究很少，个别出现的研究也多是概述性介绍，缺乏系统性，专题研究的深度不够。三是马克思主义哲学大众化、通俗化学术史研究少。除周全华、胡为雄的相关著述，以及几篇相关的硕博士学位论文外，大部分研究是从政治范式或意识形态范式的角度探讨马克思主义哲学中国化，真正从学者个体、学术史视域展开的研究还不多。原因是多方面的。比如，有些学人认为教育宣传没什么学术含量，只是意识形态的灌输。他们要么沉浸在马克思主义原理中，要么投向国外马克思主义的怀抱，要么跑到马克思主义中国化领域去分析时政热点。又如，有些学人固守象牙塔，轻视民众，认为民间无学问，更无学术。于是，他们的一些学术研究就成了概念游戏，成了自娱自乐。且不论其现实意义，学术价值又有几何？当然，纯学理研究是前提和基础，但纯理论研究不可偏离现实。不能简单地把大众化和通俗化当成媚俗，或认为其拉低了学术水准。我们的大众哲学家从来都不否定新哲学的现实应用和群众基础，反而将之当成哲学创新的生命线和试验场。

2014年起，我一直关注民间学术团体、宗教团体的活动，关注人类学、民族学等田野研究方法，从日常生活现象出发寻求研究问题。我在课堂上告诉学生，做研究离不开理论这一分析工具，同样也离不开现实观察和问题反思。如果没有直接经验，可以通过观看电影、电视剧以及阅读小说、新闻等途径来间接观察民众、观察世界。否则，文章就会写得空泛，没有问题意识和现实思维。因此，作为方法论的哲学理论还是要回到应用层面。哲学研究当然要透析真理，而新哲学是关乎民众和现实的真理。当一部充满温情、弥漫烟火气而又论证严密、思想深刻的哲学作品摆在你的面前时，你怎能不心动？

上述思考可能与我本科修读社会工作专业有关，我总是不自觉地运用社会学思维去思考现实问题，力求在理论和现实之间自由转换。这些年，我一直讲授"毛泽东思想和中国特色社会主义理论体系概论"课程，带马克思主义中国化方向的研究生。学生在选题时，经常对这个方向的学术性产生怀疑或困惑。我告诉他们，马克思主义中国化研究依然是学术研究，不全是意识形态研究，特别是马克思主义哲学中国化学术史研究，有很强的学理性。所以，我的学生武玲雪、王静等把冯定哲学大众化及其方法论研究、冯定青年人生观教育研究作为毕业论文选题。除人物及其著述研究外，我想更难且更亟须的可能是马克思主义哲学大众化、通俗化的专题研究。特别是在哲学观、群众观以及理论创新、方法方式、语言特质、论证逻辑、传播方式等方面，应展开更系统深入的研究，这亟待学界同仁一起努力。

由于工作调动，我于2017年夏由长春迁到宁波，从此与冯定先生故里结缘。这年冬天，刘辉所长约我参与其单位当年立项的重大项目"马克思主义哲学中国化学术史研究"（人物篇），请我撰写冯定篇，我欣然接受。说实话，那时我对冯定先生的著述一无所知，也没想到冯定先生竟然是宁波慈城人。借着对冯定哲学的研究，我逐步了解了马克思主义哲学中国化发展的基本状况，了解了哲学大众化、通俗化等的研究与宣传特点。让我欣喜的是，这里竟然深藏着一座学术研究的富矿。前有高语罕、艾思奇、胡绳、冯定、李达、瞿秋白等，后有韩树英、王伟光等，一大批马克思主义哲学家为推进马克思主义哲学大众化、通俗化做了艰辛的探索，在真理与民众质之间搭建了桥梁，发挥了思想启蒙和社会改造的作用。冯定通俗哲学研究既是宁波地域名人研究的重要组成部分，也是马克思主义哲学大众化、通俗化研究的、重要内容。以此为起点，还要拓展到其他相关人物及其著述研究，深刻总结和把握哲学大众化、通俗化的基本规律，这对马克思主义理论研究和传播应用具有非常重要的价值。

回顾十余年的学术生涯，我总感觉自己的研究有到处"打井"或"打游击"之嫌。但有一点没有变——突出群众视角、生活视角。无论是考察大众文化、大众精神生活、大众消费文化，还是研究群众史观、马克思主义哲学大众化，我都坚持群众立场，也梦想有朝一日写出让民众能够接受、理解的大众哲学或通俗哲学作品。哲学大众化、通俗化工作看似简单，实则要比纯理论研究更难，是对哲学理论研究的否定和超越。既要有深厚的哲学理论功底，又要树立正确的群众观，深入群众生活，掌握群众思维和语言风格。不仅要善于改变哲学的教育宣传方式，更要研究并创新哲学内容，充分运用多学科知识理论和现实案例，因而是一种综合性创造。哲学研究还要从注重宏大叙事转向注重微观体验，关注底层民众的命运。哲学研究应该有多种颜色，应该是丰富多彩的，应该给平民以尊严。

由于工作繁忙，书稿写作断断续续，精力投入有很大不足。回头看，整部书稿还存在很多粗浅认识，有些观点亟待商榷，论证的逻辑性和语言表达还须精练。匆忙之中把不成熟之作捧在读者面前，心中不免有些许惭愧和忐忑。还请读者多批评指正，以便有机会再版更正。

感谢冯定先生的儿子冯宋彻老师，为我提供了相关照片。通过微信联系，我也对冯定有了更细微的了解。宁波大学教师教育学院的陶志琼老师为我收集资料提供了很多线索，她撰写的《冯定青年教育思想研究》一书成为我写作中的重要参考。同时，我也参考了北仑作协彭素红老师撰写的报告文学作品《真理的力量》。感谢江北区组织部、江北区委党校的大力支持，其不仅提供了真理园照片，还为我参观冯定故居、了解真理大讲堂、参与干部培训品牌提炼提供了支持。感谢宁波市社科院（社科联）将冯定通俗哲学研究作为 2020 年度宁波文化研究工程项目给予经费支持。感谢我的学生武玲雪、赵睿、吴兵、柳小娟协助整理相关资料并撰写了个别章节初稿。

感谢我的爱人张庆花为我承担了太多家务,为教育孩子付出了很多心血。刘景明小朋友很调皮,也很开朗幽默。我在忙碌之余,抬头看见她嬉戏的身影,心中的疲惫瞬间烟消云散。

2022 年是冯定诞辰 120 周年,谨以此书的出版纪念这位为哲学大众化、通俗化做出重大贡献的马克思主义理论家、教育家。

此刻,脑海里突然涌现出如下场景:渡轮在鸣笛声中靠岸了,防护门"哐当"一声打开,乌泱乌泱的人流穿过栈桥,一轮红日在东方缓缓升起。

刘　举

2022 年 4 月 16 日于宁波甬江红联渡口畔